SAS软件

及其在数据分析中的应用

宁同科 李德高 宁方璞◎编著

清华大学出版社
北京

内 容 简 介

本书是在 SAS 9.4 开发平台上编写的,主要分为 SAS 软件编程基础和 SAS 软件在数据分析中的应用两部分内容。

第 1～7 章讲解 SAS 软件编程基础,内容包括 SAS 系统概述、SAS 语言介绍、数据集的创建与整理、描述性统计分析与数据展现、ODS、SAS SQL 语言以及 SAS 宏语言编程,通过这一部分的学习,读者可以快速掌握 SAS 编程的基础知识,初步具备 SAS 编程开发能力。第 8～10 章讲解 SAS 软件在多元统计分析、回归分析以及时间序列分析中的应用,通过具体例子详细讲解如何使用 SAS 软件完成数据分析,重点讲解如何正确解读 SAS 数据分析的结果。

本书可作为经济学、金融学、统计学、大数据、应用数学、医学等专业的高年级本科生和研究生的教材或参考书,也可以供希望使用 SAS 进行数据分析的从业者作为学习 SAS 软件的入门书籍。

图书在版编目(CIP)数据

SAS 软件及其在数据分析中的应用/宁同科,李德高,宁方璞编著.—北京:清华大学出版社,2023.11
ISBN 978-7-302-64930-4

Ⅰ.①S… Ⅱ.①宁… ②李… ③宁… Ⅲ.①统计分析-应用软件 Ⅳ.①C819

中国国家版本馆 CIP 数据核字(2023)第 223632 号

责任编辑:贾 斌
封面设计:刘 键
责任校对:徐俊伟
责任印制:宋 林

出版发行:清华大学出版社
  网 址:https://www.tup.com.cn,https://www.wqxuetang.com
  地 址:北京清华大学学研大厦 A 座 邮 编:100084
  社 总 机:010-83470000 邮 购:010-62786544
  投稿与读者服务:010-62776969,c-service@tup.tsinghua.edu.cn
  质量反馈:010-62772015,zhiliang@tup.tsinghua.edu.cn
  课件下载:https://www.tup.com.cn,010-83470236
印 装 者:天津鑫丰华印务有限公司
经 销:全国新华书店
开 本:185mm×260mm 印 张:13.75 字 数:344 千字
版 次:2023 年 12 月第 1 版 印 次:2023 年 12 月第 1 次印刷
印 数:1～1500
定 价:49.80 元

产品编号:089223-01

大数据时代，数据分析已经成为许多专业学生，特别是经济类、应用数学类、大数据、医学等专业学生的必备技能。SAS 是目前国际上最为流行的大型统计分析系统，被誉为统计分析的标准软件，以其功能强大，统计方法齐、全、新，使用简便，操作灵活为跨国企业所青睐。

本书结合作者多年来为高年级本科生讲授 SAS 软件以及相关经济、金融类专业计量分析类课程的经验编写而成，内容包括 SAS 软件编程基础和 SAS 软件在数据分析中的应用两部分，让初学者能够在较短的时间内快速掌握 SAS 编程的基础知识以及使用 SAS 软件实现基本的统计分析、回归分析和时间序列分析等方面数据分析任务的方法。

本书具有以下特点：

① SAS 编程语言叙述由浅入深，讲解透彻，实例丰富；

② 在统计分析、回归分析、时间序列分析等应用部分，避免数学理论的重复叙述，而是直接通过具体例子详细讲解如何使用 SAS 软件进行相应的数据分析，重点讲述如何正确解读 SAS 数据分析的结果，帮助学生把专业理论和实际操作有机地结合在一起，提高学生的实际操作能力。

本书适合作为经济学、金融学、统计学、大数据、应用数学、医学等相关专业本科生或研究生学习 SAS 软件的入门教材，也可以作为"统计学""计量经济学""时间序列分析""数据挖掘""金融建模"等课程的实验参考书，同时对从事经济与金融数据分析的从业人员也大有裨益。

本书由宁同科副教授负责拟定写作大纲和组织编写工作，并对全书进行了统稿和最后的修订。宁同科负责编写第 1～7 章，李德高副教授负责编写第 8 章，宁方璞负责编写第 9～10 章。

本书受教育部产学合作协同育人项目 202102057023、嘉兴学院 A6 招标类教学研究项目 851521007 资助。另外，本书的出版得到了清华大学出版社的大力支持，对清华大学出版社提供的高效服务表示由衷的感谢，由于水平所限，书中难免会有纰漏之处，恳请读者批评指正。

作 者

2023 年 8 月 20 日

C O N T E N T S 目 录

第1章

SAS系统概述

SAS(Statistics Analysis System)是用于数据分析的一套大型集成应用软件系统,具有比较完备的数据存取、数据管理、数据分析和数据展现及应用开发等系列功能。统计分析是其重要组成部分,由于其强大的数据分析能力,SAS已经成为工业界著名的应用软件,客户遍布全球146个国家的83 000多家企业、政府和大学,被誉为数据处理和统计分析领域的国际标准软件系统。

本书主要介绍基于Windows系统下的SAS 9.4编程基础及其在统计学、计量经济学、时间序列分析等方面的应用。

1.1 SAS的历史

1.1.1 SAS的起源

1966年,美国农业部(USDA)已经积累了大量的农业数据,亟需一个计算机化的统计程序来分析这些海量数据。美国大学统计人员南方实验站,是以北卡罗莱纳州立大学(NCSU)为主的8所地方政府资助大学的一个联合体,这样的统计软件对于南方实验站来说也是至关重要的。为了开发一套通用的统计软件包来分析这些农业数据,南方实验站获得美国农业部的大部分研究经费。SAS在这样的背景下应运而生,同时SAS也成为之后成立公司的名称。NCSU统计系教师Jim Goodnigh和Jim Barr是该项目的领导者,Barr设计了SAS系统的架构,Goodnight负责系统功能实现。经过几年的努力,SAS软件获得了制药公司、保险公司和银行以及学术界的认可。后来加入该项目的统计系教师Jane Helwig负责SAS系统文档的撰写;统计系研究生John Sall是早期主要的程序开发人员,他们一起构成了SAS公司的核心成员。

1976年,由来自政府、企业和学术团体的用户300多人参加了第一届SAS用户大会。同年SAS早期核心成员离开NCSU,成立了由Goodnight任CEO的SAS研究所,发布了第一个商用版SAS软件。一年后,该软件登上了《Datamation》杂志举办的DataPro软件光荣榜。

1.1.2 SAS大事记

早期版本的SAS软件只能在大型机上运行,随着对该软件需求的增长,SAS经历了很多变革并迅速成长起来,成为今天广为人知的多厂商架构。目前,SAS 软件可以在所有平台上运行,已成为国际上数据处理的知名软件。

(1) 1976 年 Base SAS 软件上市。

(2) 1979 年 IBM VM/CMS 环境下运行的 SAS 软件授权给 Databank of New Zealand 使用。

(3) 1985 年 SAS 公司发布了 PC DOS 版本的 SAS 5。

(4) 1986 年 SAS/QC、SAS/IML、SAS/STAT 上市。

(5) 1987 年发布了基于 C 语言的 SAS 6,支持 Windows 操作系统。

(6) 1988 年 SAS/Access 和 UNIX 系统下的 SAS/Assist 上市。

(7) 1989 年 JMP 面世。

(8) 2000 年 SAS 8 开始支持 Linux 操作系统。

(9) 2013 年发布 SAS 软件最新版本 9.4。

(10) 2016 年发布基于云平台的 SAS Viya,支持大数据分析;方便扩展以满足未来需求。

1.2　SAS 系统的结构特征

SAS 系统是由不同功能的模块组成的软件系统,每一功能模块又由不同的组件构成。这一结构使得它能够对最新的科研成果和技术成就做出快速响应。一般最新的科研结果一年内就可以由相应的 SAS 模块实现,这也是 SAS 优越于其他数据处理软件的一个显著特点。

在 SAS 系统的众多模块中,SAS Base 模块是 SAS 系统的核心,承担着主要的数据管理任务,管理用户使用环境,进行用户语言处理,并调用其他 SAS 模块和产品。运行 SAS 系统,首先启动的是 SAS Base 模块,它起到了 SAS 系统中央调度的作用;它不仅可以单独存在,也可与其他产品或模块共同构成一个完整的系统。

SAS 系统具有灵活的功能扩展接口和强大的功能模块,在 SAS Base 的基础上,还可以添加不同的模块以增加不同的功能,如 SAS/STAT(统计分析模块)、SAS/GRAPH(绘图模块)、SAS/QC(质量控制模块)、SAS/ETS(经济计量学和时间序列分析模块)、SAS/OR(运筹学模块)、SAS/IML(交互式矩阵程序设计语言模块)、SAS/FSP(快速数据处理的交互式菜单系统模块)、SAS/AF(交互式全屏幕软件应用系统模块)等。每个 SAS 用户购买的 SAS 软件系统都是用户根据任务需求选择需要的模块组成一个 SAS 系统,其中 SAS Base 模块是必选模块。

此外,SAS 还提供了各类概率分析函数、分位数函数、样本统计函数和随机数生成函数,使用户能方便地实现特殊统计要求。

1.3　SAS 的安装

SAS 9.4 根据用户购买时选择的模块不同,大小也不同,一般大小都要在 10GB 以上,下面以 PC 为例,介绍 SAS 9.4 系统在 Windows 操作系统上的安装过程。

(1) 在 SAS 安装包中找到安装文件 Setup.exe,以管理员方式运行,启动安装程序,如图 1.1 所示。

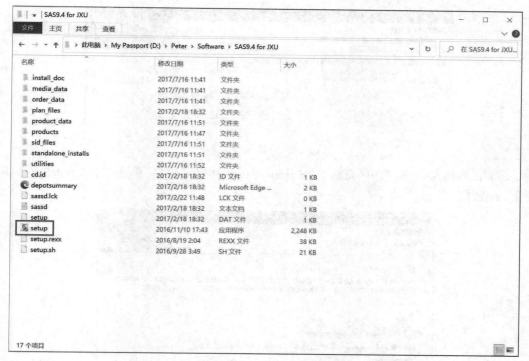

图 1.1　选择 Setup. exe 安装文件

（2）弹出"选择语言"对话框，单击"确定"按钮，如图 1.2 所示。

（3）在弹出窗口中，选中"安装 SAS 软件"单选按钮，单击"下一步"按钮，如图 1.3 所示。

（4）在弹出窗口中，选择 SAS 软件的安装位置。指定 SAS 主目录，用户可以自己选择安装目录，选择好后，单击"下一步"按钮，如图 1.4 所示。

图 1.2　"选择语言"对话框

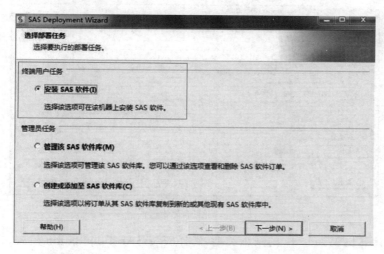

图 1.3　选中"安装 SAS 软件"单选按钮

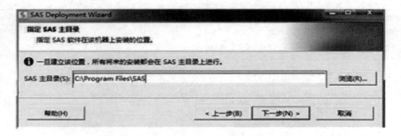

图1.4 选择安装位置

(5)在弹出窗口中,选中"安装SAS Foundation和相关软件"单选按钮,单击"下一步"按钮,如图1.5所示。

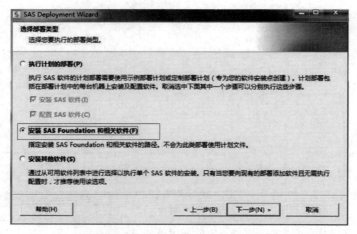

图1.5 选中"安装SAS Foundation和相关软件"单选按钮

(6)接着选择要安装的产品(注:**不做选择**),此处直接单击"下一步"按钮,如图1.6所示。

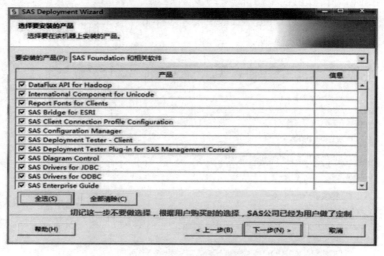

图1.6 选择安装产品

(7)根据计算机Windows的系统类型,选择安装SAS Foundation模式,(如果是64位的操作系统,则选择"64位本机模式(6)"),单击"下一步"按钮,如图1.7所示。

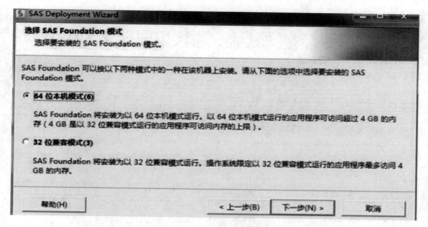

图 1.7 选择安装模式

（8）根据计算机 Windows 的系统类型，选择安装 SAS Enterprise Guide 模式，单击"下一步"按钮，如图 1.8 所示。

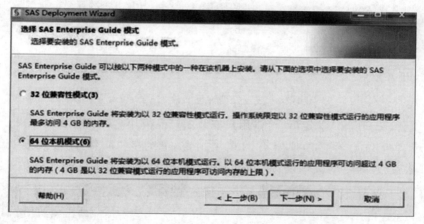

图 1.8 选择 SAS Enterprise Guide 模式

（9）选择 SAS Foundation 模块（注：**不选择**），这里直接单击"下一步"按钮，如图 1.9 所示。

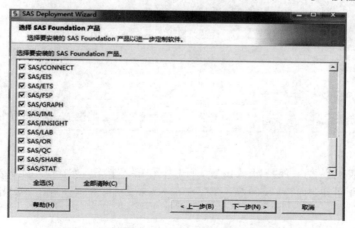

图 1.9 "选择 SAS Foundation 产品"窗口

（10）找到你的安装许可 License 文件（.txt），单击"下一步"按钮，如图 1.10 所示。

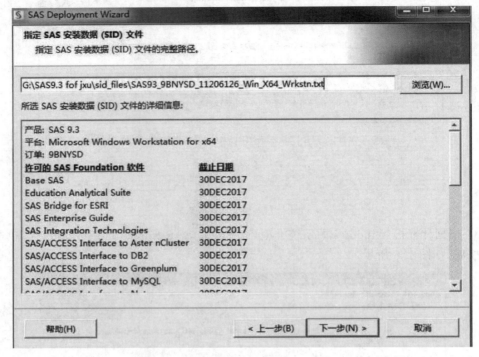

图 1.10　找到安装许可文件 License.txt

"许可文件（License）"选定后，可供用户安装的产品模块名称就会显示出来。

（11）选择支持语言。先把所有的选项清除，再选择"简体中文"复选框。英文和 Unicode 是缺省的选择，单击"下一步"按钮，如图 1.11 所示。

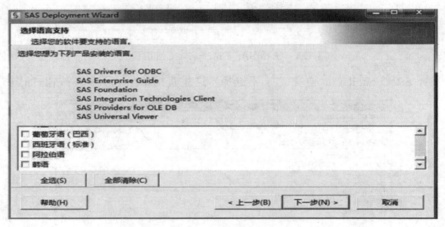

图 1.11　选择语言

（12）选择区域设置。保持默认设置，单击"下一步"按钮，如图 1.12 所示。

（13）SAS 文件类型的默认产品选项，选择 SAS Enterprise Guide，单击"下一步"按钮，如图 1.13 所示。

（14）此时，正在检查系统，单击"下一步"按钮，如图 1.14 所示。

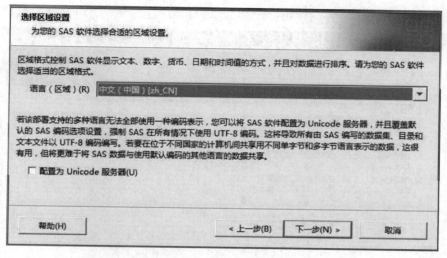

图 1.12 选择区域设置

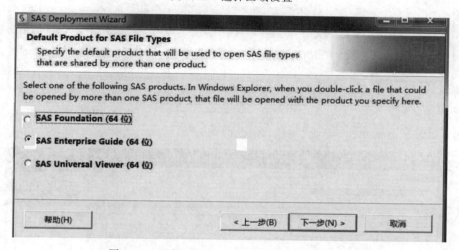

图 1.13 选择 SAS Enterprise Guide 默认选项

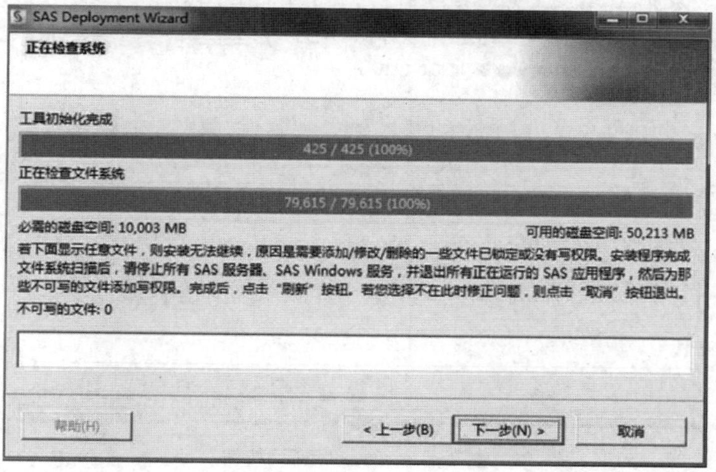

图 1.14 正在检查系统

（15）部署汇总，单击"开始"按钮，这一步需要较长时间，大约半个小时，如图 1.15 所示。

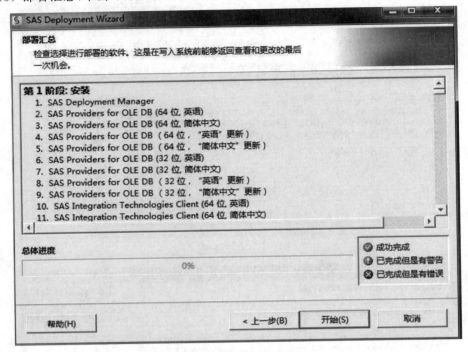

图 1.15 "部署汇总"窗口

（16）部署汇总后单击"完成"按钮，如图 1.16 所示。

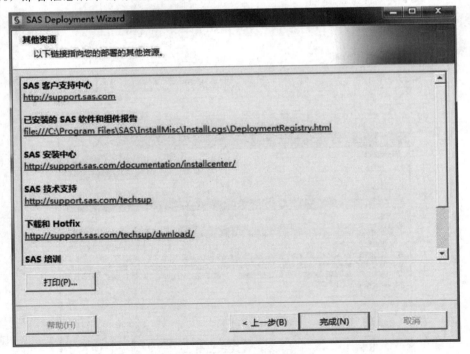

图 1.16 单击"完成"按钮

1.4　SAS 系统的启动与退出

1.4.1　SAS 系统的启动

启动 SAS 系统有两种方式：一种是通过桌面快捷方式启动 SAS；另一种是通过"开始"→"SAS 文件夹"→"SAS9.4"菜单命令启动 SAS，进入图 1.17 所示 SAS 会话界面。

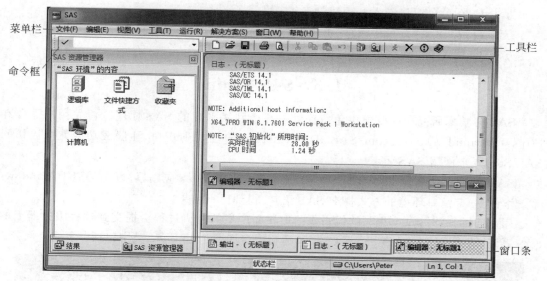

图 1.17　SAS 会话界面

SAS 会话界面由菜单栏、工具栏、命令框、窗口条、状态栏和功能窗口六部分组成。5 个功能窗口为编辑器窗口(Editor)、日志窗口(Log)、输出窗口(Output)以及具有索引功能的结果(Result)窗口和 SAS 资源管理器(Explorer)。

菜单栏：SAS 会话的菜单栏根据当前不同的窗口可以进行的操作而动态变化。

工具栏：排列了若干按钮，每个按钮就是一个常用命令，起到让用户快速执行命令的作用。

命令框：是提供输入和提交 SAS 命令的地方。

例如，在命令框输入 bye 后单击左侧的 ✓ 图标，可以退出 SAS 返回 Windows 操作系统。单击右侧的 ▾ 图标就可以显示最近提交的命令。

状态栏：SAS 主窗口最下方是状态栏，左部是信息显示区，中部是运行 SAS 的工作文件夹名称，可以用鼠标左键双击来修改文件夹，右部是编辑器窗口光标所在位置。

窗口条：显示当前哪个窗口处于激活状态（又叫当前窗口）。

编辑器窗口：为一文本编辑器，用来输入 SAS 语句。如果当前活动窗口不是编辑器窗口，按 F5 键可以切换到该窗口。编辑器分为程序编辑器和增强编辑器两种，SAS 会话默认启动增强编辑器。两种编辑器的区别在于：程序编辑器中的程序提交运行后消失（可以用 F4 键找回）；而增强编辑器中的 SAS 语句提交运行后不消失。

日志窗口：SAS 的每一步操作，都以日志形式列示在日志窗口。当提交的程序有错误时，日志窗口将错误语句用红字标出，并给出错误代码、错误原因及修改建议。用户不能直接往日志窗口写信息,只能通过 SAS 运行语句在 Log 窗口写入文本信息。

　　输出窗口:主要展示 SAS 系统的运行结果,如果该窗口不是活动窗口,按 F7 可以切换到该窗口,或在窗口中单击"输出窗口"切换到该窗口。

1.4.2　退出 SAS

　　用户可以采用 3 种方法退出 SAS 会话。

　　方法 1:在命令窗口输入 bye 后单击 √ 按钮。

　　方法 2:从"文件"菜单中选择"退出"命令。

　　方法 3:用 Windows 关闭窗口的方法关闭 SAS 会话。

1.5　SAS Studio

　　SAS 为学术研究和高校学生免费提供了基于网络平台的 SAS 使用。首先用户需要在 https://odamid.oda.sas.com/SASODARegistration/上注册用户,注册成功后就可以访问 SAS Studio 来使用 SAS 了。

　　SAS Studio 是基于 HTML5 客户端/服务器结构的 Web 应用,可以用类似于 Windows 系统下的 SAS 窗口环境的方式提交 SAS 语句,得到运行结果。

　　用户通过 SAS Studio 编写的代码或图形界面产生的分析过程会提交到远程服务器上的 SAS 系统,结果返回 SAS Studio 客户端,其运行窗口如图 1.18 所示,其中包括以下 3 个部分。

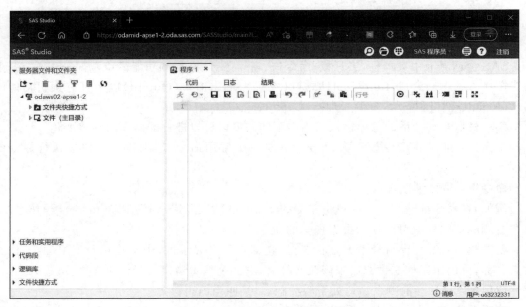

图 1.18　"SAS Studio"窗口

　　① 窗口顶部,包含 SAS Studio 中的应用程序名称及按钮。

　　② 窗口左侧,具有多个可折叠条目的导航面板。包括搜索、文件夹、任务、代码段、逻辑库以及文件快捷方式。

　　③ 右侧窗口(工作区),包括选项卡、程序编辑窗口、日志窗口和结果窗口。

1.6　使用 SAS 系统的帮助

SAS 的帮助系统是 SAS 系统的一大特色，它提供各种 SAS 语句、SAS 过程、SAS 函数和统计算法的基本介绍以及算法的科学文献依据，同时也给出了丰富的示例程序。SAS 的帮助系统不仅提供了 SAS 的帮助文档，也提供初学者学习 SAS 的程序和数据集，不仅可以帮助初学者尽快掌握和使用 SAS 系统，也为科研人员提供了相关的文献索引。熟练使用帮助系统可以帮助 SAS 用户达到事半功倍的效果。

打开帮助系统有两种方式：一是通过菜单进入帮助子菜单，选择各种帮助目录；二是通过工具栏的帮助按钮（图 1.19）进入帮助系统。

图 1.19　帮助按钮

例如，想了解 Libname 的用法，可以在帮助界面"快速搜索"框中输入 libname，然后进行搜索，系统会给出有关该语句或命令的许多条目，如图 1.20 所示，用户可以根据自己的需要查看相应的条目。

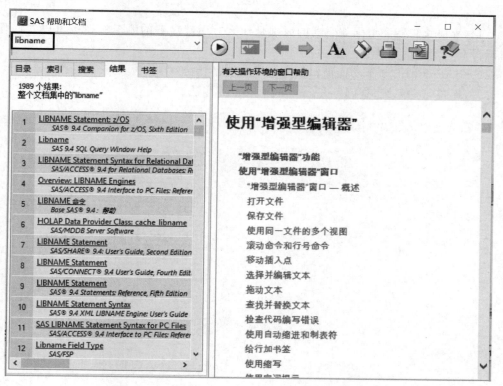

图 1.20　Libname 的帮助准备

例如，选择第 11 个选项 SAS LIBNAME Statement Syntax for PC files，界面右侧出现该选项的具体内容，如图 1.21 所示。

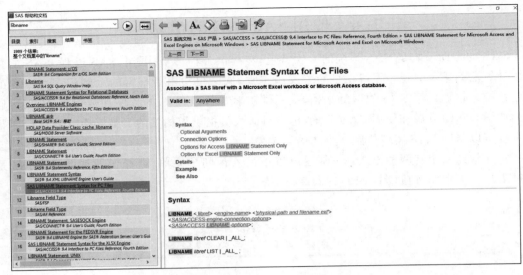

图 1.21　Libname 语句用法

熟练使用 SAS 的帮助系统,对于 SAS 的学习和应用都是至关重要的。

习　题　1

1.1　程序编辑器和增强编辑器的区别是什么？用键盘上的哪个快捷键可以找回程序编辑器提交后消失的代码?

1.2　SAS 会话的 5 个功能窗口及其作用分别是什么?

1.3　通过帮助系统,查阅 Libname 的语法及其用法。

第 2 章

SAS语言介绍

虽然 SAS 也提供菜单和窗口模式,但是用户想要完成复杂且要求各异的数据分析工作是离不开 SAS 编程的。SAS 语言和其他计算机语言一样,也有自己的语法规则和特有的编程语句。

我们将完成某个特定任务的 SAS 语句序列称为 SAS 程序。

2.1　SAS 语言的语法

为叙述方便,在介绍 SAS 语句语法时,根据计算机语言的习惯,进行以下约定:①用<>括起来的内容为可选项;②A|B 表示 A 或者 B;③所谓一个关键字的别名,也就是需要使用该关键字时,可以用其别名来替代;④在声明变量时,变量名后面加一个 $ 符表示该变量为字符型变量,否则为数值型变量;⑤在以后的语法介绍中,关键字都用粗体表示,参数都用斜体表示。

同其他计算机语言相比,SAS 语言的语法规则有两个特点,即少、简单。SAS 语言最重要的语法规则就是:**每条 SAS 语句都必须以英文状态的分号";"结束。**

SAS 程序布局非常灵活,可以说没有任何限制,主要表现在以下几方面。

① SAS 语句不区分大小写;

② 一条语句可以写在多行(但不允许拆分单词);

③ 多条语句也可以写在一行;

④ 语句可以在一行的任意列开始;

⑤ 语句的解释方式有两种:一种是以星号(＊)开始,以分号(;)结尾;另一种是以斜杠星号(/＊)开始,以星号斜杠(＊/)结尾。

虽然 SAS 程序的书写格式非常灵活,但是建议用户在编写 SAS 程序时,不同的语句单独占一行,并利用每行的不同缩进来体现程序的不同部分,这样可以方便程序的查错和修改。

SAS 语句中的标点符号,必须是英文状态的符号。初学者编写的程序不能正确运行的大部分原因是错误地使用了中文状态下的标点符号。

SAS 的变量和其他名字的命名规则如下。

① 英文字母(A～Z 包括大写和小写)或下画线"_"开始;

② 由字母、数字和下画线构成;

③ 逻辑库名(文件引用名)不能超过 8 个字符;数据集和变量的名字不能超过 32 个字符;

④ 名字中的英文字母不区分大小写。

按照这个规则,除了下画线外的其他特殊字符如%、&、#、¥及空格都不能出现在 SAS 的数据集、数据库以及变量等的名字中。

需要注意的一点是,虽然名字中不区分英文字母的大小写,但是 SAS 会记住每个名字第一次出现时的大小写,打印结果时会采用该种形式。

【例 2.1】　合法和不合法的 SAS 名称。

合法的 SAS 名称,如 Payroll、_Items_、Birtday_1966。

不合法的 SAS 名称,如 F&Name、dept-a、2ND、Tax-Rate、$ Cost。

2.2　SAS 文件系统

SAS 系统作为统计分析系统,它的处理对象是数据(文件),这些数据文件是某个 SAS 数据库的成员,每个数据库在使用前必须先在 SAS 会话系统中分配一个**库标记**与之对应。

2.2.1　SAS 数据库

SAS 数据库是计算机物理存储器中存放 SAS 数据文件的文件夹,在 Windows 系统中使用 SAS 数据库时需要完整的路径,这给使用带来了不便。为了方便调用 SAS 数据库,需要在 SAS 会话阶段为 SAS 数据库指定一个**库标识**以便识别和调用。这一库标识称为**库逻辑名**(缩写为 libref),同一个文件夹可以有不同的库标识(对应几个逻辑库),正如一个人可以有多个名字一样。库标识是逻辑存在的,SAS 会话结束后,库标识和数据库之间的联系一般会消失,因此也简称为**逻辑库**。SAS 数据库分为**永久库**和**临时库**。

临时库:是每次启动 SAS 系统时自动生成的,库标识为 Work,关闭 SAS 时该数据库中的 SAS 数据文件被自动清除。

永久库:可以有多个,用户可以为自己的 SAS 数据库指定库标识。库中的数据文件永久保留在用户自己的文件夹(SAS 数据库)中,但用户指定的库标识一般在下次 SAS 会话开始时是不存在的,如果要调用该数据库,需要再次为该数据库指定一个库标识(可以不同于之前的库标识)。

SAS 系统启动时,系统根据安装 SAS 时授权模块自动设定几个常见的永久库,如 Maps、Mapsgfk、Mapssas、Sashelp、Sasuser 等,见图 2.1。

用户为自己的 SAS 数据库指定库标识可以用**菜单方式**:激活**资源管理器窗口**,然后选择**"文件"→"新建"**菜单命令,或者单击工具栏中的**"创建逻辑库"**按钮(图 2.2),SAS 会话弹出建立库标识窗口,如图 2.3 所示。

也可以用 Libname 语句为 SAS 数据库指定库标识,命令语法为:

Libname libref "SAS 数据库的完整路径";

如果该 SAS 数据库在使用 Libname 语句之前不存在,需要同时创建数据库(Windows 系统的一个文件夹)和为该数据库指定库标识,需要在 Libname 语句之前加上 Options dlcreatedir 语句,即

```
Options dlcreatedir;
Libname libref "SAS 数据库的完整路径";
```

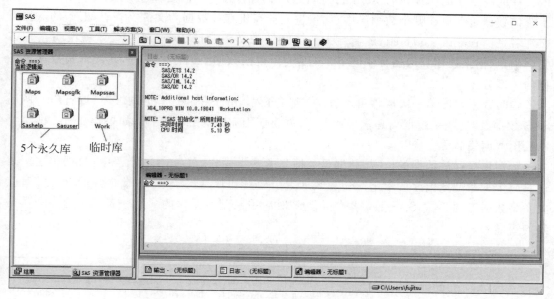

图 2.1　SAS 的逻辑库

图 2.2　"创建逻辑库"按钮

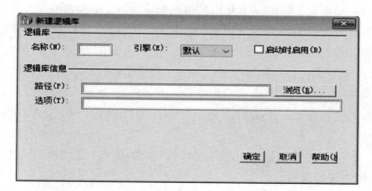

图 2.3　分配库标识

2.2.2　SAS 数据集

1. 数据集的分类和命名

数据集是存放在 SAS 数据库中的数据文件,是 SAS 处理的基本对象。根据 SAS 数据集存放在永久库还是临时库,可分为**永久数据集**和**临时数据集**。临时数据集在 SAS 会话关闭后会被自动清除。

每个 SAS 数据集都有一个二级名称：libref. setname，在这一二级名称中，libref 是包含该文件的数据库的库标识名，setname 是该数据集的名称，中间用"."隔开。libref 告诉 SAS 系统该数据集存放在哪个数据库中，如果进入计算机存放数据的文件夹查看，看到的数据集文件名是 setname. sas7bdat，即后缀为 sas7bdat 的文件，而看不到 libref。这就说明在 SAS 会话中，数据集使用二级名称中的 libref 是为了说明数据集的存放位置，并非真实数据集名称的一部分。

临时数据集的第一级名称可以省略，这时分隔 libref 和 setname 的"."可以省略。调用 SAS 数据集时，如果数据集是永久数据集，需要使用完整的二级名称；如果是临时数据集可以只用数据集名称。

数据集是存放数据的地方，数据是数据集的基本成分，在 SAS 的术语中，数据集这一表述对应于关系型数据库的术语"表"。数据集由变量和观测构成，SAS 数据集的"变量"对应关系型数据库的"列"，SAS 数据集的"观测"对应关系型数据库的"行"。表 2.1 是一个数据集的矩形表。

表 2.1   矩形表

		SAS 变量（关系型数据库：列）			
		Name	Depart	Duty	Salary
SAS 观测（关系型数据库：行）	1	宋江	总经理办	CEO	12 000
	2	李逵	行政处	处长	9000
	3	林冲	待业处		.

2. 数据的类型

SAS 数据的类型只有两类，即**数值型**和**字符型**。如果变量值包含字母或特殊字符，这个变量一定是字符型变量；如果一个变量的值只包含数字，那么它可以是**数值型变量**，也可以是**字符型变量**。有时仅包含数字的数据当作字符型变量比当作数值型变量更有意义，比如：对身份证号码进行加、减、乘、除没有意义，这样的数值存储为字符型更为合理。在表 2.1 中，Name 显然是一个字符型变量，Depart 和 Duty 也是字符型变量，而 Salary 是数值型变量。

缺失数据的处理：表 2.1 中第三条记录"Duty"为"空格"，Salary 为"."，这是因为这两个变量的数据缺失。

SAS 规定：字符型变量的缺失值用"空格"代替，数值型变量的缺失值用"."代替。

3. 数据集和变量的属性

对于一个数据集，除了存储 SAS 数据外，一个数据集还包含数据集的相关信息——数据集的描述性部分，如**数据集的名称**、**创建日期**、**观测个数**，**变量个数**以及**创建数据集的 SAS 版本**等，也包含每个**变量的属性**等信息，如图 2.4 所示。

数据集变量的属性包括**变量名称**、**类型**、**长度**、**输入输出格式**和**标签**等信息，见图 2.5。

4. SAS 常数的表示

SAS 对于**常数**的处理和其他语言也有所不同，对于字符型常数，通常由单引号括起来。如果字符型常数内有引号，这时字符型常数内的引号要用两个连续的单引号，或者用双引号将字符常数括起来，如写成 Tom"s，或写成"Tom's"。

图 2.4 数据集的属性信息

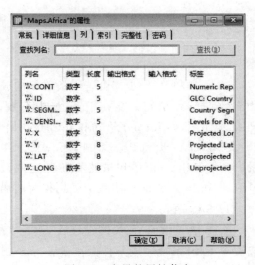

图 2.5 变量的属性信息

SAS 把日期和时间都当作数值型数据来处理。对于**日期**,SAS 把 1960 年 1 月 1 日作为计算日期的开始,这一天 SAS 记为 0,其他日期为与 1960 年 1 月 1 日间的天数之差。对于**时间**,SAS 把 0 时 0 分 0 秒作为每天计算时间的开始,其他时间为与 0 时 0 分 0 秒的以秒为单位的差值。对于**日期时间**,SAS 把 1960 年 1 月 1 日 0 时 0 分 0 秒作为计算的开始,其他日期时间作为与该值以秒为单位的差值。与此相对应,对于日期、时间和日期时间型的常数,SAS 也有自己独特的表示方法。日期时间常数,需要使用一定的格式,格式值要用单引号括起来,后面再跟一个 d(日期)、t(时间)、dt(日期时间)。

【例 2.2】 日期时间常数。

日期常数:'01Jan2018'd;时间常数:'9:25't;日期时间常数:'20Mar2018:9:45:30'dt。

2.3 SAS 程序

SAS 程序主要由两类"步"构成,即 Data 步(数据步)和 Proc 步(过程步)。

Data 步主要用于创建、整理 SAS 数据集。利用 Data 步,用户可以实现输入数据转化成 SAS 数据集、生成新变量、数据集复制、抽取数据子集以及合并数据集等操作。

Data 步一般以 Data 语句开始,以 Run 语句结尾。

Proc 步实现不同的数据分析功能,SAS 有许多过程步,不同的过程步完成对数据不同的分析任务。所有的过程步都有相同的处理对象——SAS 数据集。

Proc 步以 Proc 语句开始,以 Run(或 quit)语句结尾。

典型的 SAS 程序是由 Data 步创建数据集,而由 Proc 步对数据集进行处理。

下面是一个简单的示例程序,使用 Data 步创建一个临时数据集 grade,将考试成绩换成五分制,然后用 Proc 步把数据集打印出来。

```
Data grade;
    Name = Robert;
    score = 80;
    level = int(score/20)
Run;
```

Data step

```
            ┌─Proc Print data = grade;
Proc step   │    Var name level;
            └─Run;
```

Data 步和 Proc 步都由若干条语句构成。大多数语句只能在一种步（Data 步或 Proc 步）中有效，如 var 语句只能在 Proc 步中有效；也有些语句既可以在 Data 步使用，也可以在 Proc 步使用，如 format 语句和 informat 语句。

除了 Data 步和 Proc 步外，还有一些语句不包含在这两种步里，但都是为这两种步服务的。例如，Libname 语句虽然不在上述两种步里，但是没有它为 SAS 数据库分配库标识，Data 步和 Proc 步的作用就会受到很大的局限。

1. SAS 语句

SAS 语句由 SAS 关键词、SAS 名字、表达式和特殊字符串等组成，并以分号";"结尾，它要求 SAS 系统完成某种操作或者为 SAS 系统提供信息。

SAS 语句根据起作用的范围，可分为**全局语句**和**局部语句**。全局语句可以出现在程序的任何地方，如 Libname 语句；局部语句只能在某一个程序范围内使用。

每条 SAS 语句都有有效范围，即在 Data 步有效还是在 Proc 步有效。查阅帮助文件时，要注意其有效范围。例如，format 语句的帮助文件显示 Valid in：DATA step or PROC step，说明 format 语句的有效范围是 Data 步或 Proc 步；Input 语句的帮助文件显示 Valid in：DATA step，说明 Input 语句只能出现在 Data 步，而不能用于任何 Proc 步。初学者要注意每条语句的有效范围。

（1）SAS 关键词：SAS 语言中预定的一组词，用来规定语句实现的功能，如 data、proc、infile、input、var 等。

（2）SAS 名字：如变量名、数据集名、数据库名、过程的名字等。

（3）SAS 表达式：由运算符将运算对象连接起来的一个式子。

常见的运算符见表 2.2。

表 2.2　算术运算符、比较运算符、逻辑运算符和连接运算符

算术运算符	含　义	比较运算符	含　义	逻辑运算符	含　义	连接运算符	含　义
*	乘	＝或 EQ	等于	＆ 或 and	与		连接两个字符值
**	乘方	∧＝或 NE	不等于	｜ 或 OR	或	‖	a ＝ "chi"；　b ＝ "na"；
/	除	＞或 GT	大于	∧ 或 Not	非		c＝a ‖ b；
＋	加	＜或 LT	小于				
－	减	＞＝或 GE	大于等于				
＞＜或 min	最小值	＜＝或 LE	小于等于				
＜＞或 max	最大值	IN	属于(某列表)				

当表达式中涉及多个运算符把运算对象联系在一起时，需要厘清运算顺序，SAS 语言遵循以下原则。

（1）先括号内的表达式，再括号外的表达式。

（2）不同组有不同的优先级。

（3）同组内有不同的运算顺序。

具体见表 2.3。

表 2.3　运算符的优先级

优先级	运算顺序	符　号	例　子
组 1	从右到左	** ,＋,－,＞＜,＜＞,∧	Y＝＋(a＋b)；Y＝－(a＋b)；
组 2	从左到右	* ,/,	Y＝a * b；y＝a/b；
组 3	从左到右	＋,－	Y＝a－b；y＝a＋b；
组 4	从左到右	‖	Name＝'Chi'‖'na';
组 5	从左到右	＝,＞,＞＝,＜,＜＝,∧＝	
组 6	从左到右	&,丨	If a＝b &c＝d then x＝1;

【例 2.3】　Data 步示例。

```
Libname Salary'C:\gongzi';        /* 关键词 Libname,为数据库 C:\gongzi 分配库标识 Salary */
Data Salary.Jan;                  /* Data 语句,关键词 Data,创建数据集 Salary.Jan */
    Input Name $ Depart $ duty $ salary;   /* 关键词 Input,规定数据集的变量及类型 */
    Provident_fund = salary * 0.07;        /* 用表达式创建一个变量 Provident_fund */
    Cards;                        /* 关键词 CARDS,规定以下是数据块的开始 */
宋江 总经理办   CEO  12 000
李逵 行政处       处长   9000
林冲 待业处       .      .
;                                 /* 空行,表示数据块的结束 */
Run;                              /* 关键词 RUN,表示 Data 步的结束 */
```

【例 2.4】　Proc 步示例。

```
Proc print data = Salary.Jan label;        /* 关键词 Proc、Print 是 SAS 名字 */
    Label name = '姓名' depart = '部门' duty = '职务' salary = '工资' Provident_fund = '公积金';
                                  /* 关键词 label */
Run;                              /* 关键词 RUN,表示 Proc 步的结束 */
```

提交程序后,SAS 输出如下:

姓　名	部　门	职　务	工　资	公　积　金
宋江	总经理办	CEO	12 000	840
李逵	行政处	处长	9000	630
林冲	待业处		.	.

例 2.4 里的 Proc 步是 Print 过程,把数据集 Salary.Jan 的记录按照类似 Excel 表的格式显示出来。data＝Salary.Jan 和 label 是 proc print 语句的选项,选项 data＝Salary.Jan 告诉 SAS 系统 Print 过程的处理对象是逻辑库 Salary 的数据集 Jan,选项 label 告诉 SAS 系统输出表格每列的标题用变量的标签代替:

```
Label name = '姓名'depart = '部门'duty = '职务'salary = '工资'Provident_fund = '公积金';
```

这是 Label 语句,关键词是 Label,它为变量设定一个标签,以便于识别。它和 Proc 语句里的 label 选项不同。

Print 过程是初学者接触最多的过程,这里先简单介绍该过程的语法。Proc Print 过程的语法格式如下:

```
Proc print < options >;
    By 语句;      /* 根据指定的变量分组产生单独报告 */
    Id 语句;      /* 使用变量的输出格式的值替代观测序号,用来识别观测 */
    Pageby 语句;  /* 该语句使用的前提是使用 by 语句 */
    Sum 语句;     /* 计算数字变量的和 */
    Sumby 语句;   /* 如果 by 变量的值发生改变,就打印报表 */
    Var 语句;     /* 选择需要打印的变量 */
Run;
```

这里没有列出全部可在 Print 过程中出现的语句,用户可根据需要选择使用

Proc print 语句的 options(选项)很多,常见的有以下几个。

① Data=SAS-data-set,如果缺省,则默认处理最近使用的数据集。

② Label:使用变量的标签作为列标题。

③ Noobs:不打印观测的序号,默认打印观测的序号。

其他语句的语法和作用可参看帮助文件。

2. 常见的 SAS 语句

下面介绍一些常用语句的基本用法,详细的用法包括选项等可访问 SAS 的帮助。

1) Libname 语句

有效范围:全局语句。

功能:为数据库分配库标识、释放数据库的库标识、显示库标识信息。

```
Libname libref <engine><(library-specification-1,library-specification-2…)><options>;
Libname libref | _ALL_ Clear;     /* 释放 libref 或所有用户指定的库标识 */
Libname libref | _ALL_ List;      /* 显示库标识为 libref 或所有逻辑库的信息 */
```

说明如下。

(1) libref 逻辑库标识。

(2) library-specification 表示数据库的完整名称(路径加文件夹名称)。

(3) engine 是引擎(引擎是一组规定格式,是向逻辑库读写文件的内部命令。每个库引擎使 SAS 可以访问特定格式的文件)。

(4) _All_ 是 SAS 内置变量,这里代表所有的逻辑库。

2) Filename 语句

有效范围:全局语句。

功能:为外部文件或输出设备指定 SAS 文件引用名、释放 SAS 文件引用名、列出 SAS 文件引用名代表的外部文件信息。

目的:避免 SAS 编程过程中复杂路径的重复书写。

```
Filename fileref 'external-file';      /* 为外部文件指定 SAS 引用时的逻辑引用名 */
Filename fileref Clear | _ALL_ Clear;  /* 释放文件引用名 */
Filename fileref LIST | _ALL_ List ;   /* 显示文件引用名的相关信息 */
```

说明如下。

(1) fileref 是外部文件的 SAS 引用名,需要符合 SAS 的命名规则。

(2) external-file 表示外部文件的完整路径名。

【例 2.5】 Filename 语句。

假设在桌面上有一个数据文件 m-3m4608. txt 需要导入 SAS 数据集,为了避免在程序中输入较长的完整路径,可以给该文件分配一个 SAS 文件引用名,如 series:

```
Filename series 'C:\Users\adminstrator\Desktop\m-3m4608.txt';
Filename series list;
```

提交运行后,Log 窗口的信息如下:

```
71     filename series 'C:\Users\fujitsu\Desktop\m-3m4608.txt';
72     filename series list;
NOTE:  文件引用名 = SERIES
```

　　　　物理名 ＝ C:\Users\ adminstrator \Desktop\m－3m4608.txt

　　3）Cards 语句

　　有效范围：Data 步。

　　功能：引出跟随的数据行，与 Input 语句配合使用将程序中的数据行读入数据集。

```
Cards;
```

　　别名：Datalines 或 Lines。

　　其后跟随的数据行不允许有分号"；"，数据行的结束标志是另起一行的分号。如果分号是数据值的一部分，那么这时需要使用 Datalines4；、Cards4；，或 Lines4；'而且数据行结束标志是另起一行的 4 个分号"；；；；"。

　　例 2.3 就是使用 Cards 语句从程序中读入数据的示例。

　　如果需要导入数据集的数据在开始 SAS 会话之前已经存储为 txt 文件，存放在计算机存储器的某个位置，这时要把 txt 文件中的数据在 Data 步中导入到 SAS 数据集，就需要用 Infile 语句。

　　4）Infile 语句

　　有效范围：Data 步。

　　功能：指定用 Input 语句读取外部文件。

```
Infile fileref < options >;
```

　　这里的 fileref 是文件的 SAS 引用名或者是引号括起来的外部文件的完整路径。options 选项常见的有以下几个。

　　① Delimiter＝ delimiter(s)，**别名 DLM＝**，：指定用于不同数据间的分隔符，缺省时为空格。当用制表符作分隔符时，DLM＝'09'x。

　　② DLMSTR＝ delimiter：指定字符串作分隔符。

　　③ DSD：是对分隔符敏感的数据选项。

　　当数据值用引号括起来时，数据值中的分隔符被视为数据值的组成部分，在数据值赋给变量时将引号去掉。如果想把引号作为数据值的一部分，需要在格式前加"～"修饰符。

　　两个连续的分隔符视为一个缺失值，并将默认的分隔符设置为逗号，如果不希望使用逗号作分隔符，需要用 dlm＝指定分隔符。如果用 dlm＝指定了分隔符，建议和选择 DSD 选项一起使用，以避免出错。

　　④ FIRSTOBS＝*record-number*：规定 SAS 从数据的第几条记录开始读入数据。

　　【例 2.6】　Infile 语句。

　　如果把例 2.3 的数据块存储为 txt 格式的文件，并用 Infile 语句为其指定一个 SAS 引用名，如 jan，那么程序可以改为：

```
Data Salary.Jan;
  Infile jan;
  Input Name $ Depart $ duty $ salary;
  Provident_fund = salary * 0.07;
Run;
```

　　在例 2.3 中，数据行的第三行因为 Duty 和 Salary 数据缺失，使用了"."作为输入值，如果想用连续的两个分隔符来说明数据缺失，程序可以改为：

```
Data Jan;
    infile cards dsd delimiter = ' ';
    Input Name $ Depart $ duty $ salary;
    Provident_fund = salary * 0.07;
    Cards;
宋江    总经理办    CEO    12 000
李逵    行政处    处长    9000
林冲    待业处
;
```

之所以在 infile 语句中使用了 DSD 和 delimiter＝' '两个选项,是因为 DSD 选项默认分隔符为逗号,而我们的数据行以空格为分隔符。

5）Length 语句

有效范围：Data 步。

功能：为变量指定存储字节数、改变数值型变量的默认长度。

```
Length variable(s) < $ > length < Default = n >;
```

这里 length 表示变量的存储字节数,选项 Default＝n 为该语句之后的数字型变量规定新的默认字节长度,n 可取 3～8 之间的正整数,默认为 8。

6）Informat 和 Format 语句

有效范围：Data 步或 Proc 步。

功能：为存储变量指定输入和输出格式。

```
Informat variable - 1 < ⋯ variable - n > informat;
```

语句首的 Informat 是关键字,语句中的 informat 表示一个具体的数据输入格式。

```
Format variable - 1 < ⋯ variable - n > format;
```

语句首的 format 是关键字,语句中的 format 表示一个具体的数据输出格式。

常用的数据格式将在第 3 章介绍。

7）Label 语句

有效范围：Data 步和 Proc 步。

功能：为变量或变量输出设定标签。

```
Label variable - 1 = 'Label - 1 ' ⋯ < variable - n = ' Label - n '>;
```

用在 Data 步,则它为数据集变量指定标签,标签是变量属性的一部分；在 Proc 步使用该语句是临时为变量设定标签,并不会对数据集的变量属性产生影响。

标签最大长度为 256 个字符,包括空格和标点符号。如果标签中包含“;”号或“＝”号,则标签文本必须用单引号或双引号括起来；否则可不用单引号或双引号。如果标签文本中包含单引号,则必须用双引号将标签文本括起来。

【例 2.7】 Label 语句在 Proc 中的应用。

```
Data a;
    Input name $ math;
    Cards;
HawJin 95
Robert 98
;
```

```
Proc print data = a label;
    Label name = 姓名 math = 数学;
Run;
```

注意：为了使得 Proc print 过程中 Label 语句指定的标签能够在报表中打印出来，需在 Proc 语句中使用 Label 选项，Label 选项的作用就是使用变量的标签作为报表的列标题。

8）Attrib 语句

有效范围：Data 步和 Proc 步。

功能：为一个或多个变量规定输入格式、输出格式、标签和长度。

```
Attrib variable - list(s)  attribute - list(s);
Attrib variable - list  attribute - list … variable - list attribute - list;
```

其中 attribute-list（s）包括 Length ＝＜ $ ＞ length、Informat ＝ informat、Format ＝ format 和 Label＝'label'.

Atrrib 语句在 Data 步和在 Proc 步的使用规则不同，具体可参见帮助文件。

大家知道，变量的属性包括变量名、变量类型、变量长度、变量输入格式、输出格式及标签。但是在 Data 步中，一般的 Input 语句，如在例 2.3 中 Input 语句定义的变量 name、depart 和 duty 使用系统默认的字符型变量的默认属性，salary 使用系统默认的数值型变量的默认属性。如果用户需要改变某个属性，如改变长度、输入输出格式或添加标签，可以用相应的语句，也可以用 Attrib 语句。

【例 2.8】 Attrib 语句的应用。

```
Data Salary.Jan
    Attrib name depart length = $ 12;
    Input name depart duty $  salary;
    Attrib Salary label = '工资';
…
```

要注意 Attrib 语句的顺序，第一条 Attrib 语句声明了 name depart 变量的类型及长度，因此要放在 Input 语句前；否则 Input 语句给定了默认长度后就不能再用 Attrib 语句来指定长度了。同时也应注意，因为在第一条 Attrib 语句已经声明了变量的类型，后面的 Input 语句就不用再声明变量的类型了。记住一个原则：同一件事，不需要做两次。

9）Title 语句和 Footnote 语句

有效范围：全局语句。

功能：为 SAS 输出指定标题行和脚注行。

```
TITLE < n >  < ODS - format - options >  <'text' | "text" >;
Footnote < n >  < ODS - format - options >  <'text' | "text" >;
```

说明如下。

① n：1～10，因此最多可达 10 个标题行，1 可以省略。

② ODS-format-options 为 ODSHTML、RTF 和 Printer 输出目标指定格式。

Bold：标题行用文本粗体。

Color＝：指定标题行文本的颜色，也可用 C＝。

BCOLOR＝：指定标题行的背景颜色。

FONT＝：指定文本字体。

JUSTIFY＝：CENTER｜LEFT｜RIGHT 标题对齐方式。

10）Put 语句

有效范围：Data 步。

功能：向 Log 窗口、输出窗口或者 File 语句指定的某个外部位置写一行信息。

```
PUT  <specification(s)>  <_ODS_>  <@ | @@>;
```

选项 specification(s)指明写什么、怎样写、往哪里写，它可以是变量、变量列表、字符串，可以包括指针控制。@的作用和 Input 语句的@类似，在第 3 章会详细讲解。

11）Options 语句

有效范围：全局语句。

功能：指定或更改一个或多个 SAS 系统选项的值。

```
Options option(s);
```

【例 2.9】　Options 选项。

```
Options nodate linesize = 72;
```

此语句规定输出窗口 Listing 不显示时间，每行最多显示 72 个字符（必须在 64～256 之间）。

2.4　SAS 数据步的编译与执行

学好 SAS 的关键需要从了解 SAS 数据步的编译与执行开始，其中最重要的机制是 PDV(Program Data Vector，程序数据向量)与 Data 步循环。这有助于用户调试程序和排除程序错误，同时也可以帮助我们更好地理解语句的某些选项。

在 SAS 系统中，当用户提交一段数据步程序后，系统分为以下两步来处理程序：

① 编译阶段(Compilation Phase)。系统扫描每条语句，对每条语句进行语法检查。大部分语法错误导致系统无法对 Data 步做进一步处理。在编译阶段，SAS 将创建数据集的描述性信息。

② 执行阶段(Execution Phase)。若数据步编译成功，系统进入执行阶段。在执行阶段，对原数据文件(流数据或文本数据)的每一条记录，都分别执行一次 Data 步(即执行阶段就是一个循环，循环的次数就是数据的记录数)；执行阶段创建数据集的数据部分。

1. 编译阶段

(1) 对程序语句进行语法检查；将语句翻译为机器码。

(2) 创建数据集的描述性信息、创建输入缓冲区(Input buffer)和 PDV。

① 输入缓冲区是内存中的逻辑区域，当执行程序时，SAS 会将原始数据(流数据或文本数据)的每条记录读入该区域。如果读入的数据来自某个已经存在的数据集，则不创建输入缓冲区。

② PDV 也是内存中的逻辑区域，SAS 在该逻辑区域构建数据集，每次一条记录。PDV 中除了数据集的变量(称为程序变量)外，还包含两个自动变量，即_N_和_ERROR_。当程序执行时，SAS 从输入缓冲区读取数据值，或者使用 SAS 语句创建数据值，赋值给 PDV 中的相应变量，然后从 PDV 中将这些数据值写入 SAS 数据集中的一个观测。变量_N_计算

Data 步的迭代次数，_ERROR_变量记录程序执行过程是否引起错误，0 表示没有错误，1 表示有错误，这两个自动变量不会写入输出的数据集。

③ 在 PDV 中，_N_为 1，_Error_为 0，其余变量置为缺失值。

2. 执行阶段

在执行阶段，创建数据集的数据部分。数据部分包含所有记录的每个变量的数据值。Data 步的所有可执行语句在每次迭代中都会被执行一次。执行的顺序如下。

（1）每次执行 Data 步语句时，一个新的迭代就开始了，并且_N_自动变量被加 1。

（2）SAS 将 PDV 中创建的程序变量设置为缺失值。

（3）SAS 从原始数据文件中读取数据记录到输入缓冲区，再按 Input 语句从缓冲区读入到 PDV，按 Data 步其他语句（如果有）处理后存入 PDV；或者从 SAS 数据集中直接读取观察数据到 PDV 中。

（4）在 Data 步结束时，将 PDV 的内容作为一条记录写入新创建的数据集。一次迭代结束。

（5）回到 Data 步的开始，准备下一次循环，这时 Input 语句和赋值语句创建 PDV 中的变量重置为缺失值，自动变量_N_加 1，_Error_置为 0。

【**例 2.10**】　以例 2.3 来说明 PDV 机制。

① Data 步由 DATA 语句开始，该语句创建数据集 Jan，并将其存放于逻辑库 Salary 中。

② Input 语句创建 4 个变量，即 Name、Depart、Duty 和 Salary；赋值语句 Provident_fund＝salary ＊ 0.07 创建变量 Provident_fund（这两句执行后就可在逻辑库中看到数据集的标志）。

③ Cards 语句标识输入数据的开始，数据值后的分号表示输入数据的结束。

④ Run 语句表示 Data 步结束。

下面借助该示例每一步输入缓冲区和 PDV 中的数据，来理解提交 Data 步后编译和执行阶段 SAS 的行为。

（1）首先翻译 Data 步。

翻译阶段，SAS 创建输入缓冲区、PDV 和数据集 Jan 的描述信息。

PDV 包含 Input 语句的 4 个变量，即 Name、Depart、Duty、Salary 和赋值语句 Provident_fund＝salary ＊ 0.07 创建的变量 Provident_fund 以及两个自动变量_N_和_ERROR_，Input 语句的 4 个变量以及 Provident_fund 初始化为缺失值；此时输入缓冲区和 PDV 中的数据如图 2.6 所示。

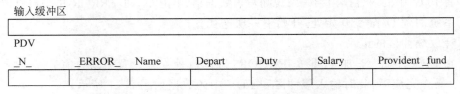

输入缓冲区						

PDV						
_N_	_ERROR_	Name	Depart	Duty	Salary	Provident _fund

图 2.6　输入缓冲区和 PDV 中的内容（1）

这一步如果有错误，就会看到一个只有变量而没有记录的空数据集被创建。

例如，故意去掉 Cards 后面的“；”号，提交程序，日志显示：

```
NOTE: "DATA 语句"所用时间(总处理时间):
      实际时间        0.01 秒
```

　　　　CPU 时间　　　　0.00 秒
　NOTE: 由于出错,SAS 系统停止处理该步.

　　这时再打开 SAS 资源管理器下 Work 库中的数据集 Jan,结果显示如图 2.7 所示,这时单击"确定"按钮后可以看到数据集的信息如图 2.8 所示。

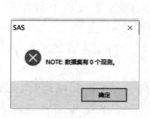

图 2.7　打开 Jan 的显示

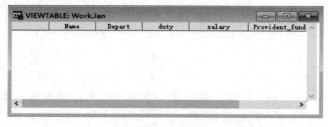

图 2.8　空数据集 Jan

　　(2) 若语法正确,则 Data 步开始执行。

　　Input 语句会让 SAS 读入第一行观测到输入缓冲区,此时输入缓冲区和 PDV 中的数据如图 2.9 所示。

输入缓冲区						
宋江　总经理办　CEO 12000						
PDV						
_N_	_ERROR_	Name	Depart	Duty	Salary	Provident_fund
1	0				·	·

图 2.9　输入缓冲区和 PDV 中的内容(2)

　　(3) 根据 Input 语句的指令,SAS 将输入缓冲区的值赋给 PDV 中的变量,此时输入缓冲区和 PDV 中的数据如图 2.10 所示。

输入缓冲区						
宋江　总经理办　CEO 12000						
PDV						
_N_	_ERROR_	Name	Depart	Duty	Salary	Provident_fund
1	0	宋江	总经理办	CEO	12000	840

图 2.10　输入缓冲区和 PDV 中的内容(3)

　　(4) Data 步第一次迭代结束,程序自动做以下操作。

　　① 将 PDV 中的内容作为第一条观测写入数据集(牢记_N_和_ERROR_的值没有被写入)。

　　② 系统回到 Data 步开始处,开始下一次迭代。

　　③ 释放缓冲区的记录。

　　④ 在 PDV 中将_N_加 1,重置_ERROR_为 0,其他变量设置为缺失值。

　　以上操作完成后,此时输入缓冲区和 PDV 中的数据如图 2.11 所示。

输入缓冲区						
PDV						
_N_	_ERROR_	Name	Depart	Duty	Salary	Provident_fund
2	0				·	·

图 2.11　输入缓冲区和 PDV 中的内容(4)

（5）继续执行。Input 语句查找下一条观测，如存在，Input 语句将第二条观测读入到缓冲区，此时输入缓冲区和 PDV 中的数据如图 2.12 所示。

输入缓冲区

李逵　行政处 处长 9000

PDV

_N_	_ERROR_	Name	Depart	Duty	Salary	Provident _fund
2	0				·	·

图 2.12　输入缓冲区和 PDV 中的内容(5)

（6）接下来，SAS 像构建上一条观测值一样在 PDV 中构建下一条观测值，并将 PDV 的内容写入数据集，此时输入缓冲区和 PDV 中的数据如图 2.13 所示。

输入缓冲区

李逵　行政处 处长 9000

PDV

_N_	_ERROR_	Name	Depart	Duty	Salary	Provident _fund
2	0	李逵	行政处	处长	9000	630

图 2.13　输入缓冲区和 PDV 中的内容(6)

（7）整个过程继续直到没有其他观测为止。Data 步迭代次数与读取的原始数据的观测条数一致。

（8）SAS 关闭数据集 Jan，退出 Data 步。

2.5　SAS 语言的逻辑结构

SAS 语言和其他语言一样，也有三种逻辑结构，即顺序、选择和循环。这里只给出三种结构的基本格式，具体示例在以后学习中逐渐讲解。

1. 顺序结构

顺序结构是指程序执行时按照代码出现的顺序依次执行，前面的几个例子都是顺序结构的例子。

2. 选择结构

最常见的选择结构就是条件语句，它能使程序按照一定的表达式或条件实现不同的操作或改变程序执行的顺序。语法格式如下：

```
If  条件表达式  then …;  else    …;
```

注意：如果 then 和 else 后面的操作多于一条语句，这些语句需要用夹板语句 do-end 包起来，格式是：

```
Do;  语句1; …;语句n; end;
```

3. 循环结构

循环结构是指当满足某个特定条件时，一段程序会被重复执行。循环结构有 3 种。

（1）Do 循环。

语句格式：

```
Do index – variable = start – value to stop – value by increment; statements; end;
```

当表达式语句为真时,执行循环体语句(一条或多条 SAS 语句),每次循环语句执行完后都要检查表达式是否为真,当表达式语句为假时,结束循环。

(2) Do-while 循环。

语句格式:

Do while (表达式); 循环体语句; end;

先检查表达式是否为真,为真时执行循环体,为假时不执行循环体。因此,这种循环也可能一次也不执行。

(3) Do-until 循环。

语句格式:

Do until (表达式); 循环体语句; end;

先执行循环体一次,再检查表达式是否为真,为真时继续执行循环体,为假时不再执行循环体。因此,这种循环至少被执行一次。

习　题　2

2.1　构成 SAS 程序的两个 SAS 步是什么? SAS 语句的结束标志是什么? 试举例说明。

2.2　简述 SAS 变量以及 SAS 相关名字的命名规则。

2.3　如何给 SAS 程序做注释?

2.4　简述 SAS 的数据类型、SAS 常数及其类型,举例说明 SAS 数值常数、字符常数和日期常数的表示方法。

2.5　如何理解逻辑库标识? 临时库和永久库的区别是什么?

2.6　举例说明 SAS 数据集的二级名称中各部分的含义。

2.7　SAS 数据集的属性包括哪些内容? SAS 数据集变量的属性包括哪些内容?

2.8　掌握 Libname、filename 语句的基本用法。

2.9　掌握 Data 步的编译与执行机制。

第3章

数据集的创建与整理

SAS 数据集是 SAS 系统实现对数据的管理、分析和呈现的基础,而我们日常生活中需要处理的数据都是以各种不同的形式存在的,既可以是某种计算机文件的形式,也可以是记录在纸张上的一些文字信息;只有将各种不同形式的数据转化为 SAS 数据集,才能使用 SAS 系统的强大功能对数据进行分析处理。因此,创建与整理 SAS 数据集是 SAS 分析的第一步。

原始数据主要以 4 种形式存在。

① 流数据(Instream Data),Data 步中 Cards 语句后面的数据行。

② 平面文件(Flat file),它是一种记录间没有结构关系的文件,如 CSV、TXT 文件。

③ 数据库管理系统(DBMS)数据文件,如 DB2、Sybase、MySQL、Oracle、Teradata 及 Hadoop。

④ 单机文件(PC file):是相对于 DBMS 文件而言的,如 Excel、Lotus、DBF、MS Access 以及 JMP、SPSS、Stata、Paradox 等文件。

本章首先介绍如何利用这 4 种原始数据创建 SAS 数据集;然后介绍整理 SAS 数据集的基本方法。

3.1 创建 SAS 数据集

首先介绍如何利用 4 种原始数据创建 SAS 数据集。

3.1.1 流数据和平面文件的读入

例 2.3 就是流数据读入最简单的例子,而实际工作中碰到的流数据,其书写格式非常丰富,针对不同格式的数据,需要 Infile 语句、Input 语句和 Cards 语句配合使用来读入数据流。Input 语句和 Infile 语句配合也可以读入平面文件数据。

1. 列表输入法(list)

如果我们的数据文件中(不管是书写在纸上还是以 txt 格式存在)的所有字段之间都是以空格(或其他的字符)分隔开的,最合适的输入方式就是如例 2.3 的输入方法,这种方式称为列表输入法。

列表输入法就是简单地按照数据字段在流数据块或平面文件中出现的顺序在 Input 语句中列出所要读入的变量名,除了需要在字符型变量名后加上 $ 符号外,所有变量不加任何修饰。

列表输入法下数据字段之间默认的分隔符是空格,也可以采用其他分隔符号,如果分隔符不是空格,需要在 Input 语句之前使用 Infile 语句来指定分隔符;在列表输入法下,连续的分隔符当作一个分隔符处理。列表输入法的 Input 语句语法格式如下:

```
Input   variable 1<$> < variable 2 <$> …><@|@@>;
```

说明如下。

(1) variable 1,variable 2,…是数据集的变量名,用空格分开。

(2) 如果变量是字符型变量,除非字符型变量在 Input 语句之前已经声明过,否则必须在变量名后面加符号"$"。

列表法适用对象:①原始数据各字段之间以空格(或其他分隔符)分开;②数据值中不包含分隔符。

【例 3.1】 Data 步创建数据集。

```
Data score;
    input id name $ Chinese Math English Physics Chemical;
    cards;
101 欧阳全光河  0  69  92  62  48
102 张丽萍    0  69  89  72  54
103 檀巧萍    0 111  88  71  50
104 沈雅琦    0  96  74  62  53
105 赵婧     0  80  88  75  47
;
Proc print data = score noobs;
Title "高一学生成绩";run;
```

提交程序后,输出窗口显示结果如图 3.1 所示。

高一学生成绩

Id	name	Chinese	Math	English	Physics	Chemical
101	欧阳全光	0	69	92	62	48
102	张丽萍	0	69	89	72	54
103	檀巧萍	0	111	88	71	50
104	沈雅琦	0	96	74	62	53
105	赵婧	0	80	88	75	47
110	包海燕	0	80	85	68	51

图 3.1　输出的 score 数据集的内容

提交程序后根据第 2 章的 Data 步程序的编译与执行原理,已经知道数据是如何读入的。对于这种最简单的数据集创建方法,用指针再来回顾一下数据集的创建过程,以强化我们对列表输入法的理解和掌握。

开始读入数据时,指针从输入缓冲区第一列位置开始扫描,从第一个非空列开始读数据,直到读入一个空列就停止读数,指针停靠在紧邻空格列的下一列(这一列可以是空列也可以是非空列),将读得的值赋给 PDV 中的变量(如果读取值的字节数超过该变量存储长度,在给 PDV 变量赋值时会发生截断)。接着指针从上次读数结束停靠的列开始扫描,从非空列开始读数只读到下一个空列为止,将读入数据赋给 PDV 中下一个变量,指针停靠在紧邻空列的下一列；重复以上操作，为 PDV 中其他变量赋值。如果到输入缓冲区结尾，还没有为全部 PDV 变量赋值，则将数据块下一行数据读入输入缓冲区，指针自动移到输入缓冲区的第一列开始为剩余变量赋值，直到为全部变量赋完值为止，一次循环结束。这时不管指针所在输入缓冲区的数据是否读完，输入缓冲区的内容都会更新成数据块的下一行数据，指针也要重新移到输入缓冲区的第一列，准备进行第二次 Data 步循环。

例 3.1 中 Input 语句的变量 name 是字符型变量，使用默认格式（字符型变量的默认存储格式是 8 个字节），导致第一条记录的"姓名"，在读入到 PDV 中时发生了截断，只有"欧阳全光"这 4 个字读入到变量 name 中。

第一条记录读取时，指针停靠位置如图 3.2 所示。

图 3.2 输入缓冲区指针停靠位置示意图

如果流数据的字段子值之间的分隔符不是空格，那么需要在 Input 语句之前加上 Infile 语句来指定分隔符。语法格式如下：

```
Infile cards dlm = '单个字符分隔符';
```

或者

```
Infile cards dlmstr = '字符串分隔符';
```

例如，用"＃"作为分隔符，例 3.1 的 SAS 代码应该写为：

```
Data score;
  Infile cards dlm = '＃';
  input id name $  Chinese Math English Physics Chemical;
  cards;
101＃欧阳全光河＃0＃ 69＃92＃62＃48
102＃张丽萍   ＃0＃ 69＃89＃72＃54
103＃檀巧萍   ＃0＃111＃88＃71＃50
104＃沈雅琦   ＃0＃ 96＃74＃62＃53
105＃赵婧    ＃0＃ 80＃88＃75＃47
;
```

问题 1：上面提到当一次循环结束时，不管指针所在行的数据是否读完，指针都要移到下一行的第一列，准备进行第二次 Data 步循环。那么，如果数据块不是一行写一条记录，而是一行写两条记录，甚至一行写全部记录，例如：

```
Data score;
  input Id name $  Chinese Math English Physics Chemical;
  cards;
101 欧阳全光河  0    69   92   62   48   102 张丽萍  0  69  89  72  54
103 檀巧萍    0   111   88   71   50   104 沈雅琦  0  96  74  62  53
105 赵婧     0    80   88   75   47
;
Proc print data = score noobs;
Title "高一学生成绩";Run;
```

那么程序提交后,数据集只能得到 3 条记录,另两条记录就被忽略了。如何解决这个问题呢?可以通过在 Input 语句末尾加上选项@@来解决:

Input variable 1 < $ > < variable 2 < $ > … > @@;

其中,@@指示 SAS 系统在读数据时,当一行数据包含多条观察记录时,用该符号把指针保持在同一行,为下一次 Data 步循环读入数据。

说明:为了方便叙述指针运行,除非严格按照输入缓冲区、PDV 来叙述外,在不致引起混淆的情况下,都简单地用指针从一行的第一列开始、指针移到下一行等方式来叙述 Input 语句读取数据的机制。但我们要知道,所谓指针移到下一行,指的是输入缓冲区被数据块的下一行数据更新后,指针又回到输入缓冲区的第一列开始重复运行。

```
Data score;
  input Id name $  Chinese Math English Physics Chemical@@;
  cards;
101 欧阳全光河    0    69   92   62   48   102 张丽萍    0   69   89   72   54
103 檀巧萍        0   111   88   71   50   104 沈雅琦    0   96   74   62   53
105 赵婧          0    80   88   75   47
;
Proc print data = score noobs;
Title "高一学生成绩";Run;
```

问题 2:SAS 语言的一大特点是格式灵活,Data 步中的 Input 语句可以不止一个,如果把 Input 语句拆成两条,例 3.1 还能正确创建数据集吗?

```
Data score;                                  103 檀巧萍    0   111   88   71   50
  input Id name $ Chinese Math;              104 沈雅琦    0    96   74   62   53
  input English Physics Chemical;            105 赵婧      0    80   88   75   47
  cards;                                     ;
101 欧阳全光河    0   69   92   62   48      Proc print data = score noobs;
102 张丽萍        0   69   89   72   54      Title "高一学生成绩";Run;
```

程序提交以后,输出结果如图 3.3 所示。

高一学生成绩

Id	name	Chinese	Math	English	Physics	Chemical
101	欧阳全光	0	69	102	.	0
103	檀巧萍	0	111	104	.	

图 3.3　score 数据集的打印结果

出现这样的结果是由于在读数据时,第一行的 4 个数据分别读给了第一条 Input 语句的变量 Id、name、Chinese 和 Math,然后指针转到第二行开始为第二个 Input 语句的变量 English、Physics 和 Chemical 读数据,然后指针跳到第三行开始第二次循环。如何解决这个问题呢?

可以通过在最后一个 Input 之前的 Input 语句末尾加上选项@来解决。

Input variable < $ > < variable < $ > … > @;
Input variable < $ > < variable < $ > … > ;

其中,选项@指示 SAS 系统在同一次 Data 步循环中,保持指针在同一记录行为下一个 Input 语句的变量读入数据,这个@叫做 Trailing@。

```
Data score;
input Id name $ Chinese Math@;          input English Physics Chemical;
101 欧阳全光河   0   69   92   62   48      cards;
102 张丽萍       0   69   89   72   54   ;
103 檀巧萍       0  111   88   71   50   Proc print data = score noobs;
104 沈雅琦       0   96   74   62   53   Title "高一学生成绩";Run;
105 赵婧         0   80   88   75   47
```

从例 3.1 可以看到,如果字符型变量的值超过 8 个字符,超出部分会被截断,这是因为字符型变量默认的存储长度是 8 个字节。可以通过指定变量的存储长度来解决这个问题。指定长度存储长度有两种方法。

方法 1:Length 变量 1<$> length <变量>2<$> length …>;

方法 2:Input 变量 1<$> informatw. d <变量>2<$> informatw. d. >…>;

特别提醒:如果用 Length 语句声明变量的长度,Length 语句必须出现在 Input 语句之前。Length 语句声明的变量长度后不需加".",Input 语句声明的长度后要加"."。

【例 3.2】 指定变量的长度。

```
Data score;                                 102 张丽萍   0   69   89   72   54
    length name $ 10;                       103 檀巧萍   0  111   88   71   50
    input Id name Chinese Math@;            104 沈雅琦   0   96   74   62   53
    input English Physics Chemical;         105 赵婧     0   80   88   75   47
    cards;                                  ;
101 欧阳全光河   0   69   92   62   48
```

这样提交后就可以得到预期的结果。

注意:利用 Length 语句修改变量的默认存储长度,并不影响列表输入法读取数据时指针的移动方式。

而在 Input 语句给变量指定输入格式 informatw. d 时不但修改了变量的默认存储长度为 w 个字节,而且读取数据时指针的移动方式和列表输入法也略有差异。这一点将在**格式输入法**中详细讲解。

列表输入法虽然简单,但也存在一些局限性。

① 一次必须读取一条观测的全部数据,不能跳过任何变量;

② 不允许用空格来代替任何变量的缺失值,缺失值必须用"."(".""称为占位符)来代替才能得到预期的结果;

③ 如果是字符型变量,默认的存储长度为 8 字节,这时数据值中间不允许有内置空格;

④ 如果变量值是日期或其他需要进行特殊处理的数据(如会计上习惯书写格式的金额),列表输入就显得无法处理;

⑤ Input 语句声明的变量顺序必须和数据记录中变量值的顺序一致。

正如在例 2.3 中所列,如果第三条记录中的第三个值用空格代替,而不是用".",同时把第二、三条记录的次序交换一下,看看运行结果。

```
Data Salary. Jan;                           林冲 待业处
    Input Name $ Depart $ duty $ salary;    李逵 行政处   处长 9000
  Provident_fund = salary * 0.07;           ;
    Cards;                                   Run;
宋江 总经理办   CEO   12 000
```

运行结果显示如下：

```
2   Data Salary.Jan;
3   Input Name $ Depart $ duty $ salary;
4   Cards;
NOTE: 在第 7 行、第 1 - 4 列中有对"salary"无效的数据.
RULE:       ----+---- 1 ----+---- 2 ----+---- 3 ----+---- 4 ----+---- 5 ----+---- 6
       ----+---- 7 ----+---- 8 ----+---- 9 ----+---- 0
7           李逵 行政处       处长 9000
Name = 林冲 Depart = 待业处 duty = 李逵 salary = . Provident_fund = . _ERROR_ = 1 _N_ = 2
NOTE: INPUT 语句到达一行的末尾, SAS 已转到新的一行.
NOTE: 数据集 SALARY.JAN 有 2 个观测和 5 个变量.
NOTE: "DATA 语句"所用时间(总处理时间):
       实际时间         0.03 秒
       CPU 时间         0.03 秒
```

再打开数据集看一下，其记录如图 3.4 所示。

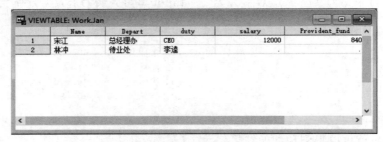

图 3.4　例 3.2 运行结果显示

2. 按列输入

当原始数据记录的每个字段值占据相同的列宽时，可以使用按列输入的方式，语法格式如下：

Input variable < $ > start - col < - end - col > <.decimals > <@ | @@>

说明如下。

（1）start-col 表示开始列，end-col 表示结束列，如果字段值仅占 1 列，结束列可以省去。

（2）.decimals 指定小数点右边的数字位数，输入值如果包含小数点，则.decimals 不起作用。

（3）@ | @@ 的用法同列表输入法。

优点：①字段值之间无须用分隔符分隔；②缺失值可以用空格替代，而不再使用占位符"."；③字符数据允许内嵌空格；④可以跳过不需要的字段值。

【例 3.3】　按列输入。

```
Data scores;                          Joseph      11    32    76
   input name $ 1 - 18 @;             Mitchel     13    29    82
   input score1 25 - 27@;             Sue Ellen   14    27    74
   input score2 30 - 32@;             Donald Trump
   input score3 35 - 37;              ;
   cards;                             Run;
```

按列输入的指针说明：如果为每个变量指定了列宽，那么依次从指定开始列开始把相应的列数据读给变量，相应列有空格的，空格也作为变量值的一部分，只是在把读取的数据赋给变量时，会去掉字段值的前部或尾部的空格；然后将指针移到下一列位置。

3. 格式输入法

有时数值型变量的数据会以不同的形式显示。例如，财务数据往往习惯写成 $568，900.01 的形式，日期型数据的表示形式更是多样化，如 12Feb2013、12-02-2013 等。按照前面的办法读入数据时，SAS 会把它识别成字符型数据。对于这些非标准型的数值型数据的读取，数据的输入格式就变得非常重要。需要注意的是，不管以什么样的格式读入数字，它在 SAS 数据集中都是以数学上的数值本身存储的，如 03Jan1960 存储的数值是 2，因为它和 01Jan1960 之差是 2 天。

格式输入法就是在 Input 语句的变量后面跟随一个**输入格式**指令，格式指令由**格式名＋宽度＋.＋小数位数**四部分组成，小数位数根据实际需要可选择。

格式有 3 种基本类型，即字符格式、数值格式和日期格式。SAS 提供了丰富的输入格式以便读入各种形式的数据，常用格式见表 3.1 和表 3.2。

表 3.1　常用数字和字符输入（出）格式

格　式　名　称	意　　义	示　　例
$ BinaryW.	将二进制数据转换为字符数据	$ binary16.
$ CharW.	读取带空格的字符数据	$ char20.
$ W.	读入标准字符数据	$ 20.
BinaryW. D	将正二进制数转换为整数	binary8.
CommaW. D/Dollarw. D	读取数字并将逗号和 $ 去掉	Comma10.
W. D	读取标准的数字数据	8.2

注：$ 表示字符型变量的格式；W 是总长度；D 是小数位数（仅限数值型输入格式）；"."是输入格式名称的重要部分，不能省略。

表 3.2　常用的 SAS 日期、时间、日期时间输入（出）格式

格式名称	对象	W 范围	W 缺失值	读入数据的形式	备　　注
YYMMDDW.	日期	6～32	6	YYMMDD/YYYYMMDD	
MMDDYYW.	日期	6～32	6	MMDDYY/MMDDYYYY	
DDMMYYW.	日期	6～32	6	DDMMYY/DDMMYYYY	
DATEW.	日期	7～32	7	ddmmyy/ddmmyyyy	mmm 为月份的英文缩写
TIMEW.	时间	5～32	8	hh:mm:ss. sspm(am)	分隔符':'空格 '一'
MONYYw.	时间	5～7	5	MMMYY/MMMYYYY	
DATETIMEW.	时间	13～40	18	ddmmyyyy hh:mm:ss. ss ddmmyy hh:mm:ss. ss	

格式化输入常见的有以下几种输入格式。

格式一：Input <指针控制> variable1 < $ > informat < variable2 < $ > informat…@｜@@>

说明：读入数据时，指针要从某一列开始读数据，读完一个变量值后指针就处于下一列的位置，指针控制就是移动指针。指针包括列指针和行指针。指针控制的常用命令见表 3.3。

表 3.3　Input 语句指针控制命令

指针控制	相　对　位　置	绝　对　位　置	说　　明
列指针	＋n；＋numeric-variable；	@n；@ numeric-variable；@（expression）；	
	＋（expression）	@ 'character-string'；@character-variable；	指针位于紧接字符值的下一列
	向后移动＋（－n）	@（ character-expression）	
行指针		＃n；＃ numeric-variable；＃（expression）	

注：＋n 表示指定在所停留的位置向前移动 n 列；@n 表示指定要从第 n 列开始读数据。

【例3.4】　下面是某公司分厂的财务数据,每一行数据包含分厂名字、报表日期和利润。

```
    Factory－1 01Jan2018 $ 598,467.02
    Factory－2 02Jan2018 $ 698,345.09
    Factory－3 02Feb2018 $ 789,342.03
Data profit;
    Input name $ 9. Date date9. Profit comma11.2;
    Cards;
Factory－101Jan2018 $ 598,467.02
Factory－202Jan2018 $ 698,345.09
Factory－302Feb2018 $ 789,342.03
;
```

图 3.5　数据集 profit 存储的内容

提交运行后,直接打开数据集,看到的结果如图 3.5 所示。

如果这个数据集的服务对象是企业财务人员,那么当他打开数据集时对数据集的第二列一定一头雾水,对最后一列的 Profit 的数值看起来也非常不习惯。这说明不管"数据"以何种格式输入到数据集,SAS 在把"数据"写入数据集时只有两种格式,即字符和普通的整数或浮点数。如果这时利用 Print 过程打印数据集报表,得到的结果也和图 3.5 一样。

如何才能使得我们看到的数据集内容符合我们的习惯或者以我们想要的格式展现出来?即便直接打开数据集看到的不是我们习惯上的格式,但是利用 Print 过程打印时,如何使打印出来的报表是我们想要的格式?这就需要使用 format 语句为数据集变量指定数据的输出格式,或者在 Print 过程中添加 format 语句指定要打印的每个变量的打印格式。

把例 3.4 的 Data 步改写如下:

```
Data profit_1;
    Input name $ 9. Date date9. Profit comma11.2;
    Format date mmddyy8. Profit dollar11.2;
    Cards;
Factory－101Jan2018 $ 598,467.02
Factory－202Jan2018 $ 698,345.09
Factory－302Feb2018 $ 789,342.03
;
Run;
```

或者对 Data 步不做任何修改,而在 Print 过程中增加 format 语句,例如

```
Proc print data = profit;
    Title "带输出格式的报表";
    Format date mmddyy10. Profilt dollar11.2;
Run;
```

带输出格式的数据集的内容和 Print 过程带输出格式语句的打印结果见图 3.6(a)和图 3.6(b)。

常见的输出格式见表 3.1 和表 3.2。

格式二:Input <指针控制> (variable-list) (informat-list) <@|@@>

说明如下。

(1) (variable-list)必须有(informat-list)跟随。这种情况下数据读入时指针严格按照列

(a) 数据集profit_1　　　　　(b) 数据集profit

图3.6　打印结果

宽读入数据。数据值列宽不足时,对于数值型数据只能在前或后用空格补足列宽,不能在数字中间插入空格;字符型值可在任何位置插入空格补足列宽。

（2）利用(variable-list)组织变量,读入数据时数据之间不再用空格分开,指针是连续移动按照(informat-list)把相应列的数据直接读给变量,除非用指针命令来移动指针位置。

（3）(informat-list)中的格式可以多于(variable-list)中变量的个数,多余的部分不起作用。

（4）(informat-list)中也可以使用指针,如(3.＋1),表示(variable-list)中每个变量占3列,指针向前移动一列再为下一变量读入3列的数据。例如,input name $6.(score1-score2)(2.＋1);,表示先把1～6列读给变量name,然后把7、8列读给score1,指针停在第9列;为score2读数据时,指针向前移动一列到第10列,然后把第10、11列读给score2。

（5）(informat-list)中相邻的相同格式可以使用n * informat,表示格式informat重复n次。

【例3.5】　格式输入。

（1）格式列表。

```
Data test;
    input (x y z) (2., +1);
    datalines;
2  24  36
0  20  30
;
Run;
```

（2）指针移动。

```
Data sales;
    input item $ 10. +5 jan comma5. +5 feb comma5. +5 mar comma5.;
    Cards;
trucks  1,382  2,789  3,556
vans    1,265  2,543  3,987
sedans  2,391  3,011  3,658
Run;
```

小结：读入数据时指针的位置

理解Input语句如何从输入缓冲区中读取数据以及读取数据前后的指针位置,是掌握Input语句工作机制的基础。

1. 列表输入法下的指针位置

在列表输入法下,指针扫描数据,从非空列开始读入数据直到读入一个空格,数据读取结束(对于字符型变量来说,如果数据长度大于8位,只要不遇到空格读入就不停止,虽然读入超过了8位数据,但存入的只能是8位),指针停在紧邻空格的下一列(不管它是空格列还是非空格列)。为下一个变量读入数据时,指针继续扫描,从非空列开始读数据直到读入一个空列停止,指针停在紧邻空列的下一列。继续上述操作,直到为所有变量读入数据完成为止。

例如,为 input region $ jansales;读入数据

————+————1————+————2————+————3

REGION1　　　49670

REGION2　　　97540

从第1列开始,当数据读到第8列空格停止读数,指针位于第9列,将读入数据 REGION1 赋给变量 region;然后指针继续扫描,首先掠过第10、11列两个空格,从第12列开始读数据,读到第17列(空格)停止读数,指针停在第18列,将读到的数据49670赋给变量 jansales。

2. 列输入和格式输入

指定变量的起始和终止列时,SAS 读取 Input 语句中指定的列;对于格式输入,SAS 按照指定的格式读入相应的列数;然后指针停留在下一列,准备为下一变量读值。

例如:

input region $ 1-7 sales 12-16;或者 input region $ 7. +4 sales 5. ;

————+————1————+————2————+————3

REGION1　　　49670

为变量 Region 读入7列值后,指针停留在第8列。对于列输入,指针从第8列移动到第12列开始为 sales 读入数据;对于格式输入,指针从第8列,向前移动4列,到达第12列,开始为 sales 读5列数据,读到第16列。

上述两个格式不同,但效果相同。如果上面的格式输入没有指针移动控制——"+4",那么为 sales 读入的就是第8列到第12列,结果是4,而不是预想的49670。

3. 混合格式

【例3.6】 混合格式。

```
Data club1;
    input Id Name $ 18. Team $ 25 - 30 StartWeight EndWeight;
    datalines;
1023 David Shaw        red    189  165
1049 Amelia Serrano    yellow 145  124
1219 Alan Nance        red    210  192
1246 Ravi Sinha        yellow 194  177
1078 Ashley McKnight   red    127  118
1221 Jim Brown         yellow 220  .
;
Proc print data = club1;
    title 'Weight Club Members';
Run;
```

当为 Id 读入数据后,指针停在第6列开始为 name 读入数据,因为变量 name 是格式输入,因此读到第23列就读够了18列,指针停在第24列位置,Team 是列输入,指针移动到第25列开始读数据,读到第30列,指针停在第31列;StartWeight 为列表输入格式,指针从第31列开始扫描从非空列开始读数据直到读入一个空格,指针停在紧邻空格的后一列准

备为 EndWeight 读数据。

4. 命名输入法

命名输入法读取包含变量名、等号("＝")和变量值的输入数据。语法格式如下。

格式一：Input <指针控制> variable1＝ <$> < variable 2＝ <$> ···@|@@>;

格式二：Input <指针控制> variable1＝informat < variable 2＝ informat ···@|@@>;

【例 3.7】 命名输入法。

```
Data list;
    length name $ 20 gender $ 1;
    informat dob ddmmyy8.;
    input id name = gender = age = dob = ;
    datalines;
4798 name = COLIN gender = m age = 23 dob = 16/02/75
2653 name = MICHELE gender = f age = 46 dob = 17/02/73
;
Proc print data = list; Run;
```

使用命名输入格式时，Input 语句在命名格式之前的变量可以使用任意输入格式，一旦Input 语句开始使用命名输入格式，其后的变量必须也是命名输入格式。与之相对应地需要读入的数据，每行对应非命名输入格式的变量值必须按照 Input 语句中的非命名格式的变量顺序排列，其后才是命名输入格式变量的值，这些值由于带有命名输入格式，其顺序可以与命名输入格式的变量顺序不一致。

5. 带修饰的列表输入

大家知道，列表输入有一些局限性。例如，字符型变量长度不能超过 8 字节；默认分隔符为空格，不能读入内嵌空格的数据值；不能处理带特殊符号的数值。SAS 系统添加了"格式修饰符"来消除这些限制。

（1）& 修饰符。

作用：读入内嵌一个空格的数据值。

不足：数据值之间空格分隔符必须是至少两个空格。

注意：& 修饰符仅对空格为分隔符的情况有效。

【例 3.8】 带修饰符 & 示例。

```
Data test1
    Input name & $ duty $;
    Cards;
B. Obama   President
D. Trump   Presiden
    ;
Proc print; Run;
```

（2）冒号":"修饰符。

位置：冒号":"必须放置于格式的前面。

作用：从非空列读数据直到下一个非空列或者已经读入了变量的规定长度，或者到了数据行尾为止。

【例 3.9】 冒号修饰符示例。

```
Data test2;
```

```
    input item : $ 10. Amount :4.;
    datalines;
trucks      1382      /* 数据值之间插入 4 个空格 */
vans        1235      /* 数据值之间插入 6 个空格 */
sedans 2391
;
Proc print; Title "Data of &syslast";Run;
```

由此可见,在格式中加入":"后,即便指定了列宽,读入数据时也不再像有列宽时直接从指针所在位置开始读,而是先找到非空格列开始,而且即使不够宽度,只要遇到空格,依然会终止数据读入。

(3) ~修饰符。

作用:读入数据值时,如果分隔符在单引号或双引号内,该分隔符作为字符处理,同时单引号和双引号也作为字符的一部分赋给变量。

注意:~修饰符要起作用必须在 Infile 语句中使用 DSD 选项;否则 Input 语句会忽视~的作用。

【例 3.10】　带修饰符~示例。

```
Data scores;
    infile datalines dsd dlm = ',';
    input Name : $ 9. Score1 - Score3 Team ~ $ 25. Div $;
    datalines;
Joseph,11,32,76,"Red Racers, Washington",AAA
Mitchel,13,29,82,"Blue Bunnies, Richmond",AAA
Sue Ellen,14,27,74,"Green Gazelles, Atlanta",AA
    ;
Proc print; Run;
```

6. 数组的使用

1) 数组的定义

数组是一组按顺序排列的相同类型的 SAS 变量,利用数组可以简化复杂数据的处理。引用数组时,相当于引用构成数组的每一个变量。定义数组的语法格式如下:

```
ARRAY array - name{subscript}< $ >< length >< array - elements ><(initial - value - list)>;
```

说明如下。

(1) 数组里的元素必须是相同的类型,因此数组分为数值型数组和字符型数组,字符型数组定义时需要在数组名称后面加上"$"。

(2) subscript(下标)描述数组元素的个数和元素的排列;下标有 3 种表示法,即{维数}、{<lower:> upper <,… ,< lower:> upper >}、{ * }。subscript 用 * 时,需要列出数组的每一个变量,系统根据列出变量的个数来决定数组的下标。

(3) length 规定数组中元素的长度。

(4) array-elements 是数组的元素列表,元素之间用空格分隔。

(5) initial-value-list 为数组变量赋初值。

(6) 数组语句只能出现在 Data 步中,数组中的变量自动加入 Data 步创建的数据集中。

【例 3.11】　定义数组。

```
Array simple{3} red green yellow;      /* 定义一维数组变量名 red green yellow */
```

```
Array x{5,3} score1 - score15;        /* 定义二维数组,变量名为 score1 - score15 */
Array x{1:5,1:3} score1 - score15;   /* 定义二维数组变量名 score1 - score15 */
Array d{101:105} $ 4 vd1 - vd5 (2 * ('nine' 'nine'));
                        /* 定义数组,下标为 101 - 105,元素数据长度为 4,4 个变量赋初值'nine' */
Array e{ * } _numeric_;  /* 包含当前定义过的所有数值型变量,个数系统自动统计并自动标号 */
Array f( * ) _character_;  /* 包含当前定义过的所有字符型变量,个数系统自动统计并自动标号 */
Array g[ * ] _all_;  /* 包含当前定义过的所有变量,类型必须一致,个数系统自动统计并自动标号 */
Array h{5} _temporary_;
      /* 定义数组元素没有变量名的临时数组,包含 5 个元素,临时数组不能用 * 号自动定义个数 */
```

说明:①在数组定义时,用大括号、中括号或小括号均可,不过为规范起见,建议全部用大括号;②临时数组的元素没有变量名,也不能输出到数据集中。

2)数组的引用

通过数组名和下标来引用数组的元素。由于常常会对数组的多个元素进行处理,因此使用数组一般要用到 Do 循环语句。

【例 3.12】 数组的引用示例。

```
Data text;
    array names{ * } $ n1 - n5;
    array capitals{ * } $ c1 - c5;
    input names{ * };
    do i = 1 to 5;
        capitals{i} = upcase(names{i});
    end;
    datalines;
smithers michaels gonzalez hurth frank
    ;
Proc Print data = text;
    title '小写名字转换成大写名字';
Run;
```

3.1.2 读取外部数据文件

读取外部数据分为用 Data 步读入外部数据和用 Proc 步读入外部数据。首先介绍用 Data 步读入分隔符文件(平面文件);其次介绍用 Import 过程读入外部数据。前面在列表输入法中已经提到如何用 Data 步读入外部文件。下面根据数据文件的不同类型分别介绍导入的方法。

1. 用 Data＋Infile＋Input 语句读取分隔符文件

正如 Data 步读取流数据一样,如果把流数据存储成文本文件,数据出现的位置和存储的物理地址不同。流数据和文本数据本质上是记录间没有结构关系的数据,通常把它看作一类。这样的文件叫做平面文件(Flat file),同时各个字段数据值之间是用特殊字符分隔的,也称为分隔符文件。

一个平面文件既可以是纯文本文件(Plain text file),也可以是二进制文件(Binary file),常见平面文件包括 **TXT 文件**和 **CSV 文件**。

用 Data 步读取分隔符文件,在 Input 语句之前加上 Infile 语句指定数据的来源,即可实现 Input 语句对文本文件的读取。需要注意的是,大多数情况下,外部数据的格式远比我们的流数据要复杂,如 Input 语句要读入的变量长度超出了输入缓冲区的长度、记录中有缺失值但没有用占位符等。这时 SAS 读入一行记录时，如果 Input 语句在当前输入行找不到所有数据，就会把下一行记录的数据读入，导致出现意想不到的情况。这就需要在 Infile 语句中通过设置特定的选项来处理。

Infile 语句的语法格式如下：

Infile fileref < options >;

Options 选项众多，比较常见的选项有以下几个。

① DLM＝：指定非空格字符为分隔符；如果分隔符为制表符，在使用 ASCII 码的系统下，取值为'09'X，不可使用 Tab 键（在 Proc Import 过程中可使用 Tab 键）。

② DLMstr＝：指定字符串分隔符。

③ DSD 选项的默认分隔符是逗号，而且连续的逗号表示缺失值。

④ End＝variable：指定一个变量，当读入数据是最后记录时，该变量置为 1；否则为 0。

⑤ Firstobs＝：规定 SAS 从文件中的第几条记录行开始读取数据，默认为 1。

⑥ OBS＝：规定按顺序读入的最后记录数。

⑦ Flowover：当前记录中没有所有变量的值时，从下一记录继续读值，Flowover 是默认选项。

⑧ Missover：阻止到下一条记录为上一条记录的没读到值的变量读值，没读到值的变量设置为缺失值。

⑨ Truncover：当使用列输入或格式输入读取数据时，一些数据字段小于 Input 语句设定的长度时，默认情况下，Input 语句自动读取下一个输入数据记录，导致错误发生。Truncover 使您能够读取可变长度的记录。没有任何赋值的变量被设置为缺失值。

Missover 和 Truncover 的区别在于，如果当前变量没有读到规定的长度，Missover 会将当前变量的值置为缺失值。

⑩ Stopover：如果 Input 语句到了当前记录的尾部，仍有变量没有被赋值，Data 步停止执行。

如果平面文件后缀是 CSV（分隔符为逗号的文件）时，Infile 语句最好用 DSD 选项，这时引号括起来的逗号作为变量值的一部分。

【例 3.13】　读入 CSV 文件。文件 Score.csv 记录了一个班级同学的成绩，该文件的前两行如表 3.4 所示。

表 3.4　班级成绩登记表

班级	学号	姓名	数学	英语	物理	化学
一(3)	333	沈浩	0	0	0	0

第一行实际上相当于数据集的变量标签，真正的记录应该从第二行开始，程序如下：

```
Data score;
    infile 'C:\score.csv' dsd firstobs = 2;
  input class $  id name $ Math English Physics Chemical;
    label class = 班级 id = 学号 name = 姓名 Math = 数学 English = 英语 Physics = 物理 Chemical = 化学;
Run;
```

说明：DSD 选项针对分隔符敏感数据，它有 3 个作用：①使用 DSD 选项时，分隔符默认为逗号"，"，如果分隔符不是逗号"，"，需要使用选项 DLM＝指定分隔符；②它忽略引号括起来的数据值中的分隔符,而将其看作数据值的一部分;存储数据时能够自动把引号去掉;如果需要把引号作为数据值的一部分,则需要使用特殊修饰符"～";③把连续的两个分隔符视作一个变量的缺失值。

对于 txt 文件的导入和 CSV 文件的导入没有本质的区别,但是不同的 txt 文件可能会采用不同的分隔符,这时需要正确选用分隔符,如果是逗号分隔符,选 DSD 或 dlm = ","都可以;如果 txt 文件是以制表符分隔的文件,由于使用的 Windows 操作系统采用 ASCII 编码,对应的制表符十六进制表示为'09'x,这时分隔符就需要写成 dlm = '09'x。

注意:在使用 Data 步导入分隔符为制表符时,需要使用 dlm = '09'x。在 Import 过程导入相同文件,要使用选项 DBMS = tab,这一点请务必注意。

例如,score.txt(由 Excel 表另存得到,分隔符为制表符),导入程序为:

```
Data score;
    infile 'C:\score.txt' dlm = '09'x firstobs = 2;
    input class $ id name $ Math English Physics Chemical;
label   class = 班级   id = 学号   name = 姓名   Math = 数学   English = 英语   Physics = 物理
Chemical = 化学;
Run;
```

为了便于看清每条记录的情况,把平面文件中的数据改为流数据,来帮助理解 Infile 语句选项的作用。

【例 3.14】 Missover 应用示例。

```
Data missover;
    input Subject_id $ Subject_name & $ 18. number_student Teacher & $ ;
cards;
M01   Advanced algebra      30   Gao San
M02   Calculus
M03   probability theory   34   Xu Jia
      ;
```

其中的第二条记录只有两个值,而 number_student 和 Teacher 这两个变量没有数值,也没有占位符,我们希望得到 3 条记录,其中第二条记录的后两个变量为缺失值。结果读入数据集的记录不是所期望的。

为了得到期望结果,可以运行以下代码:

```
Data missover;
    infile cards missover;
    input Subject_id $ Subject_name & $ 18. number_student Teacher & $ ;
cards;
M01   Advanced algebra      30   Gao San
M02   Calculus
M03   probability theory   34   Xu Jia
      ;
Proc print data = missover;Run;
```

输出结果如图 3.6 所示。

如果把以上的流数据存放到 txt 文件,如 c:\missover.txt,那么创建数据集的代码可以写为:

SAS 系统

Obs	Subject_id	Subject_name	number_student	Teacher
1	M01	Advanced algebra	30	Gao San
2	M02	Calculus	.	
3	M03	probability theory	34	Xu Jia

图 3.6 打印 Missover 的记录

```
Data missover;
    infile 'c:\missover.txt' missover;
    input Subject_id $ Subject_name $ number_student Teacher $ ;
Run;
```

请注意,变量的长度这里不需要了,这是因为 SAS 系统会通过扫描文件的记录自动确定每个变量的长度。

【例3.15】 Truncover 示例。以下数据存储在 Address.dat 中:

```
John Garcia      114   Maple Ave.
Sylvia Chung     1302  Washington Drive
Martha Newton    45    S.E. 14th St.
```

下面程序使用列输入读取 Address.dat 文件。因为有些地址在变量 street 的长度不够输入列 22~37 的宽度,如果不使用 Trunover 选项,SAS 将在第一条和第三条记录尝试转到下一行末 street 读入数据。

```
Data homeaddress;
    infile "C:\address.txt";
    input n $ 1 - 15 nu 16 - 19 st $ 22 - 37;
    run;
Proc print data = homeaddress; Run;
```

输出结果如图 3.7(a)所示。

```
Data homeaddress;
    infile "C:\address.txt" truncover;
    input n $ 1 - 15 nu 16 - 19 st $ 22 - 37;
    run;
Proc print data = homeaddress; Run;
```

输出结果如图 3.7(b)所示。

Obs	Name	Number	Street
1	John Garcia	114	Sylvia Chung 1
2	Martha Newton	45	

(a) 无选项Truncover的记录

Obs	Name	Number	Street
1	John Garcia	114	Maple Ave.
2	Sylvia Chung	1302	Washington Drive
3	Martha Newton	45	S.E. 14th St.

(b) 有选项Truncover的记录

图 3.7　例 3.15 图

图 3.7(a)不是期望的结果。图 3.7(b)是在 Infile 语句加上选项 Truncover 后所期望的结果。

2. Proc Import 过程导入外部数据文件

在互联网时代,数据的获取方式呈现多元化,有平面文件、PC 文件以及种类繁多的统计分析软件生成的数据等,如 SPSS 数据集(文件后缀 sav)、Stata 数据集(文件后缀 dta),这些数据都可以通过 Import 过程导入 SAS 系统,形成 SAS 数据集。

该过程语法结构如下:

```
Proc import Datafile = 'filename' out = <libref.> dataset <(option(s))><DBMS = identifier>
<Replace>;
    Datarow = n;           /* 从指定行开始读数据,默认从第一行开始读,该语句仅对分隔符文件有效 */
    Delimiter = char / 'nn'x;         /* 当 DBMS = DLM, 分隔符不是空格时加该语句 */
    Getnames = Yes / No;              /* 第一行各列的值是否作为数据集的变量名,默认是 yes */
    Guessingrows = n / Max;           /* 确定变量类型需扫描的文件行数,默认为 20 */
```

```
            Sheet = "sheet - name";       /* 指定读入 Excel 文件的表单名,默认读入第一个表单 */
            Range = "sheet - name $ UL:LR";  /* 指定 Excel 文件某个表单导入的范围,UL 为左上单元格,
                                            LR 为右下单元格;默认为整个表单 */
Run;
```

Import 语句的各选项的含义如下。

① Datafile＝：指定需要导入的外部文件；可以是"文件引用名"或"用括号括起来的完整外部文件路径"。

② Out＝：指定要生成的 SAS 数据集。

③ Replace：如果生成的数据集存在,那么数据集被重写。数据集选项很多,需要时可以访问帮助文件。

④ DBMS＝：指定输入数据类型,常见类型的外部文件及扩展名见表 3.5。

表 3.5 文件类型及扩展名

标识	外部文件类型	扩展名	备 注
CSV	逗号分隔符	csv	
TAB	制表符分隔符	txt	
DLM	其他分隔符		用 Delimiter＝语句指定除逗号和制表符外的其他分隔符
SPSS	SPSS 数据集	sav	
Stata	Stata 数据集	dta	
XLSL	Excel 文件	xlsx,xls	

【例 3.16】 用 Import 读入 csv 数据。

```
Proc import datafile = "C:\score.csv" out = score DBMS = csv replace;
   datarow = 2;
   getnames = no;
Run;
```

【例 3.17】 用 Import 导入 excel 文件。

```
Proc import datafile = "C:\score.xlsx" out = score DBMS = xlsx replace;
   datarow = 2;
   getnames = no;
Run;
```

说明：当导入文件是 Excel 文件时,建议使用 range＝语句读取指定工作表的一个矩形区域的数据；该语句缺省时,读入整个表单的数据,但可能出现意想不到的情况。因此,强烈推荐使用 Range 语句,如果 Range 语句规定的数据范围包括标题行,可以使用 Getnames＝yes|no 决定第一行是否作为变量名,当选择 Yes 而第一行又不适合作变量名时,自动作为变量的标签。

```
Proc import datafile = "C:\score.xlsx" out = score dbms = xlsx replace;
   sheet = 'class1';
   range = 'class1 $ A1:H10';
   getnames = yes;
Run;
```

3. 读取 DBMS 数据文件

SAS 提供了一组访问关系型数据库的 SAS/Access 接口,借助这些接口,SAS 可以访问其他数据库的数据。SAS 支持访问的关系型数据库有 DB2、MySQL、Hadoop、ODBC、

Oracle、Sybase、Teradata 等 17 个。

SAS/Access 接口引擎提供以下方式访问关系型 DBMS 对象。

① Libname 语句。

② Proc SQL 过程。

③ Access 过程。

详细讲解可以参考 SAS 帮助文档。

3.2　数据集的整理

3.1 节介绍了创建数据集的常用方法,在进行数据分析之前,还需要对已经创建的数据集进行加工和整理。本节介绍使用 Data 步对 SAS 数据进行加工处理。

3.2.1　在 Input 语句之外增加数据集变量

1. 用赋值语句增加变量

在创建数据集时,一般通过 Input 语句设定数据集变量。实际上,赋值语句既可以实现对已有变量的重新赋值,也可以定义新的数据集变量。赋值语句格式如下:

```
New - variable = SAS - expression;
```

【例 3.18】　赋值语句创建数据集变量。

在例 3.13 创建数据集 score 时,数据集的每一条记录是一名同学的数学、英语、物理和化学 4 门课程的成绩。如果在创建数据集的同时,把每一名同学的总成绩和平均成绩计算出来并写入数据集,可以通过增加一个赋值语句来实现。

```
Data score;
    infile 'C\score.csv' dsd firstobs = 2;
    input class $ id name $ Math English Physics Chemical;
    label  class = 班级  id = 学号  name = 姓名  Math = 数学  English = 英语  Physics = 物理
Chemical = 化学 total = 总成绩 means = 平均成绩;
    total = Math + English + Physics + Chemical;
    means = mean(Math,  English,  Physics,  Chemical);
Run;
```

在例 3.18 中,赋值语句 total＝Math＋English＋Physics＋Chemical 和 means＝mean (Math,English,Physics,Chemical)是对每一条记录进行的运算。这样创建的数据集中就会有变量 Total 和 Means。

如果还想得到按照总成绩由高到低的排序,就要借助 sort 过程:

```
Proc sort data = work. Score;
    by descending total; / * 如果是升序用 ascending 选项 * /
Run;
```

这时你再看数据集就是按照总成绩的降序排列观测了。

这里用到了排序(sort)过程,它的语法格式为:

```
Proc sort    data = SAS - dataset < out = dataset >;
    By  < Descending > variable;
Run;
```

其中 Out＝dataset 是排序后得到的数据集,原数据集不做改变。如果该选项缺失,那么排序后数据将替代原有的数据存放在原来的位置。

如果要处理的数据集是一个零售企业的每日销售记录,看下面的示例。

【例 3.19】 日销售记录。

```
Data sale;
    Input day date9. Sale;
datalines;
01Jan2018 180.0
02Jan2018 175.0
03jan2018 186.0
;
Run;
```

管理人员不仅需要了解当天的销售情况,更希望了解截至当天的当月累计销售额,因此,需要增加一个变量 Tota_sale 来表示累计销售额,初始值为零;这时需要用到 Retain 语句,一般形式如下:

```
Retain Varibale  Initial－Value … Varibale Initial－Value;
```

该语句的作用是:在编译阶段,如果 Retain 语句指明的变量在 PDV 存储区域不存在,就创建它并为其赋初值;如果没有指定初始值,则初值为缺失值;在执行 Data 步的每次循环中,Retain 语句指定的变量不会被重新初始化,而是保留它上一次循环结束时存储的值。

【例 3.20】 接例 3.19。

```
Data sale;
    Input day date9. Sale;
    retain Total_sale 0;
    Total_sale = Total_sale + sale;
datalines;
01Jan2018 180.0
02Jan2018 175.0
03jan2018 186.0
;
Run;
Proc print; title '日销售记录'; run;
```

运行结果显示如图 3.8 所示。

日销售记录

Obs	day	Sale	Total_sale
1	21185	180	180
2	21186	175	355
3	21187	186	541

图 3.8 打印 Sale 数据集

2. SAS 函数

在例 3.18 中使用了 mean() 函数,SAS 系统为用户提供了丰富的函数。这里给出一些经常用到的函数,欲知更多的函数及其用法可以通过"SAS help→SAS 产品→SAS base→SAS 9.4 Functions and CALL Routines:Reference,Fifth Edition"进一步了解。

SAS 函数的调用形式如下:

```
Function－name(variable1 <,variable2, …>)
```

这里简单介绍一些常用的 SAS 函数。

（1）数学函数，见表3.6。

表3.6　常用的数学函数

函　　数	功　　能	函　　数	功　　能
$ABS(x)$	返回 x 的绝对值	$Mod(x,y)$	返回 x/y 的余数
$\max(x_1,x_2,\cdots,x_n)$	返回 $x_1,\cdots,x_n$ 的最大值	$\min(x_1,x_2,\cdots,x_n)$	返回 $x_1,\cdots,x_n$ 的最小值
$Sign(x)$	符号函数	$Sqrt(x)$	返回 x 的平方根
$Ceil(x)$	大于等于 x 的最小整数	$Floor(x)$	小于等于 x 的最大整数
$int(x)$	取 x 的整数部分	$Round(x,n)$	按指定精度 n，取舍入值
$Trunc(x,n)$	按规定长度 n 截取数值 x	$Exp(x)$	指数函数
$\log(x)$	自然对数	$\log_n(x)$	以 n 为底的对数
$Sin(x)$	正弦函数	$Cos(x)$	余弦函数
$Tan(x)$	正切函数	$Cot(x)$	余切函数
$Arcsin(x)$	反正弦函数	$Arccos(x)$	反余弦函数
$Atan(x)$	反正切函数	$Sinh(x)$	双曲正弦函数
$Cosh(x)$	双曲余弦函数	$Tanh(x)$	双曲正切函数
$Lagn(x)$	x 的滞后 n 期值	$Difn(x)$	计算差分，等于 $x-\log_n(x)$

（2）样本统计函数：对于一组抽样数据：$x_1,\cdots,x_n$，常用的统计量函数见表3.7。

表3.7　常用的统计量函数

函　　数	功　　能	函　　数	功　　能
$Mean(x_1,x_2,\cdots,x_n)$	返回样本均值	$N(x_1,x_2,\cdots,x_n)$	返回非缺失样本数
$Sum(x_1,x_2,\cdots,x_n)$	返回样本和	$Nmiss(x_1,x_2,\cdots,x_n)$	返回缺失样本值个数
$\max(x_1,x_2,\cdots,x_n)$	样本的最大值	$Range(x_1,x_2,\cdots,x_n)$	样本极差
$\min(x_1,x_2,\cdots,x_n)$	样本的最小值	$CV(x_1,x_2,\cdots,x_n)$	样本的变异系数
$var(x_1,x_2,\cdots,x_n)$	样本方差	$Std(x_1,x_2,\cdots,x_n)$	样本标准差
$Stderr(x_1,x_2,\cdots,x_n)$	样本标准误差	$CSS(x_1,x_2,\cdots,x_n)$	样本偏差平方和
$Skewness(x_1,x_2,\cdots,x_n)$	样本偏度	$Kurtosis(x_1,x_2,\cdots,x_n)$	样本峰度
$Uss(x_1,x_2,\cdots,x_n)$	样本未校正平方和		

（3）累积概率分布函数，见表3.8。

表3.8　常用的累积概率分布函数

函　　数	功　　能
$ProbNorm(x)$	标准正态分布的分布函数
$ProbChi(x,df,nc)$	自由度 df，非中心 nc 的卡方分布函数
$ProbGam(x,a)$	Gamma 分布函数
$ProbBeta(x,a,b)$	Beta 分布函数
$ProbF(x,ndf,ddf,nc)$	分子自由度 ndf，分母自由度 ddf，nc 非中心参数的 F 分布函数函数
$ProbT(x,df,nc)$	自由度 df，非中心参数 nc 的 T 分布函数
$ProbBnml(p,n,m)$	参数为 p 和 n 的 $x\leqslant m$ 的二项分布概率
$ProbNegb(p,n,m)$	参数为 p 和 n 的 $x\leqslant m$ 的负二项分布概率
$Poisson(lambda,n)$	Poisson 分布概率

（4）分位数函数，见表 3.9。

表 3.9　常用的分位数函数

函数 $(0 \leqslant p \leqslant 1)$	功　　能
ProbIt(p)	标准正态分布的分位数
Cinv$(p,\mathrm{df},\mathrm{nc})$	卡方分布分位数
Finv$(p,\mathrm{ndf},\mathrm{ddf},\mathrm{nc})$	F 分布分位数
Tinv$(p,\mathrm{df},\mathrm{nc})$	T 分布分位数
Betainv(p,a,b)	Beta 分布分位数

（5）字符函数，见表 3.10。

表 3.10　常用的字符处理函数

函　　数	功　　能	函　　数	功　　能
Left(s)	左对齐字符串	Right(s)	右对齐字符串
Repeat(s,n)	将 s 重复 n 次	Length(s)	字符串的长度
Reverse(s)	反转字符串表达式	Scan(s,n)	搜寻 s 中第 n 个词
Trim(s)	去掉尾部空格	Substr(s,p,n)	从第 p 个字符开始抽 n 个字符
Upcase(s)	转换 s 为大写	Lowcase(s)	转换 s 为小写
Quote(s)	给字符串加引号	Dequote(s)	移去 s 中的引号

（6）日期时间函数，见表 3.11。

表 3.11　常用的日期时间函数

函　　数	功　　能	函　　数	功　　能
Date$()$	今天的 SAS 日期	Datatime$()$	当前的日期时间
Time$()$	取当前时间	Minute(time)	得到分钟数
Hour(time)	计算小时数	Second(time)	计算秒数
Datepart(date)	取 SAS 日期时间的日期	DHMS(d,h,m,s)	生成 SAS 日期时间值
Mdy(m,d,y)	生成 SAS 日期	Hms(h,m,s)	生成 SAS 时间
Month(date)	计算 SAS 日期的月份	Weekday(date)	计算星期几
Day(date)	某月的哪一天	Year(date)	计算哪一年

（7）数组函数，见表 3.12。

表 3.12　常用的数组函数

函　　数	功　　能	函　　数	功　　能
Dim(x)	数组 x 的第一维的元素个数	Hbound(x)	数组 x 的第一维上界
Dimk(x)	数组 x 的第 k 维的元素个数	Hboundk(x)	数组 x 的第 k 维上界
Lbound(x)	数组 x 的第一维下界	Lboundk(x)	数组 x 的第 k 维下界

3. 随机函数

随机函数用来生成各种随机数，是随机模拟的基础。

如果一个随机变量 x 的分布函数为 $F(x)$，称随机变量的抽样序列 $x_1,x_2,\cdots,x_n$ 为分布 $F(x)$ 的随机数。

任何一个随机数生成函数都需要一个种子（seed），种子是产生随机数的初始开始点，可以由用户体提供或者由计算机时钟提供。seed 必须是小于 $2^{31}-1$（即 2 147 483 647）的非负整数。如果 seed 是一个正整数，那么随机函数生成的随机数可以再次重复生成；如果 seed

取 0,计算机的时钟初始化随机数,产生的随机数不能重复生成。

（1）正态分布随机数：Normal(seed)（别名：Rannor()）函数产生均值为 0、方差为 1 的标准正态分布随机数。

（2）均匀分布随机数 Uniform(seed)（别名：Ranuni()）产生 $(0,1)$ 区间上的均匀分布随机数。

（3）指数分布随机数 RanExp(seed)产生 lambda＝1 的指数分布随机数。

（4）二项分布随机数 RanBin(seed,n,p)产生参数为 n、p 的二项分布随机数。

（5）泊松分布随机数 RanPoi(seed,lambda)产生参数为 lambda 的泊松分布随机数。

除了上述常用的几个随机数生成函数外,还有一个可以产生所有分布随机数的函数 Rand,语法格式如下：

Rand('dist ',parameter－1,…,parameter－k)

说明如下。

（1）dist 是随机数服从的分布,如可取 Bernoulli、Beta、Binomial、Poisson、Normal、Chisquare、Exponential、Lognormal 等。

（2）parameter－1,…,parameter－k 是特定分布的形状、位置和规模参数。

Rand()生成的随机数具有很好的统计性质,相关性极小。

【例 3.21】 二项分布和正态随机数。

```
Data test3;
    Do i = 1 to 1000;
        X = Rand('BINOMIAL',0.5,100);
        Y = Rand('Normal',0,16);
        Output;
    End;
Run;
```

这里用到了 Data 步中的 Output 语句,Output 语句将当前记录写到数据集。其语法格式如下：

Output < data－set－name(s)>;

其中：没有数据集参数的 Output 语句将当前记录写到 Data 语句中命名的所有数据集中；如果 Output 语句后面有数据集名字,那么该数据集必须是 Data 语句中指定的数据集。

为何这里要使用 Output 语句呢？这是因为在 Data 步中,当数据步最后一条语句执行后才会将一条记录写入数据集。而 Output 语句的作用是不等最后一条语句执行,碰到 Output 就将当前记录或变量写入数据集。如果这里不用 Output 语句,Data 步的最后一条语句是 End 语句,当 End 语句执行时,当前的记录是 $i=1000$,x 和 y 分别是第 1000 个二项分布和正态分布随机数,输出到数据集的就只有这一条记录。

3.2.2　变量和观测的选择

1. Set 语句——复制数据集记录

对于一个已经存在的数据集的加工可以使用 Set 语句。Set 语句的作用就是从一个或多个数据集读取观测。语法格式如下：

```
Set  SAS-dataset(s) <(dataset-option(s))><options>;
```

说明如下。

（1）dataset-options(s)选项主要有以下几个。

① Keep=variable1 … variablek；在生成的数据集中保留这些变量。

② Drop=variable1 … variablek；在生成的数据集中不包含这些变量。

③ Rename=(old-var-name=new-var-name)；为生成数据集的变量更换名称。

④ Firstobs=设定从某条观测开始读数据。

⑤ Obs=设定读到第几条观测为止。

（2）Options选项主要有以下几个。

① Curobs=variable 创建一个变量，该变量的值为 Set 从数据集中刚刚读入的那一条观测的 obs 数，该变量不加入数据集，如果需要把该变量加入数据集，需要另外增加一条语句，将该变量赋值给数据集的变量。

② End=variable 创建一个变量，它的值为文件的末尾指示，该变量初始化为零，当 Set 读到数据集的最后一条记录时，该变量值置为1，该变量不加入任何数据集。

使用 Set 语句的 Data 步的基本格式如下：

```
Data  生成数据集名;
    Set  读入数据集名;
    数据加工语句;
Run;
```

【例 3.22】 Set 语句示例。

```
Data score_1;
    set score;
Run;
```

运行后发现，数据集 score_1 和 score 完全一致，其等同于实现了 SAS 数据集的复制。不过 Set 语句的复制是首先打开数据集，然后一次复制（读取）一条记录。因此，Set 语句中的数据集有多少条记录，Data 步就要循环多少次。效率没有 Copy 过程高。

```
Data score_1;
    set score curobs = cobs;
    if class ne "一(4)" then delete;
    No = cobs;
    total = Math + English + Physics + Chemical;
Run;
```

可以看到，cobs 变量的值是每一次从原始数据集 score 中读入记录的 obs 值。

带 Set 语句的 Data 步的编译与执行步骤如下。

（1）编译阶段。

① SAS 按照 Set 语句中数据集的排列顺序，读入输入数据集中变量的描述部分。

② 创建包含所有数据集变量和 Data 步创建的其他变量的 PDV。

（2）执行阶段。

① 读入第一个数据集的第一条观测到 PDV，没有读入值的变量置为缺失值。

② 执行 Data 步的其他语句,可能对 PDV 的内容进行修改。

③ 在 Data 步的最后将 PDV 的内容写入新生成的 SAS 数据集。

④ 每次迭代开始时 PDV 中数据集的变量值保持不变,Data 步创建的变量置为缺失值。

⑤ 程序执行返回 Data 步的开始,继续下一次循环,读入的观测覆盖 PDV 中数据集变量的值;当第一个 set 数据集记录读入结束后,PDV 中数据集变量置为缺失值,准备开始读入第二个 set 数据集记录。

⑥ SAS 按照以上逻辑处理完所有数据集中的所有观测后,Data 步循环结束。

2. 对变量的选择与更名

为了对生成数据集的变量进行删减,可以使用 Drop 或 Keep 语句,这两条语句是相互排斥的,只能使用其中的一个,但效果是相同的。对变量的更名可以用 Rename 语句,它们的一般语法格式如下:

```
Keep variable1 … variablek;
Drop variable1 … variablek;
Rename old - variable - name = new - varibale - name;
```

这 3 条语句的功能也可以通过 3 个数据集选项来实现:

```
(keep = variable1 … variablek)
(drop = variable1 … variablek)
(rename = ( old - variable - name = new - varibale - name))
```

例如,想把例 3.22 生成的一(4)班的成绩中总成绩去掉,例 3.23 所示程序是等效的。

【例 3.23】 保留或删除变量、为变量更名。

(1) 保留或删除变量。

```
Data score_2;                          Data score_2;
    Set score_1 (drop = total) ;          Set score_1;
Run;                                      Drop total;
                                       Run;
```

或:

```
Data score_2;
    Set score_1 (keep = class id name Math English Physics Chemical);
Run;
```

或:

```
Data score_2;
    Set score_1;
    Keep class id name Math English Physics Chemical;
Run;
```

(2) 为变量更名。

```
Data score_2;
    Set score_1 (rename = (Math = m English = e Physics = p Chemical = c));
Run;
```

或:

```
Data score_2;
    Set score_1;
```

```
    Rename Math = m English = e Physics = p Chemical = c;
Run;
```

说明：在使用 drop＝数据集选项时，既可以指定在 Data 语句，也可以指定在 Set 语句，它们的区别在于以下两点

① 如果 Data 步需要处理 drop＝选项指定的变量，那么 drop＝选项只能放在 Data 语句；否则会引起程序执行时找不到所需要的变量而产生错误。

② 如果 Data 步不需要处理 drop＝选项选定的变量，那么 drop＝选项放在 Set 语句可以使得 PDV 中变量减少，从而提高了运行效率。

3. 提取数据集的子集

在对数据集进行加工时，可以对读入数据集的观测进行选择，以生成新的数据集。

1) IF 语句

在 Data 步加工过程中，使用 If 语句可选择要保留（或剔除）的观测，语法格式如下：

```
IF expression   Then statement;
                    < Else statement;>
```

例 3.18 创建的数据集是整个年级 4 个班的数据，现在把这个数据集拆分成按班级构成的数据集，数据集名字分别为 class1、class2、class3 和 class4。

【例 3.24】 抽取 4 个班级成绩的数据集。

```
Data class1 class2 class3 class4;
    set score;
    if   class = "一(1)" then output class1;
    if   class = "一(2)" then output class2;
    if   class = "一(3)" then output class3;
    if   class = "一(4)" then output class4;
Run;
```

需要说明的是，不管是 Then 后面的语句，还是 Else 后面的语句，都只能是一条语句，如果语句多于一条时，要用 Do-End 语句来封装成语句组，格式为：

```
Do; 语句组;   End;
```

【例 3.25】 （接例 3.24 续）抽取某个班级（如一班的成绩）成绩的数据集，并计算学生的平均成绩，代码如下：

```
Data class1;
  set score;
  if class = "一(1)" then
    do;
    class = "一班";
    Mean = (Math + English + Physics + Chemical)/4;
      end;
   else delete;
Run;
```

按照数学成绩是否大于 70，将数据集拆分为两个数据集，即 low 和 high，代码如下：

```
Data low high;
  Set class1_m;
  If math < 70 then output low;
                Else output high;
```

```
Run;
```

说明：语句"Data low high;"创建两个数据集 low 和 high；output low 和 output high 将满足条件的记录分别输出到两个数据集。

2）取子集 IF 语句

取子集的 IF 语句，其基本语法格式如下：

```
If expression;
```

它执行这样的操作：当 expression 为真时，SAS 继续执行 Data 步；如果 expression 为假时，停止处理后续语句，当前观测也不会添加到数据集，然后 SAS 开始下一次循环。该语句只能用在 Data 步中。

【例 3.26】 接例 3.25。

```
Data class1;
    set score;
    If class =  "一(1)";
Run;
```

运行该程序后就可以抽取出一(1)班学生的各科成绩数据集。

3）数据集选项 where＝与 where 语句

数据集选项 where＝也可以用来提取数据子集，其一般形式为：

```
Where = (expression)
```

【例 3.27】 接例 3.26。

```
Data class1(Where = ( class =  "一(1)"));
    set score;
Run;
```

或者：

```
Data class1;
    set score(Where = ( class =  "一(1)"));
Run;
```

也可以使用 where 语句，where 语句的格式为：

```
Where expression;
```

Where 语句既可以在 Data 步使用，也可以在 Proc 步使用的，它的作用类似于取子集 If 语句，用来选择满足条件的记录。但取子集 If 语句只能用在 Data 步，而不能用在 Proc 步。

【例 3.28】 接例 3.27。

```
Data class1;
    set score;
    Where class =  "一(1)";
Run;
```

4）数据集选项 firstobs＝与 obs＝。

【例 3.29】 读取第 5～9 条共 5 条记录。

```
Data score_5;
    set score(firstobs = 5 obs = 9);
Run;
```

3.2.3　数据集的合并

使用 Data 步可以对两个或两个以上的数据集进行合并,数据集的合并分为串接(concatenation、interleave)和并接(merge)两种方式。

① 串接。多个数据集的记录按照一定的顺序加在一起形成新的数据集,新数据集的记录个数等于每个数据集记录个数之和。

② 并接。每条记录的字段增加,形成新数据集。

数据集合并的机制见图 3.9。

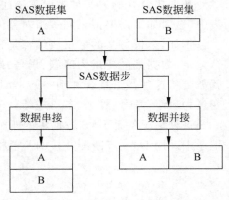

图 3.9　数据集合并框图

1. 数据集的串接

Data 步串接数据集的语法格式如下:

```
Data new - dataset;
    Set dataset - 1 < dataset - option >… dataset - n
< dataset - option >;
    < By < descending > variable - 1 variable - 2 … ;>
Run;
```

串接生成的新数据集的变量个数等于 Set 语句后所有数据集变量的全体,记录个数等于 Set 语句后所有数据集记录的总和,如果某个数据集的变量不包含在其他数据集中,那么来自其他数据集的观测对应的该变量取值为缺失值。

By 语句的作用是让观测按某些变量的升序或降序穿插排列。默认是升序排列。使用 By 语句的前提是每个被串接的数据集必须已经按照 By 语句指定的变量事先进行了排序。

【例 3.30】 数据集 Class1～Class4 里分别存放的是 4 个班的语文、数学、英语、物理成绩,将这 4 个数据集串接成全年级成绩的数据集 score,并按数学成绩由高到低排序:

```
Data score;
    Set class1 class2 class3 class4;
    By math;
Run;
```

注意:数据集串接时,如果相同的信息在不同的数据集中对应的变量名字不同,则需要在使用 Set 语句时对变量名进行重新命名,以确保相同的信息有相同的变量名称。

假如这个年级的 4 个班级在考试时,由于教学进度不一致,比如四班的数学教学进度晚了一节课,而恰好有一道填空题分值是 2 分,四班学生都没填,为便于教学评比,在形成全年级成绩时,对四班的数学成绩每人加 2 分。这就需要用到数据集选项"IN＝"来追踪或选择观测,其一般形式如下:

```
Set dataset(IN = variable);
```

其中:variable 是一个数值型临时变量,它出现在 PDV 中,但不输出到数据集中。当某条记录是从该数据集读入时,该变量置 1;否则置 0。

【例 3.31】 接例 3.30。

```
Data score;
    Set class1 class2 class3 class4(In = in4);
    By math;
```

```
        If in4 = 1 then math = math + 2;
Run;
```

2. 数据集的并接

1）匹配并接（Match-Merging）

数据集合并的另一种情况是描述同一组对象的不同属性信息被分别记录在不同的数据集中，这时如果需要记录同一组对象的完整信息的数据集，就需要进行数据集的并接。

例如，学校每次的考试成绩都是各任课教师把自己所任课程的成绩单独创建数据集进行记录（数据集的变量为**班级**、**学号**、**姓名**、**单科成绩**），那么要得到全班一次考试的综合成绩就需要将这些数据集合并到一起，合并时学生学号相同的合并成一条记录，合并后的数据集变量为班级、学号、姓名、各科成绩。生成的数据集的变量增多了，但记录数不增加。

这种情况就是 SAS 数据集的匹配并接，它可以将描述同一组对象的信息合并在同一条记录中。用 Data 步匹配并接的一般格式如下：

```
Data new - dataset;
        Merge dataset₁ dataset₂ … ;
        By variable;
Run;
```

需注意以下几点。

（1）进行匹配并接前，所有相关数据集要按照 by 变量排序或有适当的索引。

（2）如果除了 by 变量外，合并的数据集有相同名称的变量，那么最后一个数据集的变量将会覆盖前面数据集的同名变量。为了避免这种情况发生，可以通过数据集选项重新命名这些变量。

（3）匹配并接时，一般情况下是一对一并接；如果一个数据集中的 by 分组记录都读入，而另一个数据集中同样的 by 分组记录还有没被读入的记录，SAS 执行一对多并接，就是把较少 by 组的那个数据集的最后一条记录和较多 by 组的其余记录分别并接，形成一对多记录。

【例 3.32】 csv 文本文件 class1-P. csv、class1-M. csv、class1-E. csv、class1-chin. csv 和 class1-chem. csv 分别为一班的物理、数学、英语、语文和化学成绩，将它们转换成 SAS 数据集，并合并成为一个数据集。代码如下：

```
Data class1_p;
    Infile  'c:\ class1 - P.csv' dsd firstobs = 2;
    Input class $  id name $  physics;
    ;
Data class1_M;
    Infile  'c:\ class1 - M.csv' dsd firstobs = 2;
    Input class $  id name $  math;
    ;
Data class1_E;
    Infile  'c:\ class1 - e.csv' dsd firstobs = 2;
    Input class $  id name $  english;
    ;
Data class1_chin;
    Infile  'c:\ class1 - chin.csv' dsd firstobs = 2;
    Input class $  id name $  chinese;
    ;
```

```
Data class1_chem;
    Infile  'c:\ class1 – chem.csv' dsd firstobs = 2;
    Input class $  id name $  chemical;
    ;
Data class1;
    merge class1_chin class1_m class1_e class1_p class1_chem;
    By id;
Run;
```

【例 3.33】 一对多匹配并接。

```
Data n1;
 input num vara $ var1 $ @@;
 cards;
 1 a1 a 2 a2 b 2 a3 c 3 a4 d
 ;
 Data n2;
 input num varb $  varc $ @@;
 cards;
 1 B1 A 2 B2 B 2 B3 C 2 B4 D 3 B5 E
 ;
 Data hb1;
 merge n1(rename = (var1 = varc)) n2;
    by num;
Run;
```

2) 非匹配并接(one-to-one Merging)

使用 Merge 语句时,如果不使用 By 语句,这时对被并接的数据也不要求按任何变量排序,系统处理这样的并接相当于按照观测序号进行匹配并接,即 SAS 连接每个数据集的第一条观测,然后连接每个数据集的第二条观测,以此类推。

【例 3.34】 非匹配并接。

```
Data n3;
 input num vara $  @@;
 cards;
 1 a1 2 a2 2 a3 3 a4
 ;
 Data n4;
 input num varb $  @@;
 cards;
 1 B1 2 B2 2 B3 2 B4 3 B5
 ;
 Data hb2;
 merge n3 n4;
Run;
```

3. 数据集合并示例

下面通过一些例子来介绍数据集合并的编程技巧。

1) 临时变量 First. var 和 Last. var

在 Data 步中如果使用了 By 语句,系统会在 PDV 中产生两个临时变量 First. var 和 Last. var,这里的 var 指的是 By 语句后的变量名。

① 读入 by 分组的每组第一条记录时,First. var 为 1;否则为 0。

② 读入 by 分组的每组最后一条记录时,Last. var 为 1;否则为 0。

比如,为了把一个班里学生按照数学成绩排序,相同数学成绩的挑一个做代表。

【例 3.35】 试比较以下两个 Data 步的结果。

```
Data class1;
  set class1;
  by math;
  if first.math = 1;
Run;
```

或:

```
Data score.class1;
  set score.class1;
  by math;
  if last.math = 1;
Run;
```

2) Set 语句的选项 Point＝和 Nobs＝

在 Data 步中使用 Set 语句读入数据时,可以使用选项 Point＝直接指明要读入的记录序号。语法格式如下:

```
Set dataset   Point = pointer – variable;
```

其中,pointer-variable(指针变量)是临时变量,且必须在 Set 语句之前执行对它的赋值,该变量不输出到数据集。

【例 3.36】 从一班每隔 5 个学生挑一个组成一个新班集。

```
Data class_1;
    do i = 5 to 35 by 5;
        set class1 point = i;
        output;
    end;
    stop;
Run;
```

如果不知道 class1 班的学生是 35 人,可以在 Set 语句中使用 Nobs 选项,格式为:

```
Nobs = variable;
```

它的作用是：创建一个临时变量来存放数据集中的观测个数,这一临时变量在 Data 步编译时被赋予数据集的记录个数。

【例 3.37】 (接例 3.36。)

```
Data class_1_1;
    do i = 5 to num by 5;
        set class1 point = I Nobs = num;
        output;
    end;
    stop;
Run;
```

运行结果是一样的。

注意：Stop 语句控制在 Do-End 循环语句结束后终止 Data 步的执行。因为在 Set 语句的 Data 步程序中,系统将反复执行 Data 步的语句,直到读入数据集的结束标志。由于使用了 Point＝,会直接读入指针指向的记录,使得 Data 步可能不能读到数据集的结束标志,这会引起 Data 步死循环。因而必须采用 Stop 语句,让系统执行完 Do-End 语句组后结束 Data 步循环。

【例 3.38】　随机从一班抽取 5 个学生。

```
Data class_1_2(drop = i);
    do i = 0 to 5;
        choice = ceil(rand('uniform') * num);
        set score.class1 point = choice nobs = num;
        output;
    end;
    stop;
Run;
```

小结:提供数据集信息的临时变量。

在数据集的加工过程中,正确使用数据集处理过程中产生的临时变量,可以对数据集进行更加灵活的操作。

(1) 自动生成的临时变量:_n_和_error_分别记录 Data 步的循环次数和执行中的出错信息。

(2) First.var 和 Last.var 是带 By 语句的 Data 步中自动生成的,标志 by 分组的开始与结束。

(3) Set 语句选项产生的临时变量,如 Point＝、in＝、Nobs＝、end＝等。

以上这些都是临时变量,仅存在于 PDV 中,可以在 Data 步中使用,但不存入 SAS 数据集。如需存入数据集,需要将临时变量的值赋给数据集变量。

3.2.4　数据集的转置

将一个数据集转置就是将观测转为变量、变量转为观测。转置过程可以消除需要编写冗长的程序也可以达到相同的结果,便于实现对数据的分析处理。数据集转置是通过 Transpose 过程完成的,其一般格式如下:

```
Proc transpose data = input - dataset   Out = output - dataset   < options >;
    By variable - list;
    Id variable - list;
    Var variable - list;
Run;
```

说明如下。

① By 语句:如果有分组变量需要保留到新数据集中作为变量,可以使用 By 语句。By 变量本身不转置。新数据集的数值型变量的个数等于最大的 by 组的观测个数;如果一个 by 组较其他 by 组有更多的观测,那么在输出数据集中,对没有相应输入观测的变量分配缺失值。

② Id 语句:Id 变量的非缺失格式化值将作为转置后数据集的变量名,如果 Id 变量多于一个,那么 Id 语句中出现的 Id 变量的值将依次连接在一起形成新的变量名。Id 变量的值必须是唯一的;如果 Id 变量的值缺失,那么相应的观测就不被转置。

③ Var 语句:列出需要转置的变量,这些变量的变量名变成新数据集的变量_name_的值,如果希望改变变量 _name_ 的名字,可在 Proc Transpose 语句中加入选项 name＝'新变

量名'。如果 Var 语句缺失,那么所有在其他语句里没有出现的数值型变量都将被转置;如果 Var 语句中的某个变量是字符型变量,那么所有被转置的变量在新数据集中都被处理成字符变量。

【例 3.39】 简单的转置。

```
Data test;
    Input Tester1 Tester2 Tester3 Tester4@@;
    Cards;
22 25 21 21 15 19 18 17 17 19 19 19
20 19 16 19 14 15 13 13 15 17 18 19
;
Run;
proc print data = test;
    title "Test 数据集数据";
Run;
proc transpose data = test out = transposed_test;
Run;
proc print data = transposed_test;
    title "转置后的数据集数据";
Run;
```

运行结果如图 3.10 所示。

Test数据集数据

Obs	Tester1	Tester2	Tester3	Tester4
1	22	25	21	21
2	15	19	18	17
3	17	19	19	19
4	20	19	16	19
5	14	15	13	13
6	15	17	18	19

转置后的数据集数据

Obs	_NAME_	COL1	COL2	COL3	COL4	COL5	COL6
1	Tester1	22	15	17	20	14	15
2	Tester2	25	19	19	19	15	17
3	Tester3	21	18	19	16	13	18
4	Tester4	21	17	19	19	13	19

图 3.10   数据集转置前后的数据

【例 3.40】 复杂的转置。

```
Data auto_dealer;
    input Model $ month $ sold notsold repaired junked@@;
    cards;
BJ   Jan 23 17 1 0 DF   Jan 34 6   2 1 BYD Feb 45 21 3 3
BJ   Feb 25 15 1 2 DF   Feb 24 16 0 2 BYD Mar 45 25 3 5
BJ   Mar 33 7   0 0 DF   Mar 30 10 2 3
;
proc sort data = auto_dealer;
    by model;
proc print data = auto_dealer;
    Title "Auto_dealer 数据";
proc transpose data = auto_dealer out = transpoed_dealer;
    by model;
    id month;
proc print data = transpoed_dealer;
    Title "转置后数据";
Run;
```

运行结果如图 3.11 所示。

转置后数据

Obs	Model	kind	Jan	Feb	Mar
1	BJ	sold	23	25	33
2	BJ	notsold	17	15	7
3	BJ	repaired	1	1	0
4	BJ	junked	0	2	0
5	BYD	sold	.	45	45
6	BYD	notsold	.	21	25
7	BYD	repaired	.	3	3
8	BYD	junked	.	3	5
9	DF	sold	34	24	30
10	DF	notsold	6	16	10
11	DF	repaired	2	0	2
12	DF	junked	1	2	3

Auto_dealer数据

Obs	Model	month	sold	notsold	repaired	junked
1	BJ	Jan	23	17	1	0
2	BJ	Feb	25	15	1	2
3	BJ	Mar	33	7	0	0
4	BYD	Feb	45	21	3	3
5	BYD	Mar	45	25	3	5
6	DF	Jan	34	6	2	1
7	DF	Feb	24	16	0	2
8	DF	Mar	30	10	2	3

图 3.11　数据集转置前、后的数据

习 题 3

3.1　以下为某快递公司的部分员工信息。

姓名	性别	籍贯	入职日期	基本工资
张 雯	女	黑龙江	2016-01-15	3300.00
P.John	男	海南	2018-02-12	3200.00
童子铭	男	云南	2018-02-03	3260.00
刘爱华	女	陕西	2019-03-01	3000.00
王国栋	男	山西	2015-03-03	3600.00
关楚宇	男	湖北	2018-03-03	3100.00
赵 迪	女	湖南	2015-06-01	3500.00

(1) 用 Data 步把数据输入到 SAS 数据集。注意,姓名为两个字的中间要有一个空格,英文名字名和姓中间有一个空格。日期的输出格式要采用如 09Jan2008 的格式。

(2) 把生成的数据集按照入职时间进行排序,排序后生成新的数据集,原数据集保留。

(3) 编程挑选基本工资超过 3500 元的员工单独生成一个 SAS 数据集。

3.2　平面文件 szs_CINFO. xlsx 存放的是深圳证券交易所的上市公司基本信息,shs_CINFO. xlsx 存放的是上海证券交易所的上市公司基本信息。

(1) 利用 Import 过程将以上两个文件导入 SAS 形成两个数据集。

(2) 将两个数据集合并成沪深上市公司基本信息的数据集。

(3) 在合并数据集的基础上,按照省份将数据集拆分形成各省上市公司基本信息数据集。

3.3　shs_bs. xlsx 存放的是沪市上市公司 2019 年度的部分财务信息,shs_CINFO. xlsx 存放的是沪市上市公司的基本信息。

(1) 将两个文件导入 SAS 生成两个数据集。

(2) 将两个数据集按照股票代码并接成一个上市公司完整信息的数据集,并计算上市公司的资产负债比率和每股利润。

第 4 章

描述性统计分析与数据展现

本章介绍描述性统计分析的 SAS 实现以及利用 SAS 制作各种形式的报表和常用图形的生成。

描述性统计分析是指通过图、表等形式对数据进行加工和展示，进而计算数据的特征统计量，其目的是揭示数据的集中趋势、分散程度、分布形态、极端数据等，并据此对总体做出初步的判断。描述性统计分析是数据分析的基础。

常用的特征统计量包括均值、方差、标准差、变异系数、偏度、峰度、中位数、众数、百分位数和极差等。常用的分析图形有直方图、箱线图、散布图、趋势图、排列图、条形图和饼分图等。这些统计量的计算公式、统计意义以及各种图形的制作方法和意义在统计学教材中都有详细介绍。这里不再单独介绍，可以查阅任何一本统计学教材，本章侧重于以上内容的 SAS 实现。

在 SAS 系统中，用于描述性统计分析的过程主要有 Proc Means 和 Proc Univariate；而对报表制作，主要介绍 Proc Tabulate 和 Proc Report 过程；对图形生成，重点介绍 Proc Sgplot 过程。

4.1 描述性统计分析

4.1.1 Means 过程

Means 过程可以对单个变量或多个变量进行描述性统计分析，给出均值的置信限，识别极端数据及执行 t-检验等。Means 过程的语法格式如下：

```
Proc Means   data = dataset < options >< statistic − keyword(s)>;
    By < Descending > variable1 << Descending > variable2 ···>< Notsorted >;
    Class variable(s) </ option(s)>;
    Freq variable;
    Id variable(s);
    Output < Out = SAS − data − set >< output − statistic − specification(s)>;
    Types request(s);
    Var variable(s) </ Weight = weight − variable >;
    Ways list;
    Weight variable;
```

说明如下。

（1）Proc Means 语句的 option(s)主要有以下几个。

① 设定显著性水平的 Alpha＝，默认值为 5%。

② statistic-keyword(s)用来指定要产生的统计量,默认时给出 N（非缺失观测数）、Mean（样本均值）、Std（标准差）、Min（最小观测值）和 Max（最大观测值）,常见关键字见表 4.1 至表 4.3。

表 4.1　描述性统计量的关键字及意义

关键字	意　　义	关键字	意　　义	关键字	意　　义
CLM	置信区间	LCLM	置信区间下限	UCLM	置信区间上限
CSS	离差平方和	CV	变异系数	KURT	峰度
Max	最大观测值	Min	最小观测值	N	非缺失观测数
Mean	样本均值	Mode	众数	Nmiss	缺失观测数
Range	极差	Skew	偏度	Std	标准差
Var	样本方差	Stderr	标准误差	Sum	总和
USS	未修正平方和				

表 4.2　分位数关键字

关键字	意　　义	关键字	意　　义	关键字	意　　义
Median	中位数	P90	第九十分位数	P95	第九十五分位数
P1	第一分位数	Q1	四分之一分位数	P99	第九十九分位数
P5	第五分位数	Q3	四分之三分位数	Qrange	四分位差

表 4.3　假设检验关键字

关键字	意　　义	关键字	意　　义
Probt｜PRT	大于绝对值 T 的概率	T	总体零均值的 T 检验

③ Maxdec＝n 指定统计量值的小数位数。

（2）By 语句:将数据按照 By 变量的值进行分组,对每个组单独计算指定的统计量。如果使用 By 语句,需要事先按照 By 变量对数据集排序,如果该语句使用 Notsorted 选项,这时按照数据集观测的原始排列顺序,By 变量有连续相同值的观测被分为一组,并计算相应的统计量。

（3）Class 语句:按照指定变量的值分组,对每组计算单独的统计量。该语句不要求数据集排序,主要选项包括以下几个。

① Descending:分析结果按照分组变量的降序排列,默认为 Ascending（升序）。

② Missing:将缺失值作为分组变量的有效值,凡缺失值均构成一组,计算单独的统计量。如果没有该选项,则缺失值不进入统计分析。

说明:By 语句需要将数据先排序,而 Class 语句则对数据不必先排序,而且输出结果更简洁。

（4）Freq 语句:指定一个变量,其值代表观测的频数,如果变量的值不是整数,系统自动取其整数部分,如果小于零或缺失,该观测不进入统计分析。

（5）Id 语句:在输出数据集中增加额外变量（一个或多个）,这些变量的最大值出现在输出数据集中。如果要把这些变量的最小值包含到输出数据集,可以在 Proc Means 语句中添加 IdMin 选项。

（6）Var 语句：指定分析变量及其在输出数据集的顺序。默认时对所有没有在其他语句列出的数值型变量计算统计量。

（7）Weight 语句：在统计计算中为观测指定权重。权重变量必须是数值型的。

① 权重变量的值等于 0 时，该条观测计入非缺失值的个数 N 中。

② 权重变量的值小于 0 时，系统自动将其转为 0，该条观测计入非缺失值的个数 N 中。

③ 权重变量的值缺失时，系统忽略该条观测，统计量 N 不包括该观测。

（8）Types 语句：确定 Class 变量所产生的可能的分类组合。

Class 语句指定变量以后，数据集就有 2^k 种分组方法（k 为 Class 变量的个数），Types 语句就是要确定用哪一种分组方法来产生数据分组，如果 Types 语句和 Ways 语句缺失，那么所有 Class 分组的统计量都将被计算，但是在结果查看器窗口只给出利用所有 Class 变量进行分组的结果，而在 Out＝指定的数据集中会给出 2^k 种分组的统计量。

Request 的形式为：一个 Class 变量名以及用"＊"号或者"（）"分开的几个 Class 变量名。常见形式见表 4.4。

表 4.4　Types 语句的 Request 形式及意义

Request	等　价　于
Types A＊(B C)	Types A＊B A＊C;
Types (A B)＊(C D)	Types A＊C A＊D B＊C B＊D;
Types (A B C)＊D	Types A＊D B＊D C＊D

例如，"Class A B C；"则数据集有 8 种分组方法。分别是：①不分组，即 $C_3^0 = 1$ 种；②按 3 个分组变量分成单独 3 组，有 $C_3^1 = 3$ 种；③按两个变量分组，有 $C_3^2 = 3$ 种；④按 3 个变量分组，有 $C_3^3 = 1$ 种。加起来总共有 8 种分法。

SAS 在记录统计量的输出数据集中对每条记录分配一个 _Type_ 值，记录顺序根据每个分组 _Type_ 的取值大小按升序排列。_Type_ 的值用来说明当前记录使用了 Class 变量的哪个组合，其取值计算规则见表 4.5。

表 4.5　数据集分组的 _Type_ 值计算规则

Class 语句	A	B	C
对应二进制数	1	1	1
每位对应十进制数	2^2	2^1	2^0

A＊B 分组对应 _Type_＝$2^2 + 2^1 = 6$；A＊C 分组对应 _Type_＝$2^2 + 2^0 = 5$。

（9）Ways 语句：指定生成 Class 分组组合的 List。List 的格式如下：

```
Integer - 1 < Integer - 2 <⋯< Integer - k >>>
```

其中，k 表示 Class 变量个数；Integer 的取值范围为 $0 \sim k$ 的正整数。

例如，Ways 0 表示将所有观测看作一个分组；Ways 1 表示观测按照使用一个分类变量输出统计结果；Ways 2 表示观测按照两个分类变量进行分组的统计结果。Ways 语句和 Types 语句的作用类似，尽量避免同时使用。

（10）Output 语句：把统计量写入 Out＝指定的数据集。输出统计量选项是设定把哪些统计量输出到 Out＝指定的数据集中。只需在统计量关键字后面用括号给出变量列表，并在等号右端给出这些变量的统计量输出到数据集时的变量名称即可。格式如下：

statistic - keyword(分析变量列表) = 新设定的变量名

例如，mean(varl var2) = namel name2 表示 varl 的均值用变量名 namel，var2 的均值用变量名 name2。

【例 4.1】 对总成绩进行描述性分析。

以某个年级的数学、英语、物理、化学考试成绩的数据集 score 为分析对象，该数据集的变量为 bj（班级）、id（学号）、name（姓名）、gender（性别）、math（数学）、English（英语）、Physics（物理）、Chemical（化学）。数据文件为 score-gender.csv。SAS 程序如下：

```
Data score;
    infile "C:\score - gender.csv" dsd firstobs = 2;
    input bj $ id $ name $ gender $ math English Physics Chemical;
    total = math + English + Physics + Chemical
Run;
Proc Means data = score min max mean std;
  Class bj gender;
  Ways 1 2;
  Output out = statistic;
  Title "Ways 语句给出分类变量的分组方式";
Run;
```

输出内容如图 4.1 所示。该例子的输出数据集 statistic 没有规定要输出哪些统计量，因此系统输出了默认的统计量。

图 4.1 例 4.1 输出内容一

```
Proc Means data = score min max mean std;
  Class bj gender;
  Types bj gender bj * gender;
  Output out = statistic;
  Title "Types 语句给出分类变量的分组方式";
Run;
```

输出内容如图 4.2 所示，和图 4.1 完全一样。

types语句给出分类变量的分组方式

Means Procedure

gender	观测的个数	变量	最小值	最大值	均值	标准差
F	70	math	9.0000000	134.0000000	85.1571429	19.8914705
		English	43.0000000	107.0000000	87.6285714	11.5308929
		Physics	0	85.0000000	65.6714286	13.0280872
		Chemical	28.0000000	59.0000000	47.9857143	5.2736503
M	67	math	0	125.0000000	83.8805970	25.2541760
		English	0	106.0000000	81.6865672	20.1976663
		Physics	0	88.0000000	65.5223881	16.0428953
		Chemical	0	56.0000000	45.0447761	12.2244574

bj	观测的个数	变量	最小值	最大值	均值	标准差
— (1)	35	math	0	111.0000000	78.0571429	23.2985014
		English	38.0000000	105.0000000	83.5142857	15.0867519
		Physics	0	86.0000000	63.9428571	14.9330720
		Chemical	0	54.0000000	45.4571429	12.8276880
— (2)	33	math	9.0000000	125.0000000	84.4545455	22.1882442
		English	60.0000000	100.0000000	86.3333333	9.7457256
		Physics	33.0000000	84.0000000	67.3939394	11.4125463
		Chemical	28.0000000	56.0000000	47.0000000	6.3047601
— (3)	35	math	0	134.0000000	87.9142857	24.0433083
		English	0	107.0000000	83.2000000	19.9835226
		Physics	0	88.0000000	64.7714286	19.3239958
		Chemical	0	59.0000000	46.2000000	10.5462567
— (4)	34	math	36.0000000	125.0000000	87.7941176	20.1175024
		English	3.0000000	105.0000000	85.9705882	19.6028528
		Physics	40.0000000	81.0000000	66.4117647	11.0154647
		Chemical	24.0000000	56.0000000	47.5882353	6.3728479

bj	gender	观测的个数	变量	最小值	最大值	均值	标准差
— (1)	F	17	math	58.0000000	111.0000000	80.4117647	13.0386868
			English	43.0000000	101.0000000	82.9411765	15.5099589
			Physics	54.0000000	78.0000000	64.2941176	6.6592483
			Chemical	45.0000000	54.0000000	49.4705882	2.5029394
	M	18	math	0	107.0000000	75.8333333	30.2465360
			English	38.0000000	105.0000000	84.0555556	15.1054031
			Physics	0	86.0000000	63.6111111	20.1001577
			Chemical	0	54.0000000	41.6666667	17.0845648
— (2)	F	20	math	9.0000000	114.0000000	81.9500000	25.2429771
			English	60.0000000	100.0000000	84.5500000	10.4452205
			Physics	33.0000000	84.0000000	68.8500000	13.6353835
			Chemical	28.0000000	56.0000000	45.9500000	6.5892656
	M	13	math	68.0000000	125.0000000	88.3076923	16.6552525
			English	70.0000000	100.0000000	84.0000000	8.1900502
			Physics	62.0000000	79.0000000	69.7692308	6.5466766
			Chemical	37.0000000	56.0000000	48.6153846	5.7087427
— (3)	F	18	math	51.0000000	134.0000000	89.1111111	19.9731846
			English	73.0000000	107.0000000	90.1666667	8.8997687
			Physics	0	85.0000000	64.0000000	18.2305497
			Chemical	39.0000000	59.0000000	48.3333333	5.7189057
	M	17	math	0	117.0000000	86.6470588	28.3062298
			English	0	106.0000000	75.8235294	25.5348666
			Physics	0	88.0000000	65.5882353	20.9525023
			Chemical	0	55.0000000	43.9411765	13.8224030
— (4)	F	15	math	60.0000000	122.0000000	90.0666667	17.8504368
			English	79.0000000	105.0000000	94.0000000	6.6440091
			Physics	40.0000000	80.0000000	64.0000000	11.5897525
			Chemical	37.0000000	56.0000000	48.6000000	4.7025829
	M	19	math	36.0000000	125.0000000	86.0000000	22.0554856
			English	3.0000000	100.0000000	79.6315789	23.9587853
			Physics	40.0000000	81.0000000	64.3684211	11.1193187
			Chemical	24.0000000	55.0000000	46.7894737	7.4653194

图 4.2 例 4.1 输出内容二

```
Proc Print data = statistic;
    Title "Means 过程输出统计量数据集";
Run;
```

输出内容部分如图 4.3 所示。

Means过程输出统计量数据集

Obs	bj	gender	_TYPE_	_FREQ_	_STAT_	math	English	Physics	Chemical
1		F	1	70	N	70.000	70.000	70.0000	70.0000
2		F	1	70	MIN	9.000	43.000	0.0000	28.0000
3		F	1	70	MAX	134.000	107.000	85.0000	59.0000
4		F	1	70	MEAN	85.157	87.629	65.6714	47.9857
5		F	1	70	STD	19.891	11.531	13.0281	5.2737
6		M	1	67	N	67.000	67.000	67.0000	67.0000
7		M	1	67	MIN	0.000	0.000	0.0000	0.0000
8		M	1	67	MAX	125.000	106.000	88.0000	56.0000
9		M	1	67	MEAN	83.881	81.687	65.5224	45.0448
10		M	1	67	STD	25.254	20.198	16.0429	12.2245
11	— (1)		2	35	N	35.000	35.000	35.0000	35.0000
12	— (1)		2	35	MIN	0.000	38.000	0.0000	0.0000
13	— (1)		2	35	MAX	111.000	105.000	86.0000	54.0000
14	— (1)		2	35	MEAN	78.057	83.514	63.9429	45.4571
15	— (1)		2	35	STD	23.299	15.087	14.9331	12.8277
16	— (2)		2	33	N	33.000	33.000	33.0000	33.0000
17	— (2)		2	33	MIN	9.000	60.000	33.0000	28.0000
18	— (2)		2	33	MAX	125.000	100.000	84.0000	56.0000
19	— (2)		2	33	MEAN	84.455	86.333	67.3939	47.0000
20	— (2)		2	33	STD	22.188	9.746	11.4125	6.3048
21	— (3)		2	35	N	35.000	35.000	35.0000	35.0000
22	— (3)		2	35	MIN	0.000	0.000	0.0000	0.0000
23	— (3)		2	35	MAX	134.000	107.000	88.0000	59.0000
24	— (3)		2	35	MEAN	87.914	83.200	64.7714	46.2000
25	— (3)		2	35	STD	24.043	19.984	19.3240	10.5463
26	— (4)		2	34	N	34.000	34.000	34.0000	34.0000
27	— (4)		2	34	MIN	36.000	3.000	40.0000	24.0000
28	— (4)		2	34	MAX	125.000	105.000	81.0000	56.0000
29	— (4)		2	34	MEAN	87.794	85.971	66.4118	47.5882
30	— (4)		2	34	STD	20.118	19.603	11.0155	6.3728
31	— (1)	F	3	17	N	17.000	17.000	17.0000	17.0000

图 4.3 部分输出内容

如果在输出数据集时选择了输出统计量关键字及分析变量,那么 Proc Means 语句的统计量选项和 Var 语句设定的分析变量对输出数据集无效。

```
Proc Means data = score min max mean std;
    Class bj gender;
    Types bj gender bj * gender;
    Var math english;
    Output out = statistic mean(physics) = pm;
    Title "Types 语句给出分类变量的分组方式";
Run;
Proc Print data = statistic;
    Title "带统计量关键词的 Output 语句的输出数据
集";
Run;
```

输出数据集如图 4.4 所示。

带统计量关键词的Output语句的输出数据集

Obs	bj	gender	_TYPE_	_FREQ_	pm
1		F	1	70	65.6714
2		M	1	67	65.5224
3	— (1)		2	35	63.9429
4	— (2)		2	33	67.3939
5	— (3)		2	35	64.7714
6	— (4)		2	34	66.4118
7	— (1)	F	3	17	64.2941
8	— (1)	M	3	18	63.6111
9	— (2)	F	3	20	65.8500
10	— (2)	M	3	13	69.7692
11	— (3)	F	3	18	64.0000
12	— (3)	M	3	17	65.5882
13	— (4)	F	3	15	69.0000
14	— (4)	M	3	19	64.3684

图 4.4　输出数据集

4.1.2　Univariate 过程

Univariate 过程也是描述性统计分析的常用过程之一,与 Means 过程一样可以计算所有的描述性统计量、分位数和极端值。此外,还可以绘制直方图、累积分布图、分位数图、正态分布检验以及进行分布拟合等。语法格式如下:

```
Proc Univariate < options >;
    By variables;
    Cdfplot < variables > < / options >;
    Class   variable - 1 <(v - options)> < variable - 2 <(v - options)>></ Keylevel = value1 |
(value1 value2 )>;
    Freq variable;
    Histogram < variables >< / options >;
    Id   variables;
    Inset keyword - list </ options >;
    Output < Out = SAS - data - t >< keyword1 = name …keywordk = name >< percentile - options >;
    Pplot < variables > < / options >;
    Probplot < variables > < / options >;
    Qqplot < variables > < / options >;
    Var variables;
    Weight variable;
```

说明如下。

(1) Proc Univariate 语句的主要选项有以下几个。

① Data＝:指定输入数据集。

② Noprint:不打印描述统计量表。

③ All:请求输出过程的所有结果。

④ Plot:当 ODS Graphics On 开启时生成水平直方图、盒形图和正态概率图;当 ODS Graphics Off 关闭时生成茎叶图、盒形图和正态概率图。

⑤ Freq:生成包括变量值、频数、百分数和累积频数的频率表。

⑥ Normal:计算正态分布假设检验的统计量。

⑦ Alpha＝:显著性水平设定。

(2) Cdfplot 语句：绘制变量的经验分布图，有

$$F_N(x)=\frac{\text{Number of}(\text{value}\leqslant x)}{N}$$

该语句的选项主要是分布选项和一般选项。

(3) Histogram 语句：创建直方图且可任意叠加参数或非参数概率密度曲线。不能与 Weight 语句一起使用。该语句可以多次出现。

(4) Inset 在 Cdfplot、Histogram、Ppplot、Probplot 或 Qqplot 语句创建的图里放置一个汇总统计量的盒子或表，该语句必须在创建 Plot 的语句后面；可以使用多个 Inset 语句。在 Inset 语句里需要指定一个或多个统计量关键字表明要显示的信息。

(5) Ppplot 绘制指定变量的概率-概率图(P-P 图)，用于经验分布函数和理论分布函数的比较；如果两者匹配，则图上的点在一条直线上。

(6) Qqplot 绘制指定变量的分位数-分位数图(Q-Q 图)，用于有序变量与理论分布分位数的比较，如果分布匹配，那么图上的点形成一条直线。

(7) Probplot 绘制指定变量的概率图，可用于有序变量值与指定理论分布百分位数的比较。Probplot 和 Qqplot 类似，在图形估计的百分比中，概率图更可取，而 Q-Q 图更适合于分布参数的图形估计。

(8) Var 语句：指定分析变量。默认时为 By、Class、Id、Freq 和 Weight 语句中指定的变量之外所有数值型变量。

(9) Weight 权数变量，其值表示相应观测的权数。该变量的值应大于零，若该值小于零或缺失，则假定该值为 0。

(10) Output 语句：同 Means 过程类似。

【例 4.2】 在例 4.1 的基础上分析总成绩的描述性分析。

```
Title "**年级期末学生总成绩的描述性分析";
Proc Univariate data = score;
   Var total;
Run;
```

输出结果如图 4.5 所示。

****年级期末学生总成绩的描述性分析**

Univariate Procedure

变量: total (总分)

矩			
N	137	权重总和	137
均值	281.40146	观测总和	38552
标准差	48.2803486	方差	2330.99206
偏度	-2.722168	峰度	11.0143708
未校平方和	11165604	校正平方和	317014.92
变异系数	17.1571066	标准误差均值	4.12486855

基本统计测度			
位置		变异性	
均值	281.4015	标准差	48.28035
中位数	289.0000	方差	2331
众数	279.0000	极差	356.00000
		四分位间距	38.00000

注意：显示的众数是 5 个众数中最小的众数，其计数为 4。

位置检验: Mu0=0				
检验	统计量		p 值	
Student t	t	68.22071	Pr > |t|	<.0001
符号检验	M	68	Pr >= |M|	<.0001
符号秩检验	S	4658	Pr >= |S|	<.0001

分位数 (定义 5)	
水平	分位数
100% 最大值	356
99%	345
95%	332
90%	322
75% Q3	309
50% 中位数	289
25% Q1	271
10%	243
5%	182
1%	73
0% 最小值	0

极值观测			
最小值		最大值	
值	观测	值	观测
0	1	339	133
73	2	339	134
127	3	340	135
132	4	345	136
164	5	356	137

图 4.5 Univariate 过程的输出结果

如果要输出水平直方图、箱线图、概率图及频率表，可以在 Proc Univariate 语句加上 plot 和 freq 选项。

```
Proc Univariate data = score plot freq;
    where bj = '一(1)'and gender = 'M';   /选择符合条件的观测进行分析/
    Var total;
Run;
```

输入的水平直方图、箱线图、概率图及频率表如图 4.6 所示。

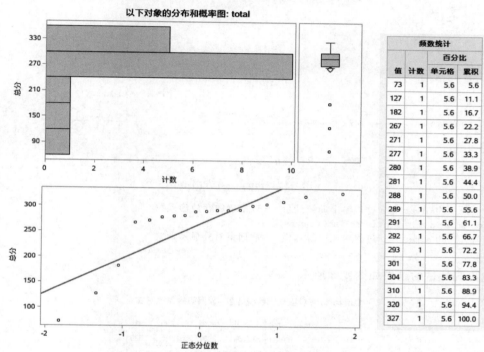

图 4.6　Univariate 过程的水平直方图、正态分布概率图和频率表

查看数据集 score 中的全校总成绩是否接近正态分布。

```
Proc Univariate data = score;
    Var total math;
    Histogram/normal(mu = 281.40   sigma = 48.28) kernel;
    Inset skewness kurtosis;
Run;
```

注意：normal($mu=281.40$ sigma$=48.28$)设置拟合均值为 281.40、标准差为 48.28 的正态分布密度曲线，kernel 设置估计核密度函数曲线。如果 Var 语句中的变量多于一个，而 Histogram 语句没有指定为哪个变量绘制直方图，就为每个分析变量都绘制直方图。显示结果如图 4.7 所示。

输出统计量的程序如下：

```
Proc Univariate data = score noprint;
    class bj;
    Var total math;
    Output out = statistic mean = tm mm var = tv mv std = tstd mstd;
Proc Print data = statistic noobs;
```

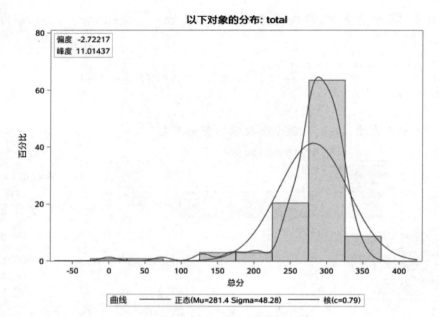

图 4.7 total 的直方图

title "Univariate 过程输出的统计量 -- 数据集的存放形式";
Proc Print data = statistic label noobs;
    title "Univariate 过程输出的统计量 -- 数据集对外显示形式";
Run;

输出统计量的结果如图 4.8 所示。

Univariate 过程输出的统计量--数据集的存放形式

bj	tm	mm	tstd	mstd	tv	mv
一 (1)	270.971	78.0571	50.5164	23.2985	2551.91	542.820
一 (2)	285.182	84.4545	34.1947	22.1882	1169.28	492.318
一 (3)	282.086	87.9143	63.1438	24.0433	3987.14	578.081
一 (4)	287.765	87.7941	39.5421	20.1175	1563.58	404.714

Univariate 过程输出的统计量--数据集对外显示形式

bj	total 的均值	math 的均值	total 的标准差	math 的标准差	total 的方差	math 的方差
一 (1)	270.971	78.0571	50.5164	23.2985	2551.91	542.820
一 (2)	285.182	84.4545	34.1947	22.1882	1169.28	492.318
一 (3)	282.086	87.9143	63.1438	24.0433	3987.14	578.081
一 (4)	287.765	87.7941	39.5421	20.1175	1563.58	404.714

图 4.8 输出统计量的结果

4.2 统计报表制作

统计报表一般左右两端不封口,即左、右两端没有竖线,通常都包括一些行和列,即行维和列维。同一种统计报表的不同页叫页维,一般来说,不同页的报表具有相同的结构。因此,制作统计报表,首先要搞清楚页维、行维和列维的概念。这里主要介绍 Tabulate 过程。

Proc Tabulate 过程不但具有计算描述性统计量的功能,而且在计算各种百分比和制表方面,较其他过程功能更强大,它具有以下特点。

① 灵活控制表格的结构。

② 控制输出单元格的输出格式。

③ 可对变量和统计量使用标签。

④ 按行、按列的小计和总和。

1. 简单报表的生成

Tabulate 过程生成报表不同于 Print 过程,Tabulate 过程必须编写代码,选择分析变量和分类变量,设定报表结构。最基本的形式如下:

```
Proc Tabulate < option(s)>;
    Class variable(s) </ option(s)>;
    ClassLev variable(s) </ Style = >;
    Var variable(s) </ option(s)>;
    Table << page - expression,> row - expression,> column - expression </options >;
Run;
```

说明如下。

(1) Proc Tabulate 语句的主要选项有以下几个。

① Data=SAS-dataset:指定输入数据集。

② Out=SAS-dataset:指定输出数据集。

③ Alpha=value:指定置信水平。

④ Format=:为报表的单元格指定输出格式;默认情况下,单元格为数值型变量的格式。

⑤ Order=Data | Formatted | Freq | Unformatted:在结果中指定类别的排列顺序。Data 根据数据集的顺序排列;Formatted 根据格式值升序排列;Freq 根据频数的降序排列;Unformatted 按非格式值排序。

⑥ Missing 分类变量缺失值作为单独一类,而且允许该类的统计量为缺失值(当该类的观测中分析变量有缺失值时,统计量为缺失值)。默认是不包括分类变量缺失值的记录。

(2) Class 语句:用来指定分类变量。分类变量既可以是字符型变量,也可以是数值型变量。根据分类变量的不同取值,将数据集的观测划分为不同的组,对这些分组分别计算统计量。

(3) ClassLev:指定分类变量的水平值在标题中的样式元素,该语句的变量必须在 Class 语句中声明。

(4) Var 语句:用来指定分析变量,分析变量必须为数值型变量。

(5) Table 语句:用来定义输出的报表格式。包括报表的维度(页维、行维、列维)、报表中出现的变量、统计量等信息。

维度由**维度表达式**定义,它规定了维度的内容和外观。**维度表达式**由**元素**(分类变量、分析变量、通用分类变量 ALL、统计量、输出格式和标签)和**操作符**(" * ""()""<>""="和" ")组成。

在维度表达式中,统计量(频数统计量 N 和求和统计量 sum 除外)必须通过" * "与分析变量关联,表示计算某分析变量的统计量;表示单元格的输出格式也需要用" * "与分析变

量或统计量关联,格式如下:

```
Keyword * format =
```

等号右端的值见表 3.1 和表 3.2,这里的 format 也可以简写为 f。维度表达式中的操作符及其功能见表 4.6。

表 4.6　操作符及其功能

操　作　符	功　　　能	操　作　符	功　　　能
逗号","	维度分隔符	尖括号"<>"	设定百分数的分母
星号"＊"	交叉分组组合	圆括号"()"	分组或控制运算次序
空格	表格连接	等号"＝"	变量的标签或格式

列维是必需的,行维和页维可选,即任何一个表,至少必须包括列维。

如果你已经在 Tabulate 语句、Class 语句或者 Var 语句中设定了样式选项,而又想推翻前述设定,可以在 Table 语句的维度表达式设定样式,来达到推翻前述设定与控制输出的外观。样式可以实现下列功能。

① 改变分类(析)变量的标题。

② 改变分类变量水平值的标题。

③ 关键字标题。

④ 数据单元格格式。

⑤ 页维的文本。

样式以及样式属性的语法格式如下:

```
[Style<(Classlev)> = <style - element - name | Parent > [ style - attribute - name - 1 = style -
attribute - value - 1 < style - attribute - name - 2 = style - attribute - value - 2 …>] ]
```

此时如果样式和变量是用等号"＝"联系,表示维度标题的标签的样式;如果用"＊"连接,表示单元格的样式。

【例 4.3】　维度表达式和意义。示例如下。

(1) bj = {label = '班级' style = [color = red]},N　　/＊表示两个维度,行维是 bj,标签是"班级",样式采用红色字体,列维是频数统计量 N＊/;

(2) bj ＊ [format = 12.2 style = MyDataStyle],N　　/＊表示两个维度,行维是 bj,格式是 12.2,样式是 MyDatastyle,列维是频数统计量 N＊/;

注意:当维度表达式中有"style＝"时,style＝选项要用"[]"或"{}"括起来。

```
Proc Tabulate data = score;
    Class bj gender;
    Var math English Physics chemical total;
    Table bj * gender;
Run;
```

因为 Table 语句只有列维表达式,而且是按照 bj 和 gender 对数据进行分组的,两个变量均为分类变量,因此默认单元格里的统计量是频数统计量 N,输出结果如图 4.9 所示。

```
Proc Tabulate data = score;
    Class bj gender;
    Var math English Physics Chemical total;
    Table bj = {label = '班级' style = [FONTSIZE = 4]},N;
Run;
```

因为 Table 语句有行维和列维,而且行维 bj 指定了样式,因此输出结果如图 4.10 所示。

bj							
— (1)		— (2)		— (3)		— (4)	
gender		gender		gender		gender	
F	M	F	M	F	M	F	M
N	N	N	N	N	N	N	N
17	18	20	13	18	17	15	19

图 4.9　默认统计量为 N

班级	N
— (1)	35
— (2)	33
— (3)	35
— (4)	34

图 4.10　指定行维样式

```
Proc Tabulate data = score;
    Class bj gender;
    Var math English Physics Chemical total;
    Table bj * gender,math english * [style = [backgroundcolor = yellow]];
Run;
```

Table 语句的列维设定了单元格的背景颜色,输出结果如图 4.11 所示。

在使用 Tabulate 过程时,需要特别注意以下几点。

① 一个变量不能同时出现在 Class 语句和 Var 语句中。

② 维度表达式中除了通用分类变量 all 外,其他变量必须是 Var 语句或 Class 语句指定的变量。

③ 当 Table 语句只有分类变量时,默认的统计量是 N;对分类变量可以要求的统计量是 N 和 PCTN。

④ 当 Table 语句中有分析变量,而又没有明确指定要求哪个统计量时,输出的是 sum 统计量。

bj	gender	math sum	English sum
— (1)	F	1367.00	1410.00
	M	1365.00	1513.00
— (2)	F	1639.00	1691.00
	M	1148.00	1158.00
— (3)	F	1604.00	1623.00
	M	1473.00	1289.00
— (4)	F	1351.00	1410.00
	M	1634.00	1513.00

图 4.11　默认统计量为 Sum

⑤ 单元格显示的内容如果不是默认统计量,则需要在维度表达式后附加“ * 统计量”或附加“ * (统计量列表)”来指明;而且统计量和分析变量可以出现在不同的维度。

示例如下:

```
Proc Tabulate data = score;
    Class bj gender;
    Var math English Physics Chemical total;
    Table bj,gender math;
    Table bj * N,gender,math;
Run;
```

这是一个简单的二维报表和三维报表,输出结果如图 4.12(a)和(b)所示。

	gender		math
	F	M	
	N	N	Sum
bj			
— (1)	17	18	2732.00
— (2)	20	13	2787.00
— (3)	18	17	3077.00
— (4)	15	19	2985.00

(a) 二维报表

N for bj — (1)			N for bj — (2)			N for bj — (3)			N for bj — (4)		
gender		math	gender		math	gender		math	gender		math
F		17	F		20	F		18	F		15
M		18	M		13	M		17	M		19

(b) 三维报表

图 4.12　三维报表

```
Proc Tabulate data = score;
    Class bj gender;
```

```
    Var math English Physics Chemical total;
    Table bj * (gender all),math;          /* 将 all 作为 gender 的一个特殊类别 */
    Table bj * gender all,math;            /* 将 all 作为 gender 的一个特殊类别处理 */
Run;
```

输出结果如图 4.13 所示。

		math
		sum
bj	gender	
一 (1)	F	1367.00
	M	1365.00
	全部	2732.00
一 (2)	gender	
	F	1639.00
	M	1148.00
	全部	2787.00
一 (3)	gender	
	F	1604.00
	M	1473.00
	全部	3077.00
一 (4)	gender	
	F	1351.00
	M	1634.00
	全部	2985.00

		math
		sum
bj	gender	
一 (1)	F	1367.00
	M	1365.00
一 (2)	F	1639.00
	M	1148.00
一 (3)	F	1604.00
	M	1473.00
一 (4)	F	1351.00
	M	1634.00
全部		11581.00

图 4.13　输出结果

【例 4.4】 用 Tabulate 过程制作以下报表：

(1) 各科的平均成绩和标准差；

(2) 按班级和性别分组的各科成绩和标准差；

(3) 每个班一张报表，给出男生和女生各科平均成绩和标准差。

分析变量是各科成绩，分类变量是班级和性别。

SAS 程序如下：

```
Proc Tabulate data = score;
   Class bj gender;
   Var math English Physics Chemical total;
   Table (math English Physics Chemical total) * (mean std);
Run;
```

输出结果如图 4.14 所示。

math		English		Physics		Chemical		total	
Mean	Std	Mean	Std	Mean	Std	Mean	Std	Mean	Std
84.53	22.60	84.72	16.56	65.60	14.53	46.55	9.42	281.40	48.28

图 4.14　只有列维的报表

```
Proc Tabulate data = score;
   Class bj gender;
   Var math English Physics Chemical total;
   Title "各班按男女分组的各科成绩和标准差";
   Table bj * gender,(math English Physics Chemical total) * (Mean Std);
Run;
```

输出结果如图 4.15 所示。

各班按男女分组的各科成绩和标准差

		math		English		Physics		Chemical		total	
		Mean	Std	Mean	Std	Mean	Std	Mean	Std	Mean	Std
bj	gender										
一 (1)	F	80.41	13.04	82.94	15.51	64.29	6.66	49.47	2.50	277.12	20.99
	M	75.83	30.25	84.06	15.11	63.61	20.10	41.67	17.08	265.17	67.94
一 (2)	F	81.95	25.24	84.55	10.45	65.85	13.64	45.95	6.59	278.30	38.23
	M	88.31	16.66	89.08	8.19	69.77	6.55	48.62	5.71	295.77	24.56
一 (3)	F	89.11	19.97	90.17	8.90	64.00	18.23	48.33	5.72	291.61	35.82
	M	86.65	28.31	75.82	25.53	65.59	20.95	43.94	13.82	272.00	83.06
一 (4)	F	90.07	17.85	94.00	6.64	69.00	10.59	48.60	4.70	301.67	24.42
	M	86.00	22.06	79.63	23.96	64.37	11.19	46.79	7.47	276.79	45.98

图 4.15 两个维度(行维、列维)的报表

```
Proc Tabulate data = score;
    Class bj gender;
    Var math English Physics Chemical total;
    Title "各科平均成绩和标准差";
    Table bj,gender,(math English Physics Chemical total) * (mean std);
Run;
```

部分输出结果如图 4.16 所示。

各科平均成绩和标准差

bj 一 (1)

	math		English		Physics		chemical		total	
	Mean	Std	Mean	Std	Mean	Std	Mean	Std	Mean	Std
gender										
F	80.41	13.04	82.94	15.51	64.29	6.66	49.47	2.50	277.12	20.99
M	75.83	30.25	84.06	15.11	63.61	20.10	41.67	17.08	265.17	67.94

各科平均成绩和标准差

bj 一 (2)

	math		English		Physics		chemical		total	
	Mean	Std	Mean	Std	Mean	Std	Mean	Std	Mean	Std
gender										
F	81.95	25.24	84.55	10.45	65.85	13.64	45.95	6.59	278.30	38.23
M	88.31	16.66	89.08	8.19	69.77	6.55	48.62	5.71	295.77	24.56

各科平均成绩和标准差

bj 一 (3)

	math		English		Physics		chemical		total	
	Mean	Std	Mean	Std	Mean	Std	Mean	Std	Mean	Std
gender										
F	89.11	19.97	90.17	8.90	64.00	18.23	48.33	5.72	291.61	35.82
M	86.65	28.31	75.82	25.53	65.59	20.95	43.94	13.82	272.00	83.06

各科平均成绩和标准差

bj 一 (4)

	math		English		Physics		chemical		total	
	Mean	Std	Mean	Std	Mean	Std	Mean	Std	Mean	Std
gender										
F	90.07	17.85	94.00	6.64	69.00	10.59	48.60	4.70	301.67	24.42
M	86.00	22.06	79.63	23.96	64.37	11.19	46.79	7.47	276.79	45.98

图 4.16 3 个维度(页维、行维和列维)报表

说明：①以上几个例子中的维度表达式都用星号“*”操作符,星号操作符将两个元素分开,用来确定交叉组合；②(math English Physics Chemical total) * (mean std)相当于 math * mean math * std English * mean English * std … total * mean total * std,分别要显示组合的某课程的均值和标准差。

2. 高级报表

Tabulate 过程还可以根据用户的需要制作更加复杂的报表,使得输出的报表更加用户化,可读性更强。主要包括以下几个方面。

(1) 添加标题和脚注。

使用语句 Title 和 Footnote 可以为报表添加标题和脚注。这一点和 Print 过程相同,不再赘述。

（2）规定变量或统计量的标签。

如果变量在数据集已经有标签，那么标签会替代变量名出现在报表的表头，如果变量在数据集中没有标签，可以使用Label语句为变量指定标签，这一点不再赘述；为统计量指定标签，需要使用Keylabel语句，其用法和Label语句完全一样。

也可以在Table语句中定义维度表达式的同时为变量指定标签。举例如下。

① Table bj,math；可以改为：

```
Table bj = '班级',math = '数学';
```

② Table bj * gender,math；可以改为：

```
Table bj = '班级' * gender = '性别',math = '数学';
```

【例4.5】 高级制图——增加标签。

```
Proc Tabulate data = score;
   Class bj gender;
   Var math English Physics Chemical total;
   Table bj = '班级',math = '数学';
   Table bj = '班级' * gender = '性别',math = '数学';
Run;
```

输出结果如图4.17所示。

（3）在Proc Tabulate语句中用format=选项来控制所有单元格的显示格式。

（4）在Table语句的变量（或变量标签）或统计量（或统计量标签）后面紧跟 * F=输出格式，以达到控制行或列的输出格式的目的。

示例如下：

```
Proc Tabulate data = score format = comma8.2;
   Class bj gender;
   Var math English Physics Chemical total;
   Table bj = '班级',math = '数学' * f = dollar8.2;
   Table bj = '班级' * gender = '性别',math = '数学';
Run;
```

输出结果如图4.18所示。

	数学
	sum
班级	
一（1）	2726.00
一（2）	2787.00
一（3）	3077.00
一（4）	2985.00

		数学
		sum
班级	性别	
一（1）	F	1367.00
	M	1359.00
一（2）	F	1639.00
	M	1148.00
一（3）	F	1604.00
	M	1473.00
一（4）	F	1351.00
	M	1634.00

图4.17 例4.5输出结果

	数学
	sum
班级	
一（1）	$2726.00
一（2）	$2787.00
一（3）	$3077.00
一（4）	$2985.00

		数学
		sum
班级	性别	
一（1）	F	1,367.00
	M	1,359.00
一（2）	F	1,639.00
	M	1,148.00
一（3）	F	1,604.00
	M	1,473.00
一（4）	F	1,351.00
	M	1,634.00

图4.18 输出结果

4.3　Sgplot 过程制作图形

图形也是数据分析的重要方法,其直观效果是单纯的数据报表无法替代的。本节重点介绍 Sgplot 制图过程,其他制图过程如 Gplot 过程、Gchart 过程、Sgpanel 过程等,可以参考 SAS 帮助文档。

Sgplot 过程可以制作散点图、直方图、回归图、直线图、阶梯图、带状图、时间序列图、密度图等;也可以控制图形的外观,本节介绍几种常见图形的制作方法。

4.3.1　Sgplot 过程的通用语法

Sgplot 过程可以完成绝大多数统计分析的图形制作,这些图形制作过程常常会涉及坐标轴和基线的设定;当一幅图中有多种图形时,又涉及图例的设置以及一些背景等的设置等。为避免后续介绍每种制图时对这些公共属性设置的重复介绍,首先介绍如下。

1. 设置坐标轴属性

坐标轴的属性包括坐标轴的标记(label)、标记的位置(labelpos)、刻度值(value)、刻度类型(type)、是否需要网格线(grid)等,这些属性都可以用坐标轴语句设定。基本语法格式如下:

```
Xaxis  options;
Yaxis  options;
```

与之完全类似的还有 X2axis 和 Y2axis 语句;X2axis 语句实现图形的顶部水平轴;Y2axis 语句实现图形的右侧纵轴。选项用来设置坐标轴的属性;常见选项包括以下几个。

① GRID:生成网格线。

② Label=:设置坐标轴的标记文字。

③ TYPE=:Discrete|Linear|Log|Time:设置坐标刻度的类型(字符变量默认为 Discrete;数值变量默认为 Linear;日期时间变量默认为 Time。Log 为坐标轴指定对数尺度。

④ Values =(values-list):设置刻度标记,如 Values=(0 5 10 15 20);等同于 Values= (0 TO 20 BY 5)。

⑤ Labelpos=Center | Datacenter | Left | Right:用来指定坐标轴标签的位置。

⑥ Interval=:对时间轴指定刻度区间,所选择的时间间隔必须和数据集的时间单位一致,可取的值为 Auto(默认)、Second、Minute、Hour、Day、Tenday、Week、Semimonth、Month、Quarter、Semiyear、year。

2. 设置参考线(水平或竖直线)

给图形设置参考线,便于观察那些点在某些重要的取值之上(左)还是之下(右)。设置基准线的基本语法格式如下:

```
Refline variable | value-1 <…value-n></option(s)>;
```

其中:"values"为一些数值,指定画水平线的位置;可选参数包括以下几个。

① Axis=X 或 Y:指定水平还是竖直,默认为 Y(水平)。

② Label=variable|('text-string-1' … 'text-string-n'):设置参考线标签,如果

Label＝Variable，则 Variable 的相应值为相应参考线的标签。

3．添加文字说明

为图形添加文字说明的基本语法格式如下：

```
Inset "text - string" <… "text - string - n"> </option(s)>;
Inset (label - list) </option(s)>;
```

选项包括以下几个。

① Border｜Noborder：为文字说明加上边框或不加边框，默认不加边框。

② Position＝：指定"说明"放置的位置，同 Keylegend。

③ Title＝"text-string"：为文字说明指定一个标题。

④ Labelalign＝Left｜Center｜Right：指定标签的排列方式。

4．图例说明

图例是当一幅图中有多种图形时，各种符号和颜色所代表图形的说明，有助于更好地阅读图形。设置图例的方式有两种，一种是系统会在一幅图中图形多于一种时自动给出图例；另一种是使用 Keylegend 语句人工设置图例说明。图例的要素包括制图符号、符号标签（Label）、图例的标题、图例结构等。Keylegend 语法格式如下：

```
Keylegend <"name - 1" …"name - n"></option(s)>;
```

其中，"name－1" … "name－n"指定图中某个图形的名称，该名称在相应的绘图语句中通过选项"name"＝指定，该名称不必满足 SAS 的命名规则，因此必须用引号括起来；这里的图形名称的个数要小于一幅图中图形的个数。默认图形符号的标签为 Y 变量的标签。常用选项包括以下几个。

① Location＝outside｜inside：图例的位置是位于坐标轴区域内还是区域外。

② Position＝：指定图例在图中的位置，可取 bottom、bottomleft、bottomright、left、right、top、topleft、topright，默认为 bottom。

③ Title＝：为图例指定标题。

5．定制图形的属性

Sgplot 过程可以个性化设置线型、颜色等图形属性，其用法是跟在 Sgplot 的基本绘图语句（如绘制散点图的 Scatter 语句、绘制时间序列图的 Series 语句等）后面，加上"/ 图形属性设置"即可。例如：

```
Scatter X = X 变量 Y = Y 变量/Markerattrs = (Symbol = star);
```

常用的图形属性有以下几个。

（1）Fillattrs＝（Color＝value）：设置填充颜色属性，Color 的值可选 Aqua、Black、Blue、Fuchsia、Green、Gray、Lime、Maroon、Navy、Olive、Purple、Red、Silver、Teal、White 和 Yellow。

（2）Lineattrs＝（attribute＝）：设置线型属性，attribute＝可选以下几个属性。

① 颜色 Color＝。

② 线宽 Thickness＝n＜units＞；n 是数字，units 可取 cm、in 等。

③ 样式 Pattern＝，可取线型的名称或对应的代码，具体见表 4.7。

表 4.7 常用的线样式、名称及代码

样式	名 称	代码	样式	名 称	代码
▬▬▬▬▬	Solid	1	▬ ▬ ▬ ▬	Dash	20
▪▪▪▪▪▪▪▪	ShortDash	2	▬▬ ▪ ▬	LongDashShortDash	26
▬ ▬ ▬	MediumDash	4	▪▪▪▪▪▪▪▪▪▪▪	Dot	34
▬▬ ▬▬	LongDash	5	▪ ▪ ▪ ▪ ▪	ThinDot	35
▬ ▪ ▬ ▪ ▬	MediumDashShortDash	8	▬▪▬▪▬▪▬	ShortDashDot	41
▬ ▪ ▪ ▬ ▪ ▪	DashDashDot	14	▬▬ ▪ ▬▬ ▪	MediumDashDotDot	42
▬ ▪ ▪ ▬ ▪ ▪	DashDotDot	15			

（3）Markerattrs＝（attribute＝）：设置"标记"的属性，attribute＝包括以下几个属性。

① Symbol＝：指定标记符号；取值和对应的符号见表 4.8。

表 4.8 标记符号及其名称

名 称	符 号	名 称	符 号	名 称	符 号
ArrowDown	↓	StarFilled	★	DiamondFilled	◆
Asterisk	✳	Tack	⊤	GreaterThan	>
Circle	○	Tilde	∿	Hash	#
CircleFilled	●	Triangle	△	HomeDown	▽
Diamond	◇	TriangleFilled	▲	HomeDownFilled	▼
IBeam	Ⅰ	TriangleRightFilled	▶	TriangleDown	▽
LessThan	<	TriangleDownFilled	▼	SquareFilled	■
Plus	+	TriangleLeft	◁	Star	☆
Square	□	TriangleLeftFilled	◀	TriangleRight	▷
Union	∪	X	✕	Y	Y
Z	Z				

② Color＝。

③ Size＝n＜units＞，n 是数字，units 可取 cm、in 等。

（4）Labelattrs＝（attribute＝）设置坐标轴的属性，Valueattrs＝（attribute＝）设置坐标轴刻度标记的属性，attribute＝包括以下几个取值。

① Color＝。

② Size＝n＜units＞，n 是数字，units 可取 cm、in 等。

③ Style＝，可取 Italic（斜体），Normal（默认）。

④ Weight＝，可取 Bold（加粗），Normal（默认）。

4.3.2 散点图

散点图是指平面直角坐标系下，两个变量构成的数据点在平面上的分布图，表示因变量随自变量而变化的大致趋势，据此可以选择合适的函数对数据点进行拟合。

制作散点图的语法格式如下：

```
Proc Sgplot < options >;
    Scatter X = variable    Y = variable </option(s)>;
Run;
```

说明如下。

（1）Proc Sgplot 语句主要完成对图形的描述，对坐标轴、图例以及图形属性的控制，常用选项包括以下几个。

① Data=dataset：指定输入数据集。

② Noborder：去掉图形的边框。

③ Cycleattrs|Nocycleattrs：说明所作图形是否使用唯一的属性。如果图中有两种不同类型的图形（如 scatter 和 series），建议采用选项 Nocycleattrs。

④ Noautolegend：不使用自动图例，可以用 Keylegend 语句来指定图例。默认时使用系统给出的图例。

（2）Scatter 语句：这是绘图语句，画出两个变量 X 和 Y 在平面上的散点图，常用选项包括以下几个。

① 坐标轴选项：X2axis 指定 X 变量作为图形的第二水平轴（图形顶部）；Y2axis 指定 Y 变量作为图形的第二垂直轴（图形右侧）。

② Group=：指定分组变量，绘制不同组数据的散点图。

③ Nomissinggroup：不包含分组变量缺失值的观测。

④ Legendlabel=：为图例中的符号指定标签，默认使用 Y 变量作为标签。

⑤ Name=：为绘制的图命名，在其他语句需要引用这个图时，使用该名字，如在 Keylegend 语句定制图例时就需要该名字。

【例 4.6】　根据 score-gender. csv 记录的学生考试成绩，通过散点图研究数学成绩与物理成绩、数学成绩和化学成绩之间的关系。程序如下：

```
Proc Import datafile = 'C:\score - gender.csv' dbms = csv out = score replace;
    getnames = yes;
    Label var1 = 班级 var2 = 学号 var3 = 姓名 var4 = 性别 var5 = 数学 var6 = 英语 var7 = 物理
var8 = 化学;
Data score;
    set score;
    rename var1 = class var2 = id var3 = name var4 = gender var5 = math var6 = English var7 =
Physics var8 = Chemical;
Proc Sgplot data = score ;
  Scatter x = math y = Physics;
  Scatter x = math y = Chemical;
Run;
```

输出结果如图 4.19 所示。

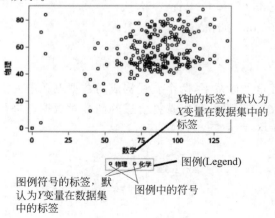

图 4.19　散点图及说明

图 4.19 在一幅图中绘制了数学和物理的散点图、数学和化学的散点图。为了区分两个散点图,系统自动用不同的颜色,并给出了图例说明,这个图例说明是系统自动给出的,可以人工修改,例如:

```
Proc Sgplot data = score;
    Scatter x = math y = physics/name = 'M－P' kegendlabel = '数学物理';
    Scatter x = math y = chemical/name = 'M－c';
    keylegend 'M－P'/location = inside position = bottomright title = '散点图例:';
Run;
```

第一个 Plot 语句 Scatter 做了 math 和 Physics 的散点图,图的名称通过选项 name＝指定为"M-P",图例的标签为"数学物理";第二个 Plot 语句做了 math 和 Chemical 的散点图,图的名称通过选项 name＝指定为"M-C";Keylegend 语句生成图例,该图例的符号表示 Math 和 Physics 的散点图的符号,该语句的选项表示图例位于图形里面,底部的右侧,图例的标签为"数学物理"。输出结果见图 4.20。

这段程序去掉 Keylegend 语句和第一个 Scatter 语句的选项 legnderlabel＝'M-P'的输出结果见图 4.19,需注意比较图 4.19 和图 4.20 的区别。

图 4.19 和图 4.20 说明 Proc Sgplot 过程在默认情况下,对图中每个图形都有默认的图例说明;一旦使用了 Keylegend 语句,图中的默认图例消失,取而代之的是 Keylegend 规定的图例。例如:

```
Proc Sgplot data = score;
    Scatter x = math y = physics/name = 'M－P' legendlabel = '数学物理';
    Scatter x = math y = chemical/name = 'M－c' legendlabel = '数学化学' y2axis;
    Y2axis values = (0,20,40,60,80) grid;
    Keylegend 'M－P'/location = inside position = bottomleft;
    Keylegend 'M－c'/location = inside position = topleft;
Run;
```

输出结果如图 4.21 所示。

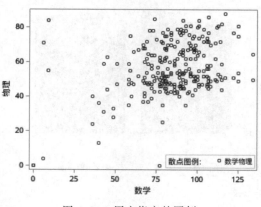

图 4.20　用户指定的图例

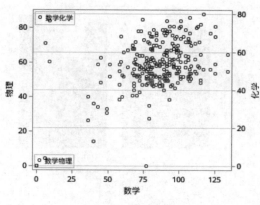

图 4.21　散点图

4.3.3　条形图

用若干细长的矩形条的高度(不是宽度,也不是面积)来表示定性变量各水平组的频数。分为以下两种。

① 单式条形图：只有一个定性变量。

② 复式条形图：有两个或多个定性变量（Group 可选项）。

制作条形图的语法格式如下：

```
Proc Sgplot < options >;
    VBAR variable  </option(s)>;
    HBAR variable  </option(s)>;
Run;
```

注：VBAR 绘制竖直方向的条形图；HBAR 绘制水平方向的条形图。这两个语句常用选项包括以下几个。

（1）Group＝：指定分组变量。

（2）Groupdisplay＝：指定分组条形显示方式，即 Stack（堆叠，默认）、Cluster（簇型）。

（3）Response＝：指定一个数值变量进行统计分析。

（4）Stat＝Freq｜Mean｜Median｜Percent｜Sum：对 Response 变量做指定的统计分析；有 Response 变量默认 Freq；否则默认 Sum。

（5）Datalabel<＝变量>：为图中每个"条"设置标签，如果指定变量，变量值为标签；否则计算的相应变量的值为标签。

① Missing 绘制包含默认值的条形。

② Limitstat＝：设定要显示的极限线的类型，有 CLM（均值左右 95％的双侧置信区间）、STDDEV（样本标准差）、STDERR（标准误差）。

【例 4.7】　制作学生按性别计算的垂直条形图。

```
Proc Sgplot data = score;
    Vbar gender/group = class Groupdisplay = CLUSTER;
    Vbar gender/group = class Groupdisplay = CLUSTER response = math stat = mean;
Run;
```

输出结果如图 4.22 所示。

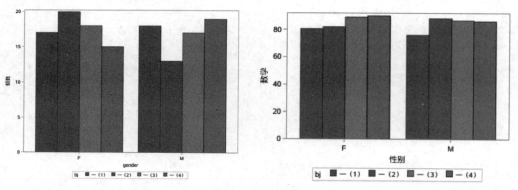

图 4.22　条形图

```
Proc Sgplot data = score;
    Vbar gender/group = class Groupdisplay = stack;
Run;
```

输出结果如图 4.23 所示。

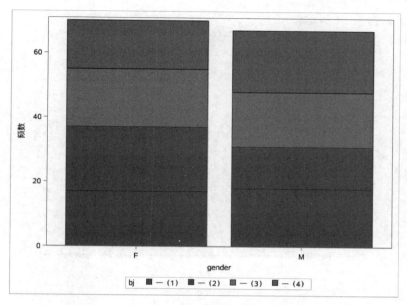

图 4.23　堆砌条形图

4.3.4　直方图

对于数值型变量,常用直方图来展示变量的分布,利用直方图可以估计总体的概率密度。制作直方图的基本语法格式如下:

```
Proc Sgplot < options >;
    Histogram variable </option(s)>;
    Density variable </option(s)>
Run;
```

说明如下。

(1) Histogram 语句常用选项包括以下几个。

① Binstart＝:指定第一个矩形 x 轴的起始位置。

② Binwidth＝:指定矩形的宽度。

③ Nbins＝:指定矩形的个数。

④ Scale＝:指定数轴的刻度类型,可取值为 Percent(默认,百分数)、Count(频数)、Proportion(比例)。

⑤ Showbins 指定刻度标记标在每个矩形的中点,默认情况下根据最小值和最大值创建标记点。

(2) Density 语句画出密度曲线,常用选项 TYPE＝指定密度曲线的分布类型:Normal (默认,正态分布)、Kernel(核密度曲线)。

【例 4.8】　绘制学生总成绩的直方图及密度曲线。

```
Proc Sgplot data = score;
    Histogram total/nbins = 10;
    Density total/type = kernel;
    Density total;
Run;
```

输出结果如图 4.24 所示。

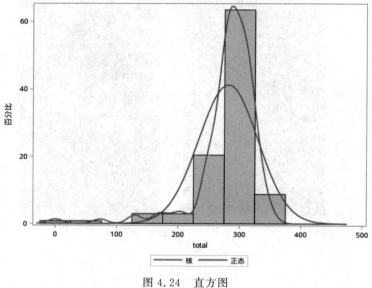

图 4.24　直方图

4.3.5　箱线图

箱线图的主要应用是剔除数据的异常值、判断数据的偏态和重尾。绘制箱线图的语法格式如下：

```
Proc Sgplot < options >;
    Hbox numeric - analysis - variable </option(s)>;
    Vbox numeric - analysis - variable </option(s)>;
Run;
```

其中：Hbox 创建水平箱线图，而 Vbox 创建竖直箱线图，分析变量必须是数值型变量。常用选项包括以下几个。

① Category＝：指定分类变量，给它的每个组分别绘制一个盒形图。

② Extreme：指定延长线到真正的最大值、最小值（相当于没有异常值）。

③ Group＝：指定分组变量，每组值的图形元素由不同视觉属性自动区分。

④ Missing：包含 Category 变量或 Group 变量的默认值。

⑤ Boxwidth＝：指定盒子的宽度。

【例 4.9】　用 Sgplot Proc 步为数学成绩按性别分组分别绘制箱线图，程序如下：

```
Proc Sgplot data = score aspect = 0.5 ;
   Hbox math/Category = gender boxwidth = 0.2;
Run;
```

输出结果如图 4.25 所示。

4.3.6　回归线图

散点图只能大致显示两个变量之间的关系，进一步还可以绘制一条拟合曲线——回归线，Sgplot Proc 绘制回归线的语法格式如下：

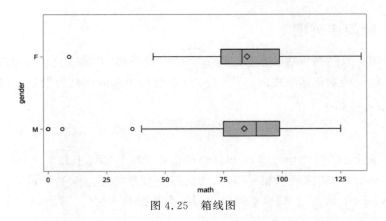

图 4.25 箱线图

```
Proc Sgplot < options >;
    Reg X = numeric – variable     Y = numeric – variable </option(s)>;
Run;
```

Reg 语句常用选项包括以下几个。

① CLI：给个体预测值加上置信限。

② CLM：给均值预测值加上置信限。

③ Curvelabel＝：为拟合曲线添加标注(默认是用 Y 变量)。

④ Group＝：指定分组变量，按其值对数据分组分别处理。

⑤ Nolegcli、Nolegclm、Nolegfit 不显示 CLI 带、CLM 带、拟合曲线的图例说明。

⑥ Nomarker 是不对数据点做标记。

【例 4.10】 针对前面例子的学生考试成绩的数据，作总成绩对数学成绩的回归线，程序如下：

```
Proc Sgplot data = score aspect = 0.75;
    Reg X = math Y = total/CLM NOLEGCLM;
Run;
```

输出结果如图 4.26 所示。

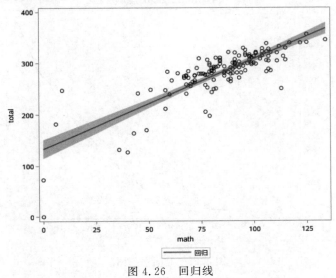

图 4.26 回归线

4.3.7　时间序列图

时间序列图是以时间为 X 轴、变量为 Y 轴的一种图形（数据点之间依次用线段连接），用于考察变量随时间变化而呈现的趋势，Sgplot 过程绘制时间序列图的语法格式如下：

```
Proc Sgplot < options >;
    Series X = variable Y = variable </option(s)>;
Run;
```

说明：X 变量必须事先排好序，Series 语句常用选项包括以下几个。

① Curvelabel＝：给曲线添加标签，默认使用 Y 变量的标签或 Y 变量名。

② Datalabel＝：指变量，该变量的值作为各个数据点的标签，若不指定变量名，则使用 Y 变量的值。

③ Markers：给每个数据点加上标签。

④ Group＝：指定分组变量，按其值对数据分组分别处理。

⑤ Nomissinggroup：指定不包含分组变量默认值的观测。

【例 4.11】　文件 q-gdp4708.txt 是某地区 19470101－20081001 按季度的 GDP，绘制 GDP 关于时间的时间序列图。程序如下：

```
Data gdp(keep = gdp date);
    infile 'C:\q - gdp4708.txt' firstobs = 2;
    input year mon day gdp;
    date = mdy(mon,day,year);
    format date mmddyy8.;
Run;
Proc sgplot data = gdp;
  Series X = date Y = gdp;
  Title"19470101 - 20081001 ** GDP"
Run;
```

输出结果如图 4.27 所示。

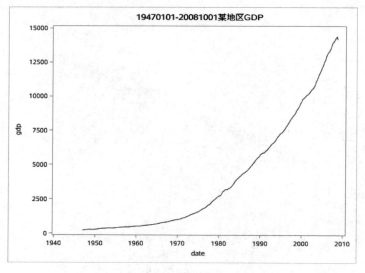

图 4.27　时间序列图

习　题　4

4.1　为了研究某新型汽车轮胎的磨损性能,随机抽取 20 只轮胎进行试验,每只轮胎试验数据(单位: km)如下:

4300　4500　4250　4238　3986　3954　4156　3987　3845　4678
4177　3986　4152　4089　3895　3965　4832　4652　3625　3978

(1) 应用 Means 过程给出这组数据的描述性统计量:样本均值、样本方差、标准差、极差、变异系数、偏度和峰度系数;并将计算结果输出到数据集 stat。

(2) 应用 Univariate 过程绘制直方图,并对数据是否服从正态分布进行检验。

4.2　文件 szs_bs.xlsx 和 sh_bs.Xlsx 是沪深上市公司 2019 年度的部分财务信息;将两个数据文件导入 SAS,形成一个数据集,完成以下操作:

(1) 制作三维报表,页维为省份;行维为行业,列维要体现按行业分类的上市公司的总资产、总负债、总利润;

(2) 自制一个二维报表,行维为省份,列维为行业,统计量是按行业计算的上市公司数;

(3) 绘制负债与利润关系的散点图。

4.3　O-C_price.xlsx 是 2020 年 1 月 2 日到 2020 年 6 月 30 日半年内的上证指数、上证 50、深圳成指和沪深 300 指数的开盘价和收盘价。绘制 4 只指数收盘价的时间序列走势图。

第5章

ODS

本章介绍 SAS 的 ODS(Output Delivery System,输出交付系统)输出控制的基本知识。

5.1　ODS

5.1.1　ODS 概述

众所周知,SAS 程序主要由 Data 步和 Proc 步构成,Data 步创建数据集,Proc 步对数据集进行处理。

例如,用 Data 步创建一个数据集 work. a,而用 Proc Print data=work. a ;run;打印出数据集的报表。我们或许会认为 SAS 系统打印出的报表是 Print 过程步直接产生的。其实不然,不管是 Data 步还是 Proc 步,产生的结果都是数据。那么 Proc Print 过程直观上输出的报表是怎么回事呢? 这就是 ODS(Output Delivery System)的任务。

简单地说,SAS 系统把 Proc Print 步处理后产生的数据提交给 ODS,ODS 根据系统要求把需要传送的数据和输出的样式相结合,形成输出对象传送到某个目的地(计算机的某个硬件或软件资源,如屏幕显示、打印机、某种文件)来完成相应的任务。这里的"目的地",专业术语就是目标(destination),这里的输出样式就是模板(template)。

1. 输出目标

SAS 系统的输出目标主要有以下几个。

① Listing:等宽文本输出,在输出窗口显示。

② HTML:超文本标记语言输出,在结果查看器窗口显示。

③ PDF:以 PDF 格式的文件输出。

④ Ps:以 Ps 脚本输出。

⑤ Printer:输出到打印机。

⑥ RTF:富文本格式输出。

⑦ Markup:标记语言输出。

⑧ Document:输出文档。

⑨ Output:输出到某个数据集。

在 SAS 9.3 之前的版本,ODS 默认输出目标是 Listing;SAS 9.3 之后的版本,为了适应互联网时代发展的需要,ODS 默认的输出目标是 HTML。这一点用户可以通过"**工具**"→

"**选项**"→"**参数选择**"菜单命令查看,如图 5.1 所示,单击"结果"选项卡,勾选"创建列表"复选框,就可以将默认输出目标改为 Listing 和 HTML。也可以通过命令来实现。

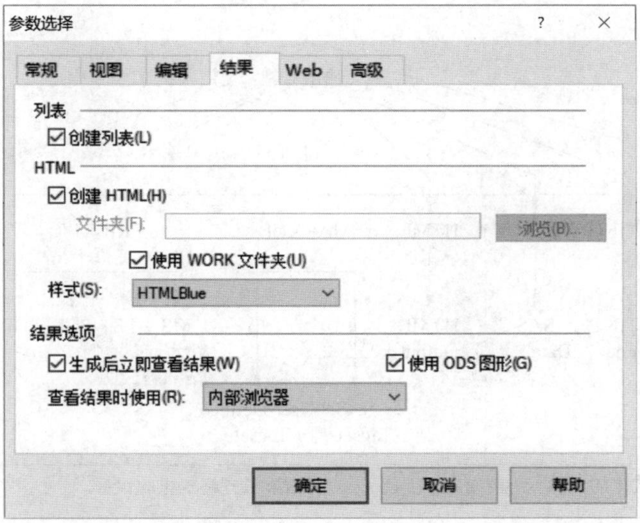

图 5.1　默认目标设定

通过选择 ODS 的输出目标,方便用户使用 SAS 对数据的处理结果。例如,通过 ODS 的 Output 目标可以将处理结果保存到某个 SAS 数据集,供后续使用;ODS 的 Document 输出目标可以创建一个可重复使用的文档,该文档可以再次发送至任意目标;也可以针对输出文档,对其内容根据需要进行适当的编辑和排版。

2. 输出对象

ODS 的输出对象分为两种类型,即报表输出对象(tabular output objects)和图形输出对象(graphical output objects)。它们均由两部分组成。

① 数据。数据指的是 Data 步和 Proc 步提供的数据。

② 模板。模板是系统自带或者用户设计的,描述输出对象在输出显示时如何布局,包括表模板和样式模板。

SAS 产生 ODS 输出的机制如图 5.2 所示。

5.1.2　跟踪输出对象

1. 跟踪输出对象

ODS 将每个 Proc 步的输出结果根据其内容属性分为一个或多个对象。ODS 语句可以对这些对象进行选择,以达到只传送特定对象的目的。

要选择输出对象,首先要了解过程产生了哪些对象以及每个对象的基本属性。

SAS 通过 ODS Trace 语句实现对输出对象的跟踪,并将对象的属性信息输出到 Log 日志窗口,其语法格式如下:

```
ODS Trace On </option(s)>;    /* 打开对对象的跟踪 */
ODS Trace Off;                /* 关闭对对象的跟踪 */
```

其中,选项主要包括以下几个。

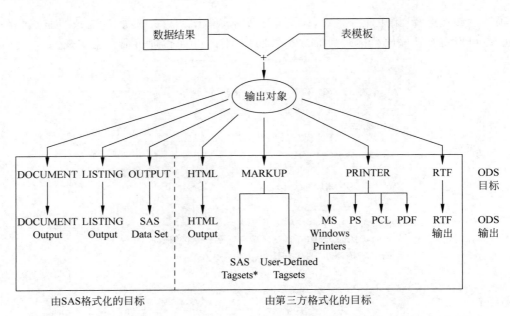

图 5.2　ODS 输出机制

① Excluded：在追踪记录中，包括被排除的输出对象的信息。

② Label：在追踪记录中，包括输出对象标签路径的信息。

【例 5.1】 以下程序追踪 Print 和 Means 过程的输出对象。

```
Filename score "C:\score - gender.csv";
Data score;
    infile score dsd firstobs = 2;
    input bj $ id $ name $ gender $ math English Physics chemical;
    total = sum(math, English, Physics, chemical);
Run;
ODS Trace On;
Proc Print data = score;
    By gender;
Run;
ODS Trace Off;
```

运行程序后，在日志窗口会看到输出对象的追踪信息。由于 Print 过程包含一个 By 语句，数据被分成两组，每组生成一个输出对象，追踪到的信息如下：

```
Output Added:                               Output Added:
--------------                              --------------
名称：     Print                            名称：     Print
标签：     数据集 WORK.SCORE                 标签：     数据集 WORK.SCORE
数据名称：ProcPrintTable                     数据名称：ProcPrintTable
路径：     Print.ByGroup1.Print             路径：     Print.ByGroup2.Print
标签路径：'Print PROCEDURE'.'gender = F'.    标签路径：'Print PROCEDURE'.'gender = M'.
'数据集 WORK.SCORE'                          '数据集 WORK.SCORE'
--------------                              --------------
NOTE：上述消息针对以下 BY 组：gender = F    NOTE：上述消息针对以下 BY 组：gender = M
Proc means data = score;
    by gender;
Run;
```

Means 过程也包含一个 By 语句，数据被分成两组，每组生成一个输出对象，追踪到的信息如下：

```
Output Added:                           Output Added:
-------------                           -------------
名称：      Summary                      名称：      Summary
标签：      汇总统计量                    标签：      汇总统计量
模板：      base.summary                 模板：      base.summary
路径：      Means.ByGroup1.Summary       路径：      Means.ByGroup2.Summary
标签路径：  'Means PROCEDURE'.'gender = F'.  标签路径：  'Means PROCEDURE'.'gender = M'.
'汇总统计量'                              '汇总统计量'
-------------                           -------------
NOTE：上述消息针对以下 BY 组：gender = F    NOTE：上述消息针对以下 BY 组：gender = M
```

从追踪信息可以看到，两个过程的输出对象的信息不完全一样，一个有模板，而另一个有数据名称。一般来说，ODS Trace 语句产生的追踪记录由下列要素组成。

① 名称（name）：输出对象的名字，它也出现在路径的最右边部分。

② 标签（label）：描述输出对象的内容。

③ 数据名称：用来创建输出对象数据集的名字，只有它不同于输出对象名时才出现。

④ 模板（template）：ODS 用来格式化输出对象模板的名称，用户可以用 Proc Template 过程来修改该模板。

⑤ 路径（path）：输出对象的路径，可使用该路径来引用这个输出对象。

⑥ 标签路径（label path）：输出对象路径的标签，只有选择 Label 选项时。才显示标签路径。

2. 选择输出对象

在 ODS 中，对不同的传送目标可以挑选不同的输出对象。例如，在默认情况下，对目标 Listing、HTML、Printer，全部对象会输出；而对目标 Output，则全部对象都不输出。为了得到想要的输出对象，可以使用 ODS Select（或者 ODS Exclude）语句选择特定的输出对象。

ODS Select（ODS Exclude）语句一般格式如下：

```
ODS < ODS - destination > SELECT selection(s) | ALL | NONE < option(s)>;
ODS < ODS - destination > EXCLUDE exclusion(s) | ALL | NONE < option(s)>;
```

说明如下。

（1）ODS-destination 是除了 Output 输出目标外的所有有效目标。

（2）selection（s）和 exclusion（s）：是用户选择或排除的输出对象的列表，形式如 output-object <（Persist）>。

其中：output-object 可以是输出对象的名称、标签、全路径等；persist 表示即使 Proc 步结束了，该输出对象还在输出列表中，直到用下列任何一种方式修改了输出对象选择：

① 任意 ODS Exclude 语句；

② ODS Select None；

③ ODS Select All；

④ ODS Select 语句应用到同一对象，但不带 Persist 选项。

（3）Options 主要有 WHERE＝expression，用来选择输出对象。Expression 是算符和运算对象的算术或逻辑表达式，具有以下形式：

(subsetting - variable < comparison - operator expression - n >)

subsetting-variable 是一种特殊类型的表达式操作数,SAS 使用它来帮助用户查找项中的共同值,该变量是下列自动变量之一。

① _LABEL_:代表输出目标的标签。

② _LABELPATH_:代表输出目标的标签路径。

③ _NAME_:代表输出目标的名字。

④ _PATH_:代表输出目标的路径。

常用的几个比较运算符(comparison—operator)见表 2.2。

【例 5.2】 在前面的 Means 过程中,跟踪结果显示,输出 Gender＝F 这一组描述性统计量对象的路径中有"Group1",可以在 Means 过程中使用 ODS Select 语句来选择该对象。

(1) 使用路径来选择输出对象:

```
ODS select Means.ByGroup1.Summary;
Proc Means data = score;
    By gender;
Run;
```

(2) 使用 where＝选项来指定输出对象:

```
Proc Means data = score;
    By gender;
    ODS select where = (_path_?'Group1');
Run;
```

或者使用全路径:

```
Proc Means data = score;
    By gender;
    ODS select where = (_path_ = 'Means.ByGroup1.Summary');
Run;
```

说明如下。

(1) ODS Select 语句是全局语句,既可以放在过程中也可以放在过程前面,但不能放在过程之后。

(2) 要么使用全部路径,要么使用"?"号来匹配路径。_path_?'Group1'表示_path_中含有 Group1。这里用到了一个**包含运算符**(?),它最常见的用法是通过在字符变量的值中搜索指定的字符集。

一般地,当一个 Proc 步结束时,ODS 会自动清除对输出对象的"选择"或"排除",恢复到默认状态。如果要保持关于对象的"选择"或"排除",可以在设定这些选择的 ODS 语句中使用选项 PERSIST。使用了这一选项就可将设定保留到下一次设定为止。为了查看已经对输出对象的"选择"或"排除",可使用以下的 ODS Show 语句,语法格式如下:

```
ODS < ODS - destination > Show
```

提交上述语句后,传送目标对输出对象的选择信息将在 LOG 窗口显示。

举例如下:

```
ODS   select Moments(persist);
Proc Univariate data = score;
```

```
        Var math;
Run;
ODS show;
```

运行日志显示：

```
210   ODS   show;
当前 OVERALL select 列表是:
1. Moments(PERSIST)
```

如果 ODS Select 语句中没有选择传送目标，则默认输出对象到所有打开的传送目标。例如：

```
ODS select TestsForLocation(persist);
Proc Univariate data = score;
    Var math;
Run;
ODS   html show;
```

运行结果如下：

```
225   ODS   html show;
当前 HTML select 列表是:
1. TestsForLocation(PERSIST)
```

5.2 管理输出目标

5.2.1 Listing 目标

Listing 输出目标创建一种等宽列表、单一字体的文本输出，它具有移植性高、打印紧凑以及易于编辑等特点。

SAS 9.3 以前的 Windows 和 UNIX 版本，默认的输出目标是 Listing，文本输出到 Output 窗口，图形输出到 Graph 窗口。

打开输出目标 Listing 的语法格式如下：

```
ODS   Listing   < FILE = 'file - specification' > ;
```

其中：File=用来指定存放 Listing 的输出文件；file-specification 可以是一个文件的引用名 fileref 或者一个文件的完整路径。

【例 5.3】 将班级成绩按照性别分组后打印，打印输出到 Listing，存放到 C 盘下的文件 output.txt。程序如下：

```
ODS Listing file = "C:\output.txt";
Proc Means data = score;
    By gender;
Run;
```

说明：①如果 output.txt 文件不存在，系统会自动创建，如果该文件之前已经存在，那么该文件被输出覆盖；②如果不指定输出到文件，即：

```
ODS Listing;
Proc Means data = score;
    By gender;
```

Run;

则输出结果在 Output 窗口显示,如图 5.3 所示。

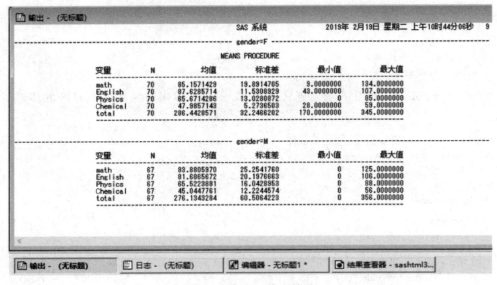

图 5.3　例 5.3 输出结果

也可以通过 ODS Select 语句选择特定的对象输出。

大部分过程默认会在输出中添加 Proc 步的名字作为标题,如果不需要此标题,可以通过"ODS Noproctitle;"语句删除。

5.2.2　HTML 目标

HTML 文件可以发布在网站,也可以将其插入电子表格、打印,或者导入文字处理器。

为了利用 Internet 更好地交流沟通,SAS 9.3 及之后 Windows 和 UNIX 操作系统下默认输出结果以 HTML(超文本标记语言)图文混排的方式使用 Results Viewer(结果查看器)显示。因此,对于使用 SAS 9.3 及更高版本的用户,没有必须使用 ODS 来打开 HTML,但如果使用的是批处理或其他操作系统以及需要指定一些其他功能的,仍然需要使用 ODS 语句来指定 HTML 输出。

打开 HTML 输出目标的语法格式如下:

ODS　HTML < option(s)>;

常用选项有以下几个。

① Body= 'file-specification'

Body 的别名是 File,也就是说,既可以用关键词 Body=,也可以用 File=;file-specification 既可以是一个用引号括起来的完整外部文件路径,也可以是一个外部文件的逻辑引用名 fileref。

② Contents=:创建一个链接到正文的目录文件。

③ Page=:创建一个页码链接的目录文件。

④ Frame=:创建一个框架文件,可同时查看正文文件、目录文件和页码文件。

【例 5.4】 创建 HTML 文件，并去掉 Proc 步标题。程序如下：

```
ODS Html body =  "C:\body.html" contents =  "C:\content.html"
        page = "C:\page.html" frame = "C:\frame.html";
ODS noproctitle;
Proc Means data = score;
    By gender;
Run;
Proc Univariate data = score;
    Var math total;
ODS select where = (_path_?'math.Quantiles');
Run;
ODS html close;
```

打开输出的 Frame.html 文件，如图 5.4 所示。

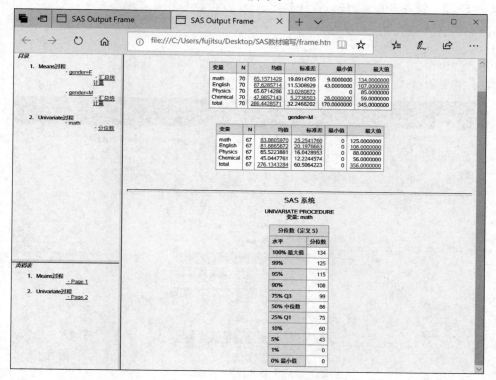

图 5.4 Frame.html 文件的显示

如果在 ODS HTML 语句中选定了 Body= 选项，在没有关闭 HTML 目标前，该文件还被占用着，如果试图打开，即使以只读方式打开，也是看不到任何内容的，此时看到文件大小显示为 0bit；只有当 HTML 目标关闭后，才能打开文件查看输出的结果。

5.2.3 RTF 目标

微软开发的用于文档交换的富文本格式 RTF(Rich Text Format)文件可包含表格格式和字符属性的信息，可供很多文字处理软件阅读和编辑，是一种广泛使用的文件格式。打开 RTF 的语法格式如下：

```
ODS RTF File = 'file - specification' < option(s) >;
```

常用选项有以下几个。

① Bodytitle：将标题和脚注放入 RTF 文档的正文中，而不是将标题和脚注放在页眉和页脚中。

② Columns＝n：指定每页 n 栏输出。

③ STARTPAGE＝ Yes｜No｜Bygroup：用来控制分页符，默认值为 Yes，会在 Proc 步之间插入分页符；No 表示关闭分页符插入；Bygroup 表示在每个分组后插入分页符。

需要说明的是，当打开目标 RTF 后，在没有关闭前，该文件还被占用着，如果试图打开 RTF 的输出文件，即使以只读方式打开也是看不到任何内容的，此时文件大小为 0bit，当使用 ODS RTF Close 语句后，才最后把输出对象写入文件，并关闭相应文件，这时才能查看输出结果。

【例 5.5】 创建 RTF 文件。程序如下：

```
ODS RTF file = "C:\Out" startpage = No;
Proc Means data = score; By gender; run;
ODS RTF close;
```

输出结果如图 5.5 所示。

图 5.5　RTF 目标输出结果

5.2.4　Printer

Printer 目标产生以下输出：

① 打印到物理打印机；

② 生成可移植的 PostScript、PCL 和 PDF 文件。

Printer 目标生成包含页面描述语言的 ODS 输出，它们描述了将"每行文本、每个规则和每个图形元素"放置在页面上的精确位置。通常，不能编辑或更改这些格式。因此，ODS Printer 的输出是报告的最终形式。

PDF、Ps 及 PCL 输出目标是 Printer 的家族成员,既可以单独由 ODS 语句打开这些输出目标,也可以通过 ODS Printer 的选项使用这些输出目标。

打开 Printer 目标的语法格式如下:

```
ODS Printer < option(s)>;
```

常用选项有以下几个。

① FILE='external-file' | fileref:指定一个输出文件,既可以是一个用引号括起来的完整外部文件路径,也可以是一个外部文件的逻辑引用名 fileref。

② Column=n:指定每页 n 栏输出。

③ CONTENTS=NO | YES 控制是否生成目录,默认值为 No。

④ Printer=:指定打印的名称,如果打印机名称中间有空格,需要用引号把打印机名称括起来。

⑤ STARTPAGE=Never | No | Now | Yes | Bygroup;控制分页符。默认值为 Yes,在 Proc 步之间插入分页符;No 表示关闭分页符插入;Now 表示将会在当前位置插入分页符;Bygroup 表示每个 By 组间插入分页符。

⑥ PDF:创建 PDF 输出。

⑦ Ps:创建 PS 输出。

⑧ PCL:创建 PCL 输出。

【例 5.6】 创建 PDF 文件。程序如下:

```
ODS Printer file = "C:\out" pdf CONTENTS;
Proc Print data = score; By gender; Run;
Proc Univariate data = score; Var math ;run;
ODS Printer close;
```

输出文件的首页如图 5.6 所示。

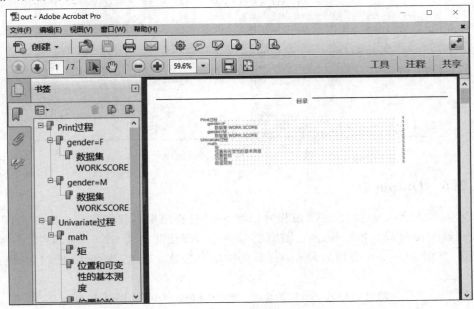

图 5.6　Printer 目标的输出

5.2.5　PowerPoint

PowerPoint 演示文稿由许多单独的页面或"幻灯片"组成。幻灯片可以包含文本、图形和表格。

打开 PowerPoint 目标的语法格式如下：

```
ODS PowerPoint < option(s)>;
```

常用选项有以下几个。

① FILE＝：指定一个输出文件。

② SASDATE：在 PowerPoint 中插入 SAS 会话时间，默认为系统时间。

【例 5.7】　创建 PowerPoint 文件。程序如下：

```
ODS Powerpoint file = "C:\out4.ppt" SASDATE;
Proc Print data = score; By gender; Run;
Proc Univariate data = score; Var Math; Run;
ODS Powerpoint close;
```

输出的首页如图 5.7 所示。

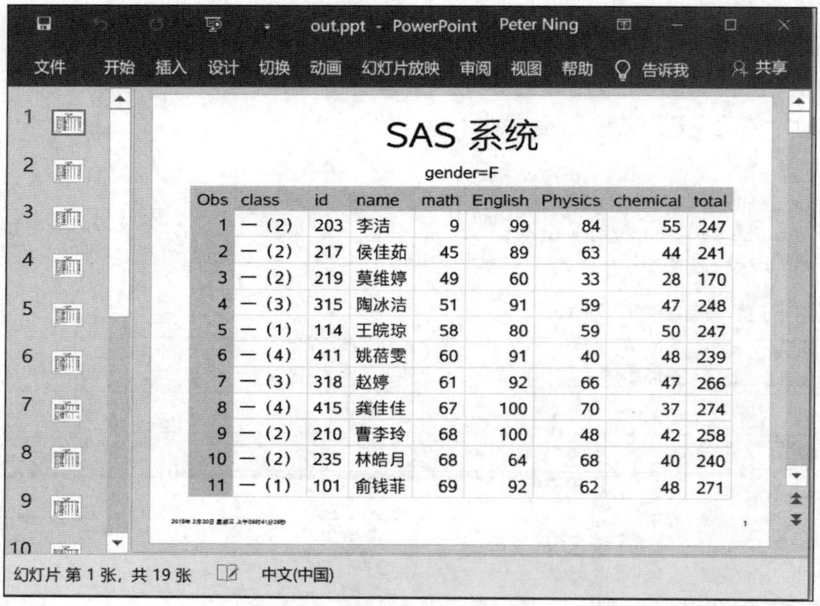

图 5.7　PowerPoint 目标输出

5.2.6　Output

从第 4 章已经看到，部分 SAS 过程可以将 SAS 分析结果以数据集形式输出，如 Means 过程、Univariate 过程。也有些过程无法做到这一点，即便能生成 SAS 数据集，数据集信息也不完全。ODS Output 语句为大多数过程的输出对象建立 SAS 数据集，可包含报告中的每个统计量。

ODS Output 语句可以输出 SAS 数据集，管理对输出对象的选择和排除任务。

打开 Output 输出目标的语法格式如下：

```
ODS Output < data – set – definition(s)>;
```

其中,data-set-definition(s)有 3 种表示方式。

① output-object-list:有几个输出对象将产生几个数据集,数据集的名字被系统自动命名为 Data1、…、Datan;这里的输出对象列表可以是输出对象的名称、标签、路径或标签路径。

② output-object1=dataset1…output-objectn=datasetn:分别为每个输出对象指定数据集。这里的 output-object 是名称、标签路径、标签路径。

③ output-object <(Match_all=macro-variable)><=dataset-name >:如果相同属性输出对象多于一个(如同名,而又是用输出对象的名字来选择输出对象),则:

a. 当采用选项(Match_all=<宏变量>)时,系统创建多个数据集,这些数据集的名字分别为 dataset-name dataset-name1…dataset-namen;如果 dataset-name 不指定,系统自动用 Datan 作输出数据集的名字;

b. 当不采用选项(Match_all=)时,这些对象的信息全部存放在一个数据集里;

c. output-object 可以取全路径、部分路径或者输出对象的名字,使用部分路径时必须从某个".后开始直到路径的结束。例如,对于全路径 Univariate. math. Moments,如果使用部分路径,这个全路径对应两个部分路径 math. Moments 和 Moments;而 Univariate. math 不能成为部分路径。

【例 5.8】 将对象信息输出到数据集。

```
ODS trace on;
Proc Univariate data = score;
     Var math English total;
Run;
```

追踪的信息(只显示名称为 Moments 和 BasicMeasures 的对象)如下:

```
Output Added:                          Output Added:
-------------                          -------------
名称:     Moments                      名称:     BasicMeasures
标签:     矩                           标签:     位置和可变性的基本测度
模板:     base.univariate.Moments      模板:     base.univariate.Measures
路径:     Univariate.math.Moments      路径:     Univariate.math.BasicMeasures
-------------                          -------------
Output Added:                          Output Added:
-------------                          -------------
名称:     Moments                      名称:     BasicMeasures
标签:     矩                           标签:     位置和可变性的基本测度
模板:     base.univariate.Moments      模板:     base.univariate.Measures
路径:     Univariate.English.Moments   路径:     Univariate.English.BasicMeasures
Output Added:                          -------------
-------------                          Output Added:
名称:     Moments                      -------------
标签:     矩                           名称:     BasicMeasures
模板:     base.univariate.Moments      标签:     位置和可变性的基本测度
路径:     Univariate.total.Moments     模板:     base.univariate.Measures
-------------                          路径:     Univariate.total.BasicMeasures
```

```
ODS output Moments = sum;
Title1 "没有 MATCH_ALL 选项, ODS 产生单一数据集";
Proc Univariate data = score;
```

```
   Var math English total;
Run;
```

这段代码产生一个数据集 work.sum

```
ODS output Moments(Match_ALl = list) = summary;
Title1 "有 MATCH_ALL 选项, ODS 产生三个数据集";
Proc Univariate data = score;
   Var math English total;
Run;
ODS output close;
```

运行后,临时数据库 Work 的元素如图 5.8 所示,宏变量 List 的值为 Summary、Summary1、Summary2。

图 5.8 Output 目标的输出

5.3 关于输出对象模板的注释

5.3.1 自定义标题和脚注

在 ODS 输出中,输出对应由数据和模板构成,模板规定了标题和脚注的显示形式。然而在 Title 语句和 Footnote 语句中加入一些选项同样可以改变标题和脚注的显示样式。语法格式如下:

Title < n > < ods − format − options ><'text' | "text">;
Footnote < n > < ods − format − options ><'text' | "text">;

其中,ods-format-options 为输出目标 HTML、RTF 和 Printer 指定的格式,可取以下几个值。

① Bold:文本以粗体字显示;Italic:文本以斜体显示。

② Color=:指定标题文本的颜色;别名 C=。

③ BCOLOR=:指定标题文本的背景颜色。

④ Font=:指定文本的字体,别名 F=。

⑤ Height=:设定文本的高度,别名 H=;有两种表示:一种用度量单位:cm、in、pt 等,另一种用 size:1~7。

⑥ Justify=Center|Left| Right:指定文本的排列方式。

【例 5.9】 自定义标题和脚注示例。

Title C = Blue Bold '描述统计 – ' C = Blue Bold Italic '数据集 Score' C = Blue Bold '– 分析';

将产生以下的标题:

描述统计 – 数据集 Score – 分析
Title bcolor = gray C = Blue Bold h = 3 '描述性' h = 6 F = kaiti C = Blue Bold '统计分析';

将产生以下的标题:

描述性统计分析

5.3.2 "Style="选项的应用

首先声明,Style=选项对 Listing 目标不适用。

ODS语句中的选项"Style＝"是对所有输出对象规定的输出格式,是全局性的,是对显示表格中表头和单元格的背景色、字体和颜色、表格线形式等进行的设定。可使用的格式有表5.1所示的几种:

表5.1　可使用的格式

默　认　的	Beige	D3D	Printer
Brown	Minimal	StatDoc	FancyPrinter
SansPrinter	SasdocPrinter	serifPrinter	BarrettsBlue
Brick	NoFontDefault	Rtf	Theme

而Proc步中的选项"STYLE＝"只能用于过程Print、Tabulate和Report。它是在ODS语句中"STYLE＝"规定的基础上,对表格中某些行和列的**单元格**内容的**属性**进行设定。它可与ODS语句中的选项"STYLE＝"同时使用。过程选项"STYLE＝｛｝"的形式为:

STYLE ＝｛属性1＝值1　属性2＝值2 … ｝

字体属性的设置如表5.2所示。

表5.2　字体属性的设置

字 体 属 性	描　　述	值
FONT_FACE	字体	times,helvetica,courier,arial
FONT_SIZE	字体大小	1～7
FONT_STYLE	字体样式	italic,roman,slant
FONT_WEIGHT	字体粗细	bold,median,light
FONT_WIDTH	字体宽度	narrow,wide

允许更改的单元格和使用的语句如表5.3所示。

表5.3　允许更改的单元格和使用的语句

允许更改的单元格	使用的语句
分类描述的表头单元格	Class 语句
分类变量不同值的单元格	ClassLevel 语句
分析变量的表头单元格	Var 语句
统计量关键字	Keyword 语句
左上角的单元格	Table 语句中选项 BOX＝
数据单元格	Proc 语句

更多的属性可查阅帮助文件。

【例5.10】 下面是使用这些选项的一个示例,并未对字体大小的选择进行过多考虑,只为了说明STYLE＝选项的使用。

```
Proc Tabulate data = score style = {font_weight = light Font_size = 2} ;
  where class = '一(1)';
  Class gender/style = {Font_face = helvetica Font_weight = Bold Font_style = italic};
  Class class/style = {Font_face = helvetica Font_weight = Bold Font_style = roman};
  Var total/style = {Font_face = Arial Font_style = italic};
  table class,gender,total * (mean std)/style = {bordercolor = blue };
Run;
```

输出结果如图5.9所示。

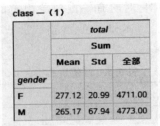

class一（1）			
	total		
	Sum		
	Mean	Std	全部
gender			
F	277.12	20.99	4711.00
M	265.17	67.94	4773.00

图 5.9　输出结果

习　题　5

5.1　什么是 ODS 系统？

5.2　如何理解目标（destination）？常见的输出目标有哪些？

5.3　输出对象由哪几部分构成？如何选择输出对象？

第6章

SAS SQL语言

SQL(Structured Query Language)是目前关系数据库中广泛使用的结构化查询语言，通常使用它对数据集和基于数据集的数据视图进行查询和加工。SAS系统通过Proc Sql过程实现对SQL的支持。

本章主要介绍如何利用Proc Sql实现对数据集的管理、检索和加工。

6.1 SQL 概述

SQL作为一种查询语言，在对一些概念的使用上和SAS有些区别，见表6.1。

表 6.1 SQL 术语和 SAS 术语的区别

SAS 的用语	SQL 的用语
SAS 数据集(Data set)	表(Table)
数据集的观测(Observation)	行(Row)
变量(Variable)	列(Column)

Proc Sql 可以实现以下动能。

① 检索和操作存储在表或视图中的数据。

② 管理表(数据集)。

③ 在表中增加、删除或修改列。

④ 插入或删除行。

⑤ 从其他数据管理系统(DBMS)中抽取数据。

6.2 检索数据

SQL 过程可以非常方便地对表(即数据集)中记录进行检索，并对符合条件的数据进行各种操作，如排序、生成新的列、进行分组统计等。检索操作不会影响原始数据集，检索或查询结果既可以在 Output 窗口以报表的形式输出，也可以将结果生成一个新的表(数据集)。

SQL 检索的基本语法如下：

```
Proc Sql;
    Select < distinct | unique > column - 1 <, column - 2, …>
        From table - 1 | view - 1 <, … table - n | view - n >
    < Where sql - expression >
```

```
< Group by group - by - item - 1 <, group - by - item - 2, …>>
< Having sql - expression >
< Order by column - 1 <,column - 2 < Asc ∣ Desc >, …>>;
Quit;
```

其中：Select 语句包括以下几个子句,这些子句要严格按照顺序排列。

(1) Select 子句指定要查询的列,column 是要选择的列,它的形式是"**表名(视图名).列名**",如果不产生歧义,"表名(视图名)"可以省略;如果选取一个表的全部列,可以用"＊"号;不同列之间用逗号隔开;column 也可以是一个表达式(如使用汇总函数),则会创建一个原表中没有的新列。distinct 或者 unique 选项可以避免输出重复的行,它对所有的列起作用,位置紧随在 select 之后。

在 SQL 中,允许使用系统提供的专门计算汇总值的函数(summary function),这些函数对 SQL 选中的列进行操作,常见的汇总函数见表 6.2。

表 6.2　常见的汇总函数及其意义

汇 总 函 数	意 　 义	汇 总 函 数	意 　 义
Max	最大值	Sum	求和
Min	最小值	Count	计数
Avg	平均值	Range	极差
Nmiss	缺失值个数	Std	标准差
var	方差	Stderr	标准误差
T	零均值检验的 T 值	CV	变异系数
CSS	修正的平方和	UCSS	未修正的平方和

(2) From：指定要查询的表或视图,可以是多个表或视图。

(3) Where：抽取满足条件的行,该子句中不能使用统计汇总函数,但可以使用 SAS 函数。

(4) Group by：用来指定如何将查询到的数据分组汇总,因此需要和汇总函数配合使用,如果 Select 子句没有使用任何汇总函数,则 Group by 语句和 Order by 语句的作用就是一样的。

(5) Having：根据指定条件抽取分组数据,它和 Where 子句的区别在于,Where 子句的执行先于 Select 子句;而 Having 子句的执行在 Select 和 Group by 子句后,因此 Having 子句一般和 Group by 子句一起使用。

(6) Order by：指按某列将查询的结果排序,默认按升序,如果用降序,须在变量后面指定关键字 Desc。

SQL 检索结果以报表形式给出,也可以将检索结果创建成一个表或视图,这需要使用 Create 语句,后面将会讲解。

Proc Sql 是一个交互式过程,Run 语句不起作用,当它遇到 Data 步、Proc 步或 Quit 语句才结束。在此之前 SAS,状态栏会一直显示"Proc Sql is Runing"。因此,如果 Proc Sql 过程没有后续操作,建议要使用 Quit 语句。

【例 6.1】　首先创建两个简单的数据集,查看检索结果。SAS 代码如下：

```
Data doctor; input id $ name $ prov $; cards;
20190101 黄文军 湖北
20190102 李文亮 湖北
```

20190103 梁武东 湖北
;
Data Year; input id $ age; cards;
20190101 42
20190102 35
20190104 40
;
Proc Sql;
    select doctor.id, name, prov,age
        from doctor, year;
Quit;

Select语句的检索结果

id	name	prov	age
20190101	黄文军	湖北	42
20190102	李文亮	湖北	42
20190103	梁武东	湖北	42
20190101	黄文军	湖北	35
20190102	李文亮	湖北	35
20190103	梁武东	湖北	35
20190101	黄文军	湖北	40
20190102	李文亮	湖北	40
20190103	梁武东	湖北	40

图 6.1 例 6.1 的执行结果

检索结果如图 6.1 所示。

从图 6.1 可以看出,仅使用 Select 和 From 子句对多个表的检索结果,本质上是来自第一个数据集的列形成一个集合与来自第二个数据集的列形成的集合的笛卡儿积集合(或叫表),即两个表的相应行的所有可能的组合。检索结果的行数等于第一个数据集的行数乘以第二个数据集的行数,这样的检索结果一般来说实际意义不大,用 Where 子句从笛卡儿积中选择满足条件的部分笛卡儿积就是所谓的内连接检索。

1. 内连接检索表——从多个表中选择匹配信息

【例 6.2】 某中学工资数据集 Salary 和人事数据集 Staff 所包含的信息如下。

工资数据集 Salary 包括的变量分别是 id(工号)、name(姓名)、dept(教研室)、sal_base(岗位工资)、sal_ext(薪级工资)、bonus(津贴)、award(提高部分)、merit(绩效工资)、应发合计(total)、social_sec(社保月缴)和 netsaalry(实发)。

人事数据集 Staff 包括的变量是 id(工号)、name(姓名)、dept(教研室)和 service(教龄)。

如果想得到工号、姓名、部门、教龄、月收入、部门工资合计等信息,SAS 代码如下:

```
Proc Sql;
  Title "工龄 7 年教工收入信息";
  Select staff.id, salary.name, salary.dept, netsalary, sum(netsalary) as 部门实发合计
    From staff, salary
    Where (staff.id = salary.id) and (staff.service = 7)
    Group by salary.dept
    order by salary.dept;
  Quit;
```

这里需要注意,如果 Select 指定的某个列出现在两个表中,需要指定查询结果来自哪个表,那么"表名. 列名"的表名就不能省略。汇总函数 sum()是和 Group by 子句匹配的。上述程序提交后,输出结果如图 6.2 所示。

Where 子句的作用就是对笛卡儿积中的每一行进行扫描,选择满足特定条件进行输出。而 Group 子句是把 Where 子句选择的观察再进行分组。如果在 Select 子句中没有汇总函数 sum(),则系统把 Group by 子句当作 Order by 处理,并给出 Log 信息。例如:

```
Proc Sql;
  Title "工龄 7 年教工收入信息";
  Select staff.id, salary.name, salary.dept,staff. service, netsalary
    From staff, salary
    Where (staff.id = salary.id) and (staff.service = 7)
```

```
        Group by salary.dept;
Quit;
```

Log 窗口会给出警告信息：

WARNING: Group by 子句已变换为 ORDER BY 子句,因为 SELECT 子句和相关表的表达式的可选 HAVING 子句都没有引用汇总函数.

检索数学教研室的教师,输出"姓名""部门"和"岗位工资"等信息,代码如下：

```
Proc Sql;
      Select name,dept,sal_base
          From salary
          Where dept ="数学";
Quit;
```

输出结果如图 6.3 所示。

工龄7年教工收入信息

工 号	姓 名	教研室	教龄	实发	部门实发合计
M0010	张国栋	数学	7	5,301.5	5301.5
M0011	陈延长	物理		5,356.6	9694.7
M0012	李迎梅	物理	7	4,338.1	9694.7
M0013	苑兰欣	行政	7	4,192.0	4192
M0016	包玉娟	英语	7	4,338.1	8676.2
M0015	陈淑丽	英语	7	4,338.1	8676.2
M0014	孟庆春	语文	7	4,146.5	4146.5
M0017	黄建波	政治	7	4,393.3	4393.3

图 6.2　跨表查询结果

提取部分信息

姓 名	教研室	岗位工资
兰印生	数学	1760
李彦军	数学	1760
刘建生	数学	1760
刘建伟	数学	1760
刘沿河	数学	1760
王绍军	数学	1760
张国栋	数学	1760
张国龙	数学	1760
郑艳春	数学	1760

图 6.3　检索结果

Select 从表 salary 中提取姓名、教研室和教龄信息,而且每条信息的教龄等于 7。查询结果的输出顺序严格按照 Select 子句中指定的变量顺序。在 Select 子句中,既可以指定已经在表中存在的列,也可以用一个"表达式"或"文本"创建一个新列,新列将出现在查询结果中。

如果需要为新创建的列指定一个名字,必须在"表达式"或"文本"后紧随关键词"As"和"新列名"；否则新列无标题名。Select 子句创建的新列只出现在查询结果中,不会影响原表（或视图）。

2. 检索并添加新列

检索数学教研室的老师,输出"姓名""部门""岗位工资"和"捐款数额"等信息,代码如下：

```
Proc Sql;
      Title "捐款信息 - 无标题";
      Select name,dept,sal_base,sal_base * 0.06
          From salary
          Where dept ="数学";
      Title "捐款信息 - 有标题";
      Select name,dept,sal_base,sal_base * 0.06 as 捐款
          From salary
          Where dept ="数学";
Quit;
```

输出结果如图 6.4 所示。

捐款信息-无标题

姓 名	教研室	岗位工资	
兰印生	数学	1760	105.6
李彦军	数学	1760	105.6
刘建生	数学	1760	105.6
刘建伟	数学	1760	105.6
刘沿河	数学	1760	105.6
王绍军	数学	1760	105.6
张国栋	数学	1760	105.6
张国龙	数学	1760	105.6
郑艳春	数学	1760	105.6

捐款信息-有标题

姓 名	教研室	岗位工资	捐款
兰印生	数学	1760	105.6
李彦军	数学	1760	105.6
刘建生	数学	1760	105.6
刘建伟	数学	1760	105.6
刘沿河	数学	1760	105.6
王绍军	数学	1760	105.6
张国栋	数学	1760	105.6
张国龙	数学	1760	105.6
郑艳春	数学	1760	105.6

图 6.4　带 Where 子句的检索结果

3. Where 子句和 Having 子句的区别

Where 子句的执行先于 Select，即先按照 Where 的条件寻找到行后，再把相关信息提取出来；而 Having 子句是对每行提取信息再按 Having 子句判断是否检索该行。

```
Proc Sql;
    Title "按部门分组信息";
    Select dept,N(name) as 人数,sum(netsalary) as 工资总计, mean(netsalary) as 人均
        From salary
        group by dept
        having dept in ("数学","物理","语文");
```

输出结果如图 6.5 所示。

说明：在这个例子中使用了 Having 子句，其作用和 Where 子句作用类似。两者的区别在于，程序执行时，Where 子句的操作先于 Select 子句；而 Having 子句对在 Select 子句和 Group by 子句执行之后的结果进行筛选。

按部门分组信息

教研室	人数	工资总计	人均
数学	9	53119.3	5902.144
物理	6	33014.4	5502.4
语文	7	31630	4518.571

图 6.5　分组汇总信息

4. 外连接检索

内连接检索得到的是两个或多个表的笛卡儿积中满足特定条件的行，如果除了希望输出特定条件的行外，还希望输出一些不符合条件的行，就需要考虑外连接，语法格式如下：

```
Proc Sql;
    Select <distinct | unique> table1.column-1 ,<…, table1.column-n >,table2.column-1,
<…, table2.column-n >
        From table-1 | view-1  Left Join|Right Join|Full Join table-2 On Join-conditions
        …;
Quit;
```

其中：On 引出连接条件、连接方式及其意义，见表 6.3。

表 6.3　外连接方式及其含义

连接条件	含　义	图　示
Left Join	输出两表中满足条件的行，及表 1 中的剩余行	表1 表2
Right Join	输出两表中满足条件的行，及表 2 中的剩余行	表1 表2

续表

连 接 条 件	含 义	图 示
Full Join	输出两表中满足条件的行,及两表中的剩余行	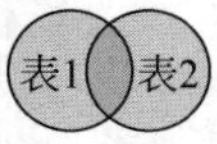 表1 表2

【例 6.3】 对于例 6.1,如果希望得到 id 号相同人员的信息,以及表 doctor 中在表 year 中无匹配信息的行,可以使用左连接,代码如下:

```
Proc Sql;
   Title "Left Join 的结果";
   Select doctor.id, name, prov,age
      from doctor left join year
      on doctor.id = year.id;
Quit;
```

输出结果如图 6.6 所示。

右连接的代码如下:

```
Proc Sql;
   Title "Right Join 的结果";
   Select doctor.id, name, prov,age
      from doctor right join year
      on doctor.id = year.id;
Quit;
```

输出结果如图 6.7 所示。

Left Join的结果

id	name	prov	age
20190101	黄文军	湖北	42
20190102	李文亮	湖北	35
20190103	梁武东	湖北	.

图 6.6 左连接输出结果

Right Join的结果

id	name	prov	age
20190101	黄文军	湖北	42
20190102	李文亮	湖北	35
			40

图 6.7 右连接输出结果

6.3 管 理 表

利用 SQL 可以以"删除存在的表、创建新表、新增或删除行、更新表中的列值"等方式对表进行管理。

SQL 在表的管理方面有非常强的能力,如表的纵向和横向合并,感兴趣的读者可以参考帮助文件。

6.3.1 删除、创建表

1. 表的属性

在管理表时,需要先了解表对象的属性。用户可以使用 SQL 过程的 Describe 语句来实现,其语法格式如下:

```
Proc Sql;
    Describe table table - name;
```

```
Quit;
```

它在 Log 窗口给出表 table-name 的 SQL 创建定义信息。

【例 6.4】 查看表 SAShelp. Air 的属性。

```
Proc Sql;
  describe table sashelp.air;
Quit;
```

结果显示如下：

```
21     Proc Sql;
22        describe table sashelp.air;
NOTE: SQL 表 SASHELP.AIR 已创建为类似:

create table SASHELP.AIR(label = 'airline data (monthly: JAN49 - DEC60)' bufsize = 65536)
  (
   DATE num format = MONYY.,
   AIR num label = 'international airline travel (thousands)'
  );


23  Quit;
NOTE: "PROCEDURE SQL"所用时间(总处理时间):
        实际时间            0.03 秒
        CPU 时间            0.00 秒
```

2. 删除表

删除一个表的语法格式如下：

```
Proc Sql;
    Drop table table - name;
Quit;
```

其中，table-name 为二级表名（即数据集名称）。

3. 创建表

将查询结果创建为一个新表，语法格式如下：

```
Proc Sql;
    Create table table - name   AS
        Select object - 1 <, … object - n>
          From table - 1 | view - 1 <, … table - n |view - n>
          < Where expression >
          < Group by column - 1 <, … ,column - n>>
          < Order by column - 1 <, ? … , column - n>>;
Quit;
```

其中，table-name 是要创建的表名，表名为二级表名。

【例 6.5】 从表 Salary 创建一个表 summary，要求包括数学、语文和物理 3 个教研室的人数、总工资和人均工资等信息。

```
Proc Sql;
  Create table summary as
      Select dept,N(name) as number,sum(netsalary) as Total, mean(netsalary) as average
        From salary
        Group by dept
```

```
            Having dept in ("数学","语文","物理");
Quit;
Proc Print data = summary label;Run;
```

运行后在临时库 work 中创建表(数据集)summary。
数据集打印结果见图 6.8。

Obs	教研室	number	Total	average
1	数学	9	53119.3	5902.14
2	物理	6	33014.4	5502.40
3	语文	7	31630.0	4518.57

图 6.8 打印表 summary 结果

4. 创建一个空表

创建一个和某个已经存在表属性完全相同的空表的
语法格式如下:

```
Proc Sql;
    Create table table - name like existed - table - name;
```

创建一个空表的语法格式如下:

```
Proc Sql;
    Create table table - name
    (column - definition - 1 <,   column - definition - - 2...>);
```

其中,column-definition-1 由三部分组成,即列名、数据类型、列属性设定(可选)。数据类型
包括:character(字符型);numeric(数字型),date(日期型);列属性设定包括:label=指定
标签;format=指定输出格式;informat=指定输入格式。这三部分所有的项均用空格隔开。

【例 6.6】 创建空表。

```
Proc Sql;
    Create table _2019_nCoV
        (Date date label = '日期' format = date7. informat = date9., prov character label = '地区',
diagnosis numeric label = '确诊',
death numeric label = '死亡');
    Quit;
```

此代码段创建了一个表(数据集)_2019-nCoV,它的字段(变量)分别是 Date、proc、
diagnosis 和 death。创建的数据集存放在 work 临时库,数据集属性见图 6.9。

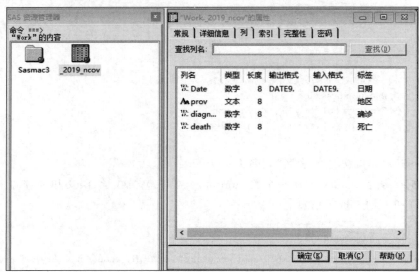

图 6.9 创建的数据集属性

6.3.2　行操作

1. 插入行

在 Proc Sql 过程中，可以使用 Insert 语句向一个表插入新行，Insert 语句插入新行的方式有以下 3 种。

① Insert Into table-name

Set column1 = expression − 1 <, column − 2 = expression − 2, …>;

或

Insert Into table − name <(column − 1 <, column − 2, …>)>
　　　< Set column1 = expression − 1 <, column − 2 = expression − 2, …>>;

② Insert Into table-name

Values (value − 1 <, value − 2, …>) ;

或

Insert Into table − name <(column − 1 <, column − 2, …>)>
　　< Values (value − 1 <, value − 2, …>)>;

③ Insert Into table-name

query − expression;

注意：这里的 expression-n 不允许是逻辑表达式。

【例 6.7】 在例 6.6 创建的表_2019_nCoV 中插入数据。

① Set 子句形式。

```
Proc Sql;
    Insert into _2019_nCoV
    Set date = '15Feb2020'd, prov = '上海',diagnosis = 326, death = 1
    Set date = '15Feb2020'd, prov = '湖北',diagnosis = 54406, death = 1457
    Set date = '15Feb2020'd, prov = '广东', death = 2;
Quit;
```

或者

```
Proc Sql;
    Insert into _2019_nCoV (date,prov,diagnosis,death)
    Set date = '15Feb2020'd, prov = '上海',diagnosis = 326, death = 1
    Set date = '15Feb2020'd, prov = '湖北',diagnosis = 54406, death = 1457
    Set date = '15Feb2020'd, prov = '广东', death = 2;
Quit;
```

以上两种用法是完全一样的，没有给出其值的字段，系统自动赋其缺失值。由于每个字段均采用赋值语句赋值，因此，字段顺序可以随意。

② Value 子句形式。

```
Proc Sql;
    Insert into _2019_nCoV
    Values('15Feb2020'd, '上海',326, 1)
    Values('15Feb2020'd, '湖北',54406, 1457)
    Values('15Feb2020'd, '广东',. ,2);
```

```
Quit;
```

或者

```
Proc Sql;
    Insert into _2019_nCoV (prov,date,diagnosis,death)
    Values('上海','15Feb2020'd, 326, 1)
    Values( '湖北','15Feb2020'd,54406, 1457)
    Values('广东','15Feb2020'd, . ,2);
Quit;
```

用 Values 子句插入行时,如果在 Insert into 子句中没有给出字段列表,那么 Values 子句就需按照表中字段的顺序依次为每个字段赋值,缺失值需要用占位符替代;如果在 Insert into 子句给出字段列表,那么 Values 子句中的字段值的顺序要严格按照 Insert into 子句给出的字段列表顺序依次给出,缺失值用占位符替代。

完成上述插入后,表中有 3 行,具体见图 6.10。

VIEWTABLE: Work._2019_ncov

	日期	地区	确诊	死亡
1	15FEB20	上海	326	1
2	15FEB20	湖北	54406	1457
3	15FEB20	广东	.	2

图 6.10　插入 3 行的表

③ query-expression 子句。

将查询结果作为新行插入表。首先创建一个新表,然后将_2019_nCoV 表中死亡超过 10 人的行插入新表。

```
Proc Sql;
    Create table New_nCoV
        (Date date label = '日期' format = date7. informat = date9., prov character label = '地区',
diagnosis numeric label = '确诊',
death numeric label = '死亡' );
Quit;

Proc Sql;
    Insert into new_nCoV
        select *
            from _2019_nCoV
            where death > 10;
Quit;
```

2. 删除行

Proc Sql 过程也可以删除部分行,语法格式如下:

```
Delete From table - name
      < Where 子句>;
```

【例 6.8】 删除表 staff 中教龄超过 7 年的行。

```
Proc Sql;
   Delete from staff
      Where service > = 7;
Quit;
```

6.3.3　列操作

1. 修改列

Proc Sql 过程可以对表的列进行删除、增加及改变属性等操作,语法格式如下:

```
Proc Sql;
   Alter Table table - name
       Add column1 - definantion,column2 - definantion, …
       Drop column1,column2, …
       Modify column1 - definantion,column2 - definantion, … ;
Quit;
```

其中,列定义与创建空表的列定义格式相同。

【例 6.9】　将表 staff 的教龄的标签改为工龄,增加"年龄"一列,删除"工号"一列。

```
Proc Sql;
   Alter table staff
       Add age num label = "年龄"
       Drop id
       Modify service label = "工龄";
```

2. 更新列值

在数据管理中,常常需要对列值进行更新,Proc Sql 提供了 Update 语句来实现对列值的更新。语法格式如下:

```
Update table - name
    Set column - 1 = expression - 1 <, column - 2 = expression - 2, …>
    < SET column - 1 = expression - 1 <, column - 2 = expression - 2, …>>
    < WHERE sql - expression >;
```

【例 6.10】　将表 salary 凡是教龄在 5~7 年的岗位工资提高 1.5 倍,工龄大于 7 年的岗位工资提高 2 倍。

```
Proc Sql;
   Update salary
       Set sal_base = sal_base * 1.5
       Where 5 < = service < = 7;
   Update salary
       Set sal_base = sal_base * 2
       Where service > 7;
Quit;
```

习　题　6

Info. xlsx 是截至 2019 年 12 月 31 日,我国 A 股上市公司的基本信息和部分财务信息。

(1) 利用 Import 过程将其导入 SAS。

(2) 按上市地点的不同将数据集拆分成沪市上市公司和深市上市公司两个数据集。

(3) 利用 Sql 过程将该数据按照上市公司所属省(直辖市)拆分成不同的数据集,并为每家上市公司增加"资产负债率"和"每股利润"两项指标。

第 7 章

SAS宏语言编程

SAS 宏语言是 SAS 编程的一个重要工具,它由宏处理器和宏语言两部分组成。使用 SAS 宏语言的优点:一是可以减少编程时不必要的重复,完成一些复杂的操作;二是可以实现代码的自动生成,提高程序的灵活性与易维护性。

7.1 SAS 宏语言概述

SAS 宏语言是一种文本语言。SAS 宏语言的变量都是字符型变量,即使看起来应该是数字型变量也被处理成字符型变量(在表达式估值期间除外)。SAS 宏语言与一般 SAS 语言显著的不同之处在于,SAS 宏语言全部以符号"%"或"&"开始。构成宏语言的基本要素是宏变量、宏语句和宏函数。

宏语句指示宏处理器执行一个操作。它是从"%"开始的,由关键字、SAS 名称、特殊字符和操作符组成,以分号结束的语句。一些宏语句可以在 SAS 程序的任何地方(Cards 语句引出的数据块除外)出现,这些统称为开放代码(open code);另一些宏语句只能在宏中使用。

后面将会逐步介绍这些宏要素及其基本用法。

7.2 SAS 宏变量

SAS 系统包含两类宏变量,即系统宏变量(变量名一般以 sys 开头)和用户定义的宏变量。

系统宏变量也称为自动宏变量,是 SAS 会话开启时系统自动创设的,直到 SAS 会话退出前一直有效,系统宏变量是全局有效的,常见的系统宏变量见表 7.1。

表 7.1 常见的系统宏变量

系统宏变量名	宏变量值
SYSDATE	系统的开启日期
SYSDATE9	以 DATE9. 格式显示系统开启日期
SYSTIME	系统的开启时间
SYSDAY	系统开启是星期几
SYSVER	系统的版本
SYSLAST	最新使用过的数据集的名字
SYSSCP	系统运行的计算机操作系统版本

　　每个宏变量都有一个作用域，或全局的或局部的。全局宏变量可以在 SAS 除 CARDS 语句及其后的数据块外的任何地方被引用，局部宏变量仅在定义它的宏内有效。

　　系统宏变量和用户自定义的全局宏变量都被存储在全局符号表里；局部宏变量被存储在局部符号表里，局部符号表在宏执行时创建。

7.2.1　宏变量的定义与引用

1. 宏变量的定义

定义宏变量是通过宏语句%Let 实现的，语法格式如下：

%Let　macro-variable=<value>;

【例 7.1】 定义宏变量示例。

```
%Let Course = SAS Program and data analysis;    /*宏变量值是文本值*/
%Let Telephone = 02138245565;                   /*宏变量值是数字*/
%Let ex1 = 1 + 3;                               /*宏变量值是表达式*/
```

说明如下。

（1）宏变量的名字遵循 SAS 变量的命名规则，宏变量名字不区分大小写。建议用户定义宏变量时不要使用 AF、DMS、SQL 和 SYS 作为宏变量名字的前置字母，以免与系统创建的自动宏变量发生冲突。

（2）宏变量的值可以是纯文本、数字文本，也可以是表达式，甚至是一段程序，总长度不能超过 65 534 个字符，系统均将其看作字符串；因此宏变量在赋值时不需要加引号，对带引号的字符串，引号也作为字符串的一部分。

（3）宏变量的名字不区分大小写，但是宏变量的值区分大小写。

（4）赋给宏变量的值，前后若有空格，系统会自动进行删除，对中间的空格，系统不删除。

（5）宏变量不管是自动宏变量还是用户自定义宏变量，系统都将其存放于符号表中，符号表有两列，一列是宏变量的名字，一列是宏变量的值。表的每一行代表一个宏变量；可以把符号表想象成表 7.2。

（6）Data 步的变量值与观测记录有关，可以有多个值；而 SAS 宏变量不同，它属于 SAS 宏语言，具有唯一确定值，可在除数据行外任何地方被定义或引用。

（7）定义宏变量语句遇到分号结束。

表 7.2　符号表

宏 变 量 名	宏 变 量 值
Sysdate	17MAY18
Systime	20:07
⋮	⋮
Course	SAS 程序和数据分析
⋮	⋮

2. 宏变量的引用

不论是自动宏变量还是用户自定义的宏变量，都要先定义后使用。宏变量被定义后，使用宏变量的值称为引用宏变量，宏变量的引用格式如下：

&macro - variable

执行宏变量的引用就是用宏变量的值来替代宏变量,这一替代过程称为宏变量的**解析**。宏变量只有在引用时才能被解析。

说明如下。

(1)宏变量的引用不能出现在单引号的文本中,因为单引号括起来的文本串中的宏变量引用不被解析,如果宏变量引用需要出现在带引号的文本串中,引号必须是双引号。

(2)宏处理器在识别宏变量名时,是从 & 符号后第一个字符开始的,直到第一个不能作为变量名的字符出现为止,因此可以使用"."把宏变量名和文本分开,编译时系统会把用于分开宏变量和文本的第一个"."自动去掉。

(3)若表示宏变量值的字符串包含有对宏变量或宏的引用,则将先对宏变量或宏解析后再将值赋给宏变量。

【例 7.2】 宏变量的引用示例。

```
% Let invar = class $ id name $ Math English Physics Chemical;
Data score;
  Input &invar;
  Cards;
—(2)135 黄志强 40 38 36 13
;
Run;
```

提交执行后,生成以下程序:

```
Data score;
    Input class $ id name $ Math English Physics Chemical;
    Cards;
    —(2)135 黄志强 40 38 36 13
;
Run;
```

即 &invar 被其值 class $ id name $ Math English Physics chemical 所替代,这一过程就称为宏变量的解析。

3. 宏变量的显示

在编程特别是调试程序的过程中,需要知道宏变量是否得到了正确的解析。有两种方式可以在 Log 日志中显示宏变量的解析结果。

(1)在宏引用语句之前使用系统选项:

```
Options Symbolgen;
```

添加该语句后,运行代码时在 Log 日志中相应的调用宏语句前一行(或后一行)出现"SYMBOLGEN:"明确告知宏变量被解析的值。

在例 7.2 的第一行前增加语句"Options Sysmbolgen;",提交运行后 Log 窗口显示以下信息:

```
1  Options Symbolgen;
2   % let invar = class $ id name $ Math English Physics Chemical;
3  Data score;
SYMBOLGEN:宏变量 INVAR 解析为 class $ id name $ Math English Physics Chemical
4     Input &invar;
```

```
5      Cards;
6      NOTE: 数据集 WORK.SCORE 有 1 个观测和 7 个变量.
7      ;
```

（2）％PUT 宏语句。

％PUT 把文本或宏变量的信息写到 Log 日志窗口。使用语法格式如下：

```
% Put text|_All_|_Automatic_|_Global_|_Local_|_User_|&macro-varible;
```

其中的文本串（text）不需要加引号，其他选项的意义分别如下。

① _All_：给出所有宏变量的值。

② _Automatic_：给出所有自动宏变量的值。

③ _Global_：给出所有全局宏变量的值。

④ _Local_：给出所有局部宏变量的值。

⑤ _User_：给出所有用户自定义的宏变量的值。

⑥ ＆macro-varible：指具体的宏变量。

【例 7.3】 宏变量的显示。

```
% Let name = China;
Options Symbolgen;
% Let nation = Shanghai_of_&name;
% put &nation;
```

提交运行后，在 Log 日志窗口显示如下：

```
1      % Let name = China;
2      Options Symbolgen;
3      % Let nation = Shanghai_of_&name;
SYMBOLGEN: 宏变量 NAME 解析为 China

4      % put &nation;
SYMBOLGEN: 宏变量 NATION 解析为 Shanghai_of_China
Shanghai_of_China
```

```
% Let name = China is Great country with 56 nations.;
% Let city = the Capital of China;
% put  Slogan = &nameBeijing is &city..;
```

提交运行后，在 Log 日志窗口显示如下，

```
5      % Let name = China is Great country with 56 nations;
6      % Let city =  the Capital of China;
7  % put  Slogan = &nameBeijing is &city..;
WARNING: 没有解析符号引用 NAMEBEIJING.
Slogan = &nameBeijing is the Capital of China.
```

原因是 ＆name 后面没有宏变量名的结束标记，系统认为 nameBeijing 是一个宏变量，但符号表里没有该宏的记录。修改第三句如下：

```
% put  Slogan = &name.. Beijing is &city..;
```

提交运行后，Log 日志显示如下：

```
8      % let name = China is Great country with 56 nations;
9      % let city =  the Capital of China;
```

```
10    % put   Slogan = &name.. Beijing is &city..;
Slogan = China is Great country with 56 nations. Beijing is the Capital of China.
```

【例 7.4】 定义一个宏变量 unit，根据 class 的值是否等于 unit 的值生成新的数据集。

```
Data score;
   Input class $  id name $  Math English Physics Chemical;
   cards;
一(2)219 莫婷娜 49 60   33 28
一(1)121   余波   6   101 714 '_'
一(3)320   王頔   79 58 35 25
   ;
Run;
 % Let unit = 一(1);
Data score_1;
     set score;
     if class = "&unit";
Run;
```

程序执行后，第 10～13 句产生以下语句：

```
Data score_1;
    Set score;
    If class = " 一(1)";
Run;
```

4. 带宏变量程序的编译与执行

当用户提交上述程序后，系统按以下步骤执行。

（1）在内存中创建一个输入栈（input stack），存储用户提交的程序。

（2）文字扫描器开始从第一行扫描提交的代码，碰到分号";"就编译已经扫描过的内容，如有语法错误就在 Log 日志中显示相关信息。

扫描时若碰到符号"&"或"%"，就触发宏处理器开始处理宏；对于"%"，宏处理器在符号表中为宏变量增加一条记录或更新宏变量值；如果碰到"&"，宏处理器就到符号表中取出宏变量的值，并用"宏变量的值"来替换"& 宏变量"，然后继续该行的编译。

（3）扫描碰到了一段程序的边界（如 Run 语句、Data 语句或 Proc 语句），则执行已编译好的内容。

（4）继续后续代码的扫描、编译与执行。

下面以例 7.4 为例，说明有宏变量的 SAS 程序是如何被执行的。例 7.4 的 SAS 代码被提交后，文字扫描器从第一行开始扫描，碰到分号后编译；然后继续扫描第二行；……；扫描到第 8 行时碰到 Data 步的边界 Run；编译完这一行后，系统暂停扫描，开始执行第 1～8 行，创建一个数据集 work. score。然后继续扫描第 9 行，碰到"%"，触发宏处理器工作，在符号表中添加一条记录：

宏 变 量 名	宏 变 量 值
...	...
unit	一(1)

然后继续扫描第 10 行、第 11 行并进行编译；当扫描第 12 行时，碰到 &unit，触发宏处理器工作，宏处理器查看符号表，从中取出宏变量 unit 的值"一(1)"，替换到第 12 行 &unit

的位置,替换后第 12 行变为:

```
if unit = "一(1)";
```

扫描碰到分号";"编译这一行;继续扫描第 13 行,这时碰到 Data 步的边界 Run 语句,转而开始执行第 10~13 行,结果创建一个数据集 Score_1。

5. 改变宏变量的值

在例 7.4 中如果想得到 unit 为一(2)的学生数据集,可以通过改变宏变量 unit 的值来实现。

```
% Let unit = 一(2);
Data score_2;                    if class = "&unit";
    set score;               Run;
```

6. 宏变量的嵌套引用

嵌套引用就是一个宏变量的值是另一个宏变量的变量名。这种情况下引用宏变量时要使用多个 &,在嵌套引用(非直接引用)时,宏处理器从左到右多次扫描宏变量,逐层解析宏变量,在第 2 次或随后的扫描时才会完成解析宏变量;每次扫描时,如果宏变量名前仅有一个 &,则解析该宏变量;否则把紧连的两个 & 替换成一个 &;然后进行下一次扫描,直到全部解析完成为止。

【例 7.5】 宏变量的嵌套引用示例。

```
% Let area = Asia;
% Let asia = China;
% Let china = Shanghai;
% Put The First Metroplis in Asia is &&&&&&&area. ;
```

例 7.5 的代码提交后,第 1 次扫描 &&&&&&&area 将其解析为 &&&Asia;第 2 次再扫描解析为 &China,最后扫描解析为 Shanghai。

Log 显示如下:

```
The First Metroplis in Asia is Shanghai
```

7. 清除宏变量

用宏语句 %Symdel 可以清除用户自定义的宏变量,语法格式如下:

```
% Symdel 宏变量名列表</Nowarn>;
```

选项/Nowarn 表示,当企图删除一个不存在的宏变量时,不给出警告信息。

【例 7.6】 清除宏变量示例。

```
% Symdel   area   asia   china;
```

运行后,符号表中这 3 个宏变量的记录就清除掉了。

7.2.2 宏变量的其他定义方式

1. CALL SYMPUT(X)子程序

在很多时候需要把数据集中某些变量的值赋给宏变量,或者需要将程序运行的结果赋给某个宏变量,这时需要使用在 Data 步有效的子程序 Call SYMPUT 或 Call SYMPUTX,调用格式:

```
            Call SYMPUT(macro - variable, value);
Call SYMPUTX(macro - variable, value <, symbol - table >);
```

symbol-table 选项可以取 G、L（G 代表将宏变量放到全局符号表，L 表示将宏变量放到最新使用的局部符号表）。宏变量名可以是下列 3 种之一。

① 由引号括起来的字符串，该字符串是宏变量名，必须符合 SAS 的变量命名规则。

② Data 字符型变量名，该变量的值是符合 SAS 变量的命名规则的，被定义为宏变量名。

③ 字符表达式（常用于创建一系列宏变量）。

指派给宏变量的值也可以是下列 3 种之一。

① 引号括起来的一个字符串。

② Data 步的数字或字符型变量的名字（本质是把该变量的当前值指派给宏变量）。

③ Data 步表达式。

【例 7.7】　3 种情况示例。

```
(1) Call SYMPUT('new', 'testing' );
(2) Data team1;
        Input position $    player $    score;
        Call SYMPUT(position, player);
Datalines;
shortstp Ann 34
pitcher Tom 36
frstbase Bill 38
;
(3)Data team2;
     Input position $    player $    score;
     Call SYMPUT('POS'||left(_n_), score);
     Datalines;
shortstp Ann 34
pitcher Tom 36
frstbase Bill 38
;
```

说明如下。

（1）使用 Call SYMPUT 子程序，如果宏变量已经存在，则宏变量值被更新；如果宏变量不存在，则被创建且被赋值。

（2）宏变量是在程序执行时被创建的，不像 %Let 定义的宏变量是在编译阶段被创建的。

（3）Data 步使用 Call SYMPUT 创建的宏变量，只有当 Data 步执行后，宏变量的创建才最后完成，因此，宏变量的引用应该在 Data 步执行之后。

【例 7.8】　Call SYMPUT 示例。

```
Data _null_;                          070497
   Input holiday mmddyy. ;            070597
   Call SYMPUT('holdate',holiday);    070697
   if _n_ < = 3 then do;              ;
    % put &holdate;                   Run;
   end;                                % put &holdate;
   datalines;
```

提交运行后，显示如下：

```
1    data c;
2        input holiday mmddyy. ;
3        call symput('holdate',holiday);
4        if _n_<=3 then do;
5        %put &holdate;
WARNING: 没有解析符号引用 HOLDATE.
&holdate
6            end;
7            datalines;

NOTE: 数值已转换为字符值,位置:(行:列).
    3:26
11        ;
12        Run;
13        %put &holdate;
13701
```

Call SYMPUT 和 Call SYMPUTX 子程序的区别如下。

① Call SYMPUTX 当第 2 个参数是数值时,不向 Log 窗口写数值转换为字符值的注释;而 Call SYMPUT 要写该注释。

② Call SYMPUTX 在需要将数值转换为字符值时,使用 32 个字符的域宽;而 Call SYMPUT 则使用 12 个字符的域宽。

③ Call SYMPUTX 采取左对齐格式,删除尾部空格(因而删除前后空格);而 Call SYMPUT 不采取左对齐参数,只删除第一个参数的尾部空格。作为宏变量名的参数的前部空格会导致错误的发生。

④ Call SYMPUTX 可以指定存储宏变量的符号表;而 Call SYMPUT 创建的宏变量只能存储在最近使用的局部符号表里。

2. SQL 的 Into 子句创建宏变量

Proc SQL 语言通过 Into 子句支持宏变量的定义,语法格式如下:

```
Proc Sql;
    Select dataset-Variable-list(s)
    Into : macro-variable-name-list(s)
    From dataset-name;
```

说明如下。

(1) 宏变量名字的前面都要加冒号":"。

(2) Select 子句中的数据集变量用逗号分隔,Into 子句中的宏变量名也要用逗号分隔。

(3) Into 子句后的宏变量名列表有以下 3 种形式。

① Into:macro-variable—1,…,:macro-variable-n

这时系统从数据集指定变量中提取第一个观测值赋给宏变量,且观测值的前后空格都一起赋给宏变量。

【例 7.9】　SQL 创建宏示例。

```
Data city;
Input city $ 10. card $ 8.;
cards;
ShangHai    Pudong
Beijing    Xuanwu
```

```
Proc Sql;
    select city,card into :city,:card
from city;
Quit;
```

```
% Put City and Sign = &city&card..;
```

运行后 Log 日志显示如下：

```
143    Data city;
144    Input city $ 10. card $ 8.;
145    Cards;
NOTE: 数据集 WORK.CITY 有 2 个观测和 2 个变量。
```

```
148    ;
149    proc sql;
150    select city,card into :city, :card
151    from city;
152    quit;
```

```
153    % Put City and its Sign = &city&card..;
City and    Sign = ShangHai Pudong.
```

② 如果想把一个变量的不同记录值指派给一些宏变量，Into 子句用以下 3 种形式之一。

Into :macro - variable - 1 - : macro - variable - m < Notrim >, …, :macro - variable - 1 - : macro - variable - n < Notrim >

Into :macro - variable - 1 Through : macro - variable - m < Notrim >, …, : macro - variable - 1 Through : macro - variable - n < Notrim >

Into :macro - variable - 1 Thru : macro - variable - m < Notrim >, …, :macro - variable - 1 Thru : macro - variable - n < Notrim >

如果没有选项 Notrim，系统在把数据集中的指定变量的前 n 个值赋给相应宏变量时会删除前后的空格。

【例 7.10】 SQL 创建宏（续）。

```
Proc Sql;
    Select city, card into :city1 - :city2 , :card1 - :card2
    From city;
Quit;
% Put City and its Sign = &city1&card1..;
% Put City and its Sign = &city2&card2..;
```

运行后 Log 日志输出结果如下：

```
164    % put CIty and its Sign = &city1&card1..;
City and its Sign = ShangHaiPudong.
165    % put CIty and its Sign = &city2&card2..;
City and its Sign = BeijingXuanwu.
```

可以看到，变量值后面的空格不见了。

③ 如果需要把数据集中某个变量的所有取值按顺序排列，不同值用指定分隔符分开（是否需要删除每个值的前后空格需要指定 Notrim，默认是删除前后空格），然后赋给指定宏变量，Into 子句用以下格式：

Into :macro - variable Separated By 'characters ' < Notrim >, …, :macro - variable Separated By 'characters ' < Notrim >,

【例 7.11】 SQL 创建宏（续）。

```
Proc Sql;
    Select city,card into :city separated by ',' notrim, :card separated by ','
    From city;
Quit;
% Put City = &city..;
% Put Its Sign = &card..;
```

运行后 Log 日志输出结果如下：

```
182    % Put CIty = &city..;
City = ShangHai ,Beijing .
183    % Put Its Sign = &card..;
Its Sign = Pudong,Xuanwu.
```

7.3　SAS 宏函数

宏变量的值不管是"文本""数字"还是"表达式"，系统一律作为文本处理。为宏变量赋值的语句也是以分号";"结尾。但有时期望把一个表达式的运算结果赋给某个宏变量，有时又期望把一段程序赋给某个宏变量，而这段程序有多条语句，因而分号";"多于一个。这时如何界定宏变量的值？有时我们赋给宏变量的字符串中需要含有 ％ 和 & 等符号，而又不希望系统把它们作为触发宏编译器的符号，如何才能不使系统引起混乱？

解决这些问题需要宏函数。宏函数功能繁多，应用广泛，宏函数往往配合宏及宏语句来使用，下面介绍一些常用的宏函数。

7.3.1　估值函数

1. %eval(arithmetic or logical expression)

该宏函数首先将参数从**字符**转换成**数值**或**逻辑表达式**，再进行估值，然后把估值结果（一个整数值）转化为字符串返回其字符值。如果有任何一个运算数不是整数，就作为逻辑表达式来估值；如果整数表达式运算结果为浮点数，则截断取整数部分。

【例 7.12】　％eval 函数示例。

```
% let num1 = % eval(9/2);  % let num2 = % eval(3 > 1);  % let num3 = 1994;
% let num4 = &num1 + &num2 + &num3;
% let num5 = % eval(&num1 + &num2 + &num3);
% put &num1   &num2   &num3   &num4   &num5;
```

运行后 Log 日志输出结果如下：

```
4   1   1994   4 + 1 + 1994   1999
```

说明：％eval()只能对整数的表达式进行运算，不能对浮点数或日期数值进行运算，数值操作数如果有浮点数将会报错，并返回缺失值。但逻辑表达式可以出现浮点数。

2. %Sysevalf(expression <,conversion-type >)

用浮点数计算表达式，conversion-type 把计算结果按照指定格式返回，包括以下几种数据类型。

① Boolean：0 或缺失值返回 0，其他返回 1。

② Ceil：返回大于或等于表达式值的最小整数字符值。

③ Floor：返回小于或等于表达式值的最大整数字符值。

④ Integer：返回计算结果的整数部分字符值；表达式为正同 Floor，为负同 Ceil。

⑤ 缺失转换格式时，按照 Best32. 格式返回值。

【例 7.13】　％sysevalf 函数示例。

```
% put % sysevalf(1/3,boolean) % sysevalf(10 + .,boolean)          /* returns 1 和 0 */
```

```
% put % sysevalf(1 + 1.1,ceil) % sysevalf( - 1 + 1.e - 11,ceil)     /* returns 3 和 0 */
% put % sysevalf(10 + .)                                            /* returns . */
% put % sysevalf( - 2.4, foor)                                      /* returns   3 */
% put % sysevalf(2.1,integer)  % sysevalf( - 2.4, integer);         /* returns 2 和  2 */
% put % sysevalf(1. - 1.e - 13, integer);                          /* returns 1 */
```

注释:表达式含有缺失值时返回缺失值,并给出 Note 信息。

3. %Sysfunc(function(argument(s))<,format>);

```
% QSysfunc(function(argument(s))<, format>);
```

功能:执行 SAS 函数或用户定义的函数,format 指 function 函数返回值的格式。

SAS 有许多函数在字符串加工中非常有用,如 scan、trim、left 等;但是这些函数都是 Data 步函数,只能在 Data 步程序使用,而宏变量赋值语句%let 是宏语句,为了在 SAS 的宏和宏语句使用 Data 步函数,需要在原 Data 步函数外套上宏函数%Sysfunc。若 Data 步函数有多个参变量,必须一一列举,并用“,”分开;不能用“of+参数列表”的方式给出;若参数为字符串常数,因为是在宏函数中,不必用引号括起来。

%Sysfunc 不屏蔽 function 返回值中的特殊字符或助记符;%QSysfunc 屏蔽 function 的返回值中的下列特殊字符或助记符。

特殊符号: + − * / < > = ∧ | ¬ ~ # blank , ; ' " ( )。

助记符:AND OR NOT EQ NE LE LT GE GT IN。

【例 7.14】 %Sysfunc 示例。

```
% let a = Novel coronavirus pneumonia threat Wuhan;
% let b = % sysfunc(substr(&a,1,17));
% put &b;
```

运行后 Log 日志输出结果如下:

```
1      % let a = Novel coronavirus pneumonia threat Wuhan;
2      % let b = % sysfunc(substr(&a,1,17));
3      % put &b;
Novel coronavirus
```

7.3.2 宏引用函数

宏语言作为基于文本的语言,也包括一些特殊符号或助记符。这些符号在程序执行时有可能会引起歧义。因此,在编程时必须告诉宏处理器这些特殊符号或助记符是作为文本还是作为宏语言符号。宏引用函数(macro quoting function)通过屏蔽符号的特殊意义把它们作为文本的一部分,以避免错误解释。

宏引用函数告诉宏处理器把特殊符号和助记符解释为文本而不是宏语言的一部分。如果不用宏引用函数来屏蔽这些特殊字符,系统可能会给出你并不想得到的这些字符的特殊含义。

例如,下面的一些情况:

① %是作为宏调用符号还是作为百分号?

② OR 是助记布尔运算符还是 Oregon 的缩写?

③ O'Malley 的单引号是引号还是名字的一部分?

④ Boys&Girls 是对宏变量 &GIRLS 的引用还是表示一群孩子？

⑤ GE 是大于或等于的助记符还是如 General Electric 的缩写？

⑥ 分号（semicolon）是语句的结束符吗？

⑦ 逗号（comma）是用来分开参数还是参数值的一部分？

宏引用函数使你能清楚地告诉宏处理器正确地解释特殊字符和助记符的含义。

例如：

```
% let print = proc print; run;
```

宏处理器将宏 print 的值理解为 proc print，而不是理解成 proc print；run；。

正确的方式为：

```
% let print = % str(proc print; run;);
```

常用的宏引用函数有％SUPERQ（）、％STR（）和％NRSTR（）、％BQUOTE（）和
％NRBQUOTE（）。

%STR（character-string）；**%NRSTR**（character-string）

功能：在宏编译期间屏蔽特殊符号（＋、－、＊、/、＜、＞、＝、¬、∧、～、；、，、♯、blank）和
助记符（AND、OR、NOT、EQ、NE、LE、LT、GE、GT、IN）；而％NRSTR 除上述符号外，还屏
蔽 & 和％。在用％STR（）和％NRSTR（）屏蔽不成对的单引号、双引号、圆括号、％时要在
这些符号前添加％。

【例 7.15】 ％STR 引用函数。

```
% let a = 100;
% let b = % str(&a % % );
% let c = % nrstr(&a);
% let d = proc print;run;
% let e = % str(proc print;run;);
% put   '&b' = &b., '&c' = &c.,  '&d ' = &d., '&e ' = &e;
% put Explanation are placed between % str(/) % str( * ) and % str( *  ) % str(/);
% put % str(What % 's your name?);
% put % str(Put special symbol of %' %" % ( % ));
```

说明：％NSTR 可以屏蔽％，但是如果％后面没有跟随可以被宏处理器认为是宏变量
的字符，这时屏蔽％也可以用％STR 来屏蔽％，但要在需要屏蔽的％前置一个％示例如
表 7.3 所示。

表 7.3 用法示例

符 号	描 述	例 子	结 果
'%'	％在一个匹配的单引号中	％let myvar＝％str('%');	'%'
％％％'	％在不匹配的单引号前	％let myvar＝％str(％％％');	％'
""％％	％在匹配的双引号后	％let myvar＝％str(""％％);	""％
％％％％	连续两个％	％let myvar＝％str(％％％％);	％％

7.4 SAS宏

SAS 的宏又称为宏程序，简称宏，是由％Macro 语句开始、以％Mend 结尾的一段文本。
SAS宏可以在 SAS 程序中调用，调用的结果和宏变量的调用一样，产生一段文本。使用宏

可以实现代码的结构化和重复调用。

7.4.1　宏的定义与编译

SAS宏从％Macro语句开始、以％Mend结尾。它的一般语法格式如下：

```
% MACRO macro_name <(parameter - list)>/options;
        < macro_text >
% MEND < macro_name >;
```

其中的宏文本（macro_text）可以是以下几种形式。

① 普通文本。

② SAS语句。

③ 宏变量、宏函数或宏语句。

④ 上述的组合。

macro_name（宏名称）的命名规则遵循SAS变量的命名规则，注意宏名称要避免和SAS的关键词发生冲突，建议宏名称要根据宏完成的功能命名，增强程序的可读性；％mend后面的宏名称可以省略，但分号不能省略。从养成良好的编程习惯考虑，建议％mend后面的宏名不要省略。

宏定义好后就可以调用了，调用宏的格式如下：

```
% macro - name <(parameter - list)>
```

宏调用本身不是SAS语句，宏名称后不需要加分号。

【例7.16】　定义宏。

```
% Macro printdata(dataset,num);
    Proc print data = &dataset(obs = &num);
        Title "打印数据集 &dataset 的前 &num 条记录";
    Run;
% Mend printdata;
```

可以多次调用该宏来打印期望的任何一个数据集的前num条记录：

```
% printdata(maps.africa,10)
% printdata(sashelp.class, 5)
```

例7.16中，printdata是定义的宏名，括号中的dataset和num是两个局部宏变量参数，这两个宏变量仅在调用宏printdata的过程中有效，它们规定要打印的数据集以及要打印的记录数。在调用宏时，通过给这两个宏参数赋予不同的值，可以重复使用同一段代码。

一个宏被提交时，系统就对其进行编译。只有编译完成之后，才能调用宏。宏编译完成以下几项任务。

① 打开SAS的一个目录册存放编辑过的宏，默认情况下系统在逻辑库work中创建一个SAS目录册WORK.SASMACR用以存放编译过的宏。

② 检查宏语句的语法，非宏语句不进行检查；如有语法错误则在LOG窗口显示。

③ 将编译好的宏语句和固定文本存放在目录册中名为"*macro-name.macro*"的条目（Entry）中。

④ ％Mend语句关闭条目和目录册。

固定文本(constant text)指：对宏变量的引用；调用宏；宏函数；算术和逻辑宏表达式。

例 7.16 编译后，会在 work 库中的 Sasmacr 目录册中增加一个条目 Printdata，如图 7.1 所示。

图 7.1　宏 Printdata

7.4.2　带参数的宏

用户在定义宏时可根据需要使用参数，即定义带参数的宏。宏的参数分为以下 3 类。

① 固定位置参数。

② 关键词参数。

③ 混合参数(即以上两种类型的混合)。

1. 带固定位置参数的宏

带固定位置参数宏的一般形式如下：

```
% MACRO macro_name(parameter_1, … parameter_n);
         < macro_text >
% MEND < macro_name >;
```

其中不同参数之间用逗号分开；参数可以在宏定义的宏文本中作为局部宏变量来引用。

调用带固定位置参数的宏的一般形式如下：

```
% macro_name(parameter_value1, … parameter_valuen);
```

其中参数值是用逗号分开的参数值，每个参数值将代入宏定义中相应位置的参数，这些参数值可以是**字符串**、**空变量**、**引用宏变量**和**调用宏**。

【例 7.17】　带固定位置参数的宏。

```
% macro import_score(setname, infile);
    Data &setname;
        Infile &infile dsd firstobs = 2;
        Input class $  id name $  math English physics chemical;
    Run;
% mend import_score;
```

调用宏 import_score：

```
% let setname = class_1;
% let in_class1 = "C:\score - calss1.csv";
% import_score (&setname, &in_class1)
```

或

```
% import_score (class_1, "C:\score - calss1.csv")
```

这两种调用方式是完全一样的。

2. 带关键词参数的宏

带关键词参数的宏一般形式如下：

```
% Macro macro_name (参数名 1 = < value_1 >, 参数名 2 = < value_2 >, … );
         < macro_text >
% MEND < macro_name >;
```

其中，不同参数之间用逗号分开；每个参数名后跟等号给出参数的默认值，允许使用空值。

参数列中提到的参数名可以作为宏文本中的宏变量引用。

调用带关键词参数的宏的一般形式如下：

```
% macro_name(参数名 1 = 参数值_1, 参数名 2 = 参数值_2, …);
```

其中,参数的次序可以任意,宏定义中规定的参数在调用时也可以不用(即使用默认值)。

【例 7.18】 带固定位置的宏(续一)。

将例 7.19 定义的宏改为带关键词参数的宏：

```
% macro import_score (setname = , infile = );
    Data  &setname;
        Infile "&infile" dsd firstobs = 2;
        Input class $  id name $  math English physics chemical;
    Run;
% mend import_score;
```

调用宏 score_2：

```
% let bj = class_1;
% let score = "C:\ score - calss1.csv";
% import_score (setname = &bj, infile = &score)
```

3. 带混合型参数的宏

所谓带混合型参数的宏是指宏参数中既含有固定位置参数,又含有关键词参数。带混合型参数的宏在使用时必须注意的是——"固定位置参数必须放在关键词参数之前"。在调用时,固定位置参数必须按顺序依次排列,且位于关键词参数之前,关键词参数可以按任意次序填写。

【例 7.19】 带固定位置参数和关键词参数(续二)。

例 7.17 改为带固定位置参数和关键词参数的宏：

```
% macro import_score (setname, infile = , bj = );
    Data  &setname;
        Infile &infile dsd firstobs = 2;
        Input class $  id name $  math English physics chemical;
        if class ne &bj then delete;
    Run;
% mend import_score;
```

调用宏 import_score：

```
% let unit = "一(2)";
% let setname = class_2;
% let in_class1 = "C:\score.csv";
% import_score (&setname, bj = &unit, infile = &in_class1)
```

7.4.3 全局宏变量和局部宏变量

一般来说,在宏之外定义的宏变量是全局宏变量,在宏内部定义的宏变量是局部宏变量(除非用%global 语句声明为全局变量)。

1. 全局符号表和局部符号表

全局宏变量和局部宏变量分别存储在全局宏变量表和局部宏变量表中。SAS 启动时创建全局宏变量表;一个宏被执行时,创建与该宏相联系的局部宏变量表,宏执行结束后,该局部宏变量表消失;系统可以同时创建多个临时宏变量表。

2. 宏变量的更新与解析

局部宏变量表和全局宏变量表可能含有相同名称的宏变量,因此使用%Let 语句对变量赋值时,需要知道 SAS 对宏变量的处理规则。

规则一：当宏处理器在宏外部遇到宏变量创建与调用语句时,宏变量处理器仅检查全局宏变量表,以决定是创建、更新还是解析。

规则二：当宏处理器在宏定义内部遇到创建与调用语句时,宏变量处理器按以下顺序处理。

① 检查局部宏变量表,如果存在,决定更新还是解析。

② 如果局部宏变量表中不存在该宏变量,则检查全局宏变量表,如果存在,决定更新还是解析。

③ 如果全局宏变量表中也不存在该宏变量,如果是定义宏变量,则在局部宏变量表中创建宏变量并赋值。如果是调用宏变量,则报错。

7.4.4　SAS 宏中常见的宏语句

1. 条件语句

%If…%Then 语句用来实现对宏语言的条件控制,语法格式如下：

%If　expression　%Then action; < %Else action;>

其中,action 是指：宏语句；文本表达式；固定文本。

因为分号是%Then 语句和%Else 语句的结束标志,如果 action 中多于一个分号,可用宏水平下的%Do-%End 来封装,或使用宏引用函数%str()。

注意以下几点。

(1) 宏语言中的%If 必须和%Then 配对使用,不能单独使用%If 子句。

(2) %If-%Then 语句和 If-Then 语句形式类似,但属于不同的语言,%If-%Then 属于 SAS 宏语言,有条件产生一段文本；而 If-Then 属于 SAS 语言,在 Data 步执行期间,有条件执行 SAS 语句,它们的差别见表 7.4。

表 7.4　两种选择语句的区别

%If-%Then 语句	If-Then 语句
只能在宏定义中使用	只能在 Data 步使用
在宏执行过程中执行	在 Data 步执行过程执行
表达式不能使用 Data 步变量	表达式可以使用 Data 步变量和全局宏变量

【例 7.20】　%If-%Then 语句示例。

```
% Let place = US;
% macro empty;
    % If &place = US % then % put Not case sensitive;
        % else % put macro comparison is case sensitive;
% mend empty;
```

调用宏%empty 可在 Log 窗口输出 Not case sensitive。

2. 循环语句

类似于 Data 步的循环语句,宏语言也有 3 种循环语句,分别如下：

① % DO macro - variable = start 　 % TO 　 stop 　 < % BY increment >;
　　　　宏文本和宏语句
% END;
② % DO 　　　% Until(expression);
　　　　宏文本和宏语句
% END;

先执行,后判断,至少执行一次。

③ % DO 　　　% while(expression);
　　　　宏文本和宏语句
% END;

先判断,后执行。

【例 7.21】 循环语句示例一。

```
Data _null_;
  set   sashelp. class end = nomore;
  call symput('name'||left(_n_), (trim(name)));
  if nomore then call symput('count', _n_);
Run;
% macro putloop;
    % local i;
  % do i = 1 % to &count;
    % put name&i is &&name&i;
    % end;
% mend;
% putloop;
```

【例 7.22】 循环语句示例二。

```
% macro print_multi(dsns);
  % let i = 1;
  % let current_data = % scan(&dsns,&i, ' ');
  % do % while (&current_data ne );
    proc print data = &current_data;
  Run;
    % let i = % eval(&i + 1);
    % let current_data = % scan(&dsns, &i, ' ');
  % end;
% mend print_multi;
```

调用宏:

```
% print_multi(sashelp. class sashelp. classfit);
```

7.4.5　SAS 宏的编译与存储

1. 编译宏

一个宏程序编译后才会被存储和调用,如果希望了解宏在编译时的信息,可以通过设置系统选项实现,语法格式如下:

```
Options Mcompilenote = ALL | None;
```

系统默认为 None。

【例7.23】　显示宏的编译信息。

```
Options Mcompilenote = ALL;
% macro importdata(bj, in, set, var);
    data &set;
    infile &in dsd;
    input &var;
    % if &bj = 一(1) % then output;
    Run;
% mend;
```

执行编译后，在日志中显示如下：

```
NOTE: 宏 INDATA 完成编译，没有错误，
    21 条指令，504 个字节.
```

2. 存储宏

经编译后，默认情况下，会在 work 临时库里看到一个 Sasmacr 的文件夹，在该文件夹中会看到成功编译的宏。但是一旦退出 SAS 会话，work 临时库中的所有文件都会被删除，如果用户想永久保留自己编写的宏程序，就需要将宏存储在用户指定的数据库中。可以通过两个步骤来实现：

（1）首先设置系统选项指定存放宏的数据库，即执行语句：

```
Options Mstored Sasmstore = libref;
```

（2）然后在定义宏的％Macro 语句使用存储宏的选项，语法格式如下：

```
% Macro macro – name/Store source;
```

这样就可以把用户定义的宏存储到指定的位置。

【例7.24】　显示宏的编译信息(续)

```
libname Freshman "C:\score";
options Mstored SASmstore = Freshman;
% macro importdata(bj, in, set, var)/store source;
    data &set;
    infile &in dsd;
    input &var;
    % if &bj = 一(1) % then output;
    Run;
% mend;
```

提交编译后，该宏就被存储到 Freshman 数据库中，如图 7.2 所示。

图 7.2　用户指定存储的宏

3. 调用宏

当用户调用一个宏时，系统默认在 work 库中的 Sasmacr 文件夹中搜索。如果想调用存储在特定数据库里的宏，正如存储宏一样，需要先设置系统选项，然后指定宏的存放位置。

调用上述宏：

```
libname Freshman "C:\score";
options Mstored SASmstore = Freshman;
% importdata(bj, in, set, var);
```

习 题 7

7.1 score-class1.csv、score-class2.csv、score-clas3.csv 和 score-class4.csv 分别存放某高中一年级 4 个班的期末考试成绩；这些文件的第一行都是字段名，分别为班级、学号、姓名、语文、数学、物理、化学、英语和考试日期，第二行开始为学生成绩（注意 4 个文件的细微差别）。

设计一个带参数的宏，通过 4 次调用该宏，导入 4 个班的成绩，生成 4 个数据集，数据集的名字分别为 class1、class2、class3 和 class4；要求在生成数据集的同时给出每个学生的总成绩和平均成绩。

7.2 class1-m.csv、class1-p.csv、class1-chem.csv 和 class1-E.csv 分别存放某高中一年级一班期末数学、物理、化学和英语 4 科考试成绩；文件的第一行是字段名，分别为班级、学号、姓名、性别、成绩，从第二行开始为学生的成绩。

设计一个带参数的宏，通过 4 次调用该宏，导入 4 科的成绩，生成 4 个数据集，数据集的名字分别为 math、physics、chemical 和 English；同时对每个数据集按照学号排序。在第 4 次调用宏时，实现将 4 个数据集并接为班级期末考试成绩的数据集（score）。

第8章

多元统计分析

8.1 方差分析

在实际数据分析中,经常会碰到多个总体均值的比较问题,这类问题就不能够简单使用 T 检验方法,这时可以采用方差分析来处理多个总体均值比较的问题。

Anova 过程和 Glm 过程是 SAS 处理方差分析的主要过程。Anova 过程一般用于平衡数据的方差分析;而 Glm 过程可用于平衡和非平衡数据的各种方差分析。平衡数据指的是所有效应因子的交叉水平上的样本数相同;否则称为非平衡数据。

8.1.1 Anova 过程

Anova 过程的语法格式如下:

```
Proc Anova  Data = data - set;
    Class variables;
    Model dependents = effects </options >;
    Means effects </options >;
    Manova h = effects;
Run;
```

说明如下。

① Class 语句指定分组变量,即模型中的效应因子变量。

② Model 语句指定模型中的因变量和自变量的模型结构,其中自变量必须是 Class 语句中的分组变量,因变量必须是数值型变量。

③ Means 语句进行多重比较,输出语句中给出的每一个效应变量各个水平对应的因变量的均值,或几个效应变量交叉水平对应的因变量的均值,并且可以比较各个水平对应的均值之间的差。其中,options 指定多重比较的方法,包含 turkey 方法和 snk 方法等。

④ Manova 语句计算 Model 语句中 dependents 为多元分布时的多元方差分析结果。

【例 8.1】 用 4 种安眠药在兔子身上进行试验,特选 24 只健康的兔子,随机把它们分为 4 组,每组各服一种安眠药,安眠时间如表 8.1 所示。

表 8.1　安眠药试验数据

安眠药	安眠时间/h					
A_1	6.2	6.1	6.0	6.3	6.1	5.9
A_2	6.3	6.5	6.7	6.6	7.1	6.4
A_3	6.8	7.1	6.6	6.8	6.9	6.6
A_4	5.4	6.4	6.2	6.3	6.0	5.9

试比较 4 种安眠药的药效。

（1）首先创建数据集：

```
Data a(drop = j);
    Do group = 'A1','A2','A3','A4';
        Do j = 1 to 6;
         Input x@@;
         Output;
        End;
    End;
Cards;
6.2 6.1 6.0 6.3 6.1 5.9
6.3 6.5 6.7 6.6 7.1 6.4
6.8 7.1 6.6 6.8 6.9 6.6
5.4 6.4 6.2 6.3 6.0 5.9
    ;
```

（2）利用 Proc Anova 过程进行方差分析：

```
Proc Anova Data = a;
    Class group;
    Model x = group;
    Means group/snk;
Run;
```

在该例中，分组变量是 group，即效应因子是 group。Model 语句中，安眠时间是数值型变量，为因变量，而分组变量 group 为因子（自变量），这里只有一个因子，所以称为单因子方差分析。因子 group 对应的 4 个值称为水平。Means 语句采用 snk 方法比较任意两个水平的平均安眠时间有无显著性差异。输出结果如图 8.1(a)～(c)所示。

图 8.1(a)给出了分组信息，共有 24 个观测值，平均分到了 4 组 A_1、A_2、A_3 和 A_4，每组有 6 个观测数。

图 8.1(b)中的第一个表格给出了整个模型的分析。模型表示自变量及其所有交互作用之和，误差表示移除模型变异后的残差变异。在这个模型里，考虑变量 group，它的自由度为 3，平方和为 2.54，均方为 0.847，检验统计量 F 的观察值为 12.7，P 值小于 0.0001，拒绝原假设 H_0：$\mu_1 = \mu_2 = \mu_3 = \mu_4$，即认为 4 种安眠药的药效是有显著性差异的。方差分析的第二行是误差项的信息。第三行是校正后总的平方和。第二个表格给出了模型的 R 方、变异系数（CV）、因变量的平均数和标准差。第三个表格给出了自变量的分析结果。这里只有一个自变量，所以第一个表格和第三个表格的内容相同。

图 8.1(c)给出了组间的差异值。最左边是标记为"snk 分组"的列。在该列中，平均数之间没有显著性差异的组将会分配到同一字母。次序由各组的平均数决定，从高到低排列，右边是组名。可以看出，A_3 组和 A_2 组前面的字母都是 A，表示这两组之间无显著性差异。A_1 组和 A_4 组前面的字母都是 B，表示这两组之间无显著性差异。A_3 组和 A_2 组的安眠

药效果要优于 A_1 组和 A_4 组的安眠药效果。

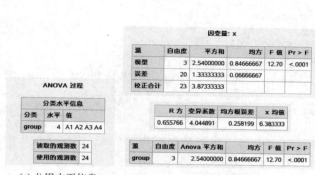

| (a) 分组水平信息 | (b) 方差分析表 | (c) snk检验的分组结果 |

图 8.1　例 8.1 的输出结果

有些试验因子的个数有多个,这时不仅各个因子对试验结果有影响,而且因子之间还会联合起来对试验结果产生影响。这种影响称为各因子间的交互作用。接下来考虑试验中因子个数为 2 的情形,即双因子试验。

【例 8.2】　比较研究某种农作物的 3 个不同品种及施用的 4 种不同肥料对作物产量的影响,现对品种和肥料的不同组合各重复进行两次试验,测得产量结果如表 8.2 所示。

表 8.2　农作物试验数据

品　　　种	肥　　　料			
	B_1	B_2	B_3	B_4
A_1	195 204	224 217	238 251	265 256
A_2	254 241	258 272	294 276	267 278
A_3	279 292	302 289	325 308	297 283

由上述试验数据推断品种、肥料及其交互作用对产量的影响是否显著。

(1)建立数据集。

```
Data b;
    Do brand = 'A1','A2','A3';
        Do fertilize = 'B1','B2','B3','B4';
            Input x@@;
            Output;
        End;
    End;
Cards;
195 224 238 265
254 258 294 267
279 302 325 297
204 217 251 256
241 272 276 278
292 289 308 283
;
```

(2)利用 Proc Anova 过程进行双因素方差分析。

在本例中,影响农作物产量的有两个因子,分别为农作物的品种和肥料的品种,所以是一个双因子方差分析。又因为所有效应因子的交叉水平上的样本数相同,故这是一个平衡数据的双因素方差分析试验。接下来,利用 Proc Anova 过程进行双因素方差分析。

```
Proc anova data = b;
    Class brand fertilize;
    Model x = brand fertilize brand * fertilize;
    Means brand fertilize brand * fertilize/snk;
    Lsmeans brand fertilize brand * fertilize/pdiff;
Run;
```

在该程序中,Lsmeans 语句指定利用最小二乘法校正主效应的平均数,选项 pdiff 用来计算所有交叉水平两两比较的概率。

输出结果如图 8.2 所示。

图 8.2(a)给出了双因素方差分析的结果。第一个表格里给出了模型、误差和校正误差的信息,右边的 P 值小于给定的显著性水平 0.05,故拒绝原假设 H_0:$\mu_{11} = \mu_{12} = \mu_{13} = \mu_{14} = \cdots = \mu_{31} = \mu_{32} = \mu_{33} = \mu_{34}$,即认为品种、肥料及其交互作用中至少有一个对作物的产量的影响有显著作用。第二个表格给出了 R 方、变异系数、因变量的均值和标准差。第三个表格的第一行给出了品种对产量的影响,由于 P 值小于给定的显著性水平 0.05,故品种对产量有显著性影响。第二行和第三行的 P 值都小于显著性水平 0.05,故认为肥料对产量有显著性影响,并且品种和肥料的交互对产量也有显著性影响。

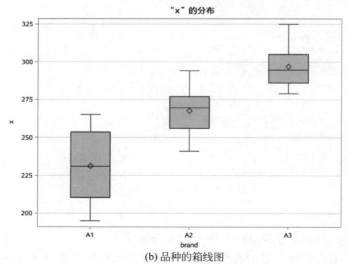

ANOVA 过程
因变量: x

源	自由度	平方和	均方	F 值	Pr > F
模型	11	24201.45833	2200.13258	26.23	<.0001
误差	12	1006.50000	83.87500		
校正合计	23	25207.95833			

R 方	变异系数	均方根误差	x 均值
0.960072	3.453259	9.158330	265.2083

源	自由度	Anova 平方和	均方	F 值	Pr > F
brand	2	17289.58333	8644.79167	103.07	<.0001
fertilize	3	4990.45833	1663.48611	19.83	<.0001
brand*fertilize	6	1921.41667	320.23611	3.82	0.0231

(a) 双因素方差分析表

(b) 品种的箱线图

图 8.2 例 8.2 输出结果

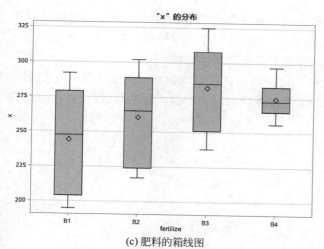

(c) 肥料的箱线图

Brand	Fertilize	x Lsmean	x Lsmean号
A_1	B_1	199.500000	1
A_1	B_2	220.500000	2
A_1	B_3	244.500000	3
A_1	B_4	260.500000	4
A_2	B_1	247.500000	5
A_2	B_2	265.000000	6
A_2	B_3	285.000000	7
A_2	B_4	272.500000	8
A_3	B_1	285.500000	9
A_3	B_2	295.500000	10
A_3	B_3	316.500000	11
A_3	B_4	290.000000	12

(d) 单元格的均值

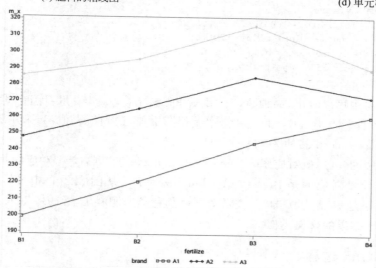

(e) 交互的线条图

效应 "brand*fertilize" 的最小二乘均值
Pr > |t| （针对 H0）：LSMean(i)=LSMean(j)
因变量: x

i/j	1	2	3	4	5	6	7	8	9	10	11	12
1		0.0407	0.0004	<.0001	0.0002	<.0001	<.0001	<.0001	<.0001	<.0001	<.0001	<.0001
2	0.0407		0.0224	0.0009	0.0122	0.0004	<.0001	0.0001	<.0001	<.0001	<.0001	<.0001
3	0.0004	0.0224		0.1061	0.7489	0.0449	0.0008	0.0099	0.0008	0.0001	<.0001	0.0003
4	<.0001	0.0009	0.1061		0.1812	0.6320	0.0202	0.2146	0.0183	0.0024	<.0001	0.0073
5	0.0002	0.0122	0.7489	0.1812		0.0802	0.0015	0.0183	0.0013	0.0002	<.0001	0.0006
6	<.0001	0.0004	0.0449	0.6320	0.0802		0.0496	0.4288	0.0449	0.0060	0.0001	0.0183
7	<.0001	<.0001	0.0008	0.0202	0.0015	0.0496		0.1973	0.9574	0.2739	0.0049	0.5951
8	<.0001	0.0001	0.0099	0.2146	0.0183	0.4288	0.1973		0.1812	0.0273	0.0004	0.0802
9	<.0001	<.0001	0.0008	0.0183	0.0013	0.0449	0.9574	0.1812		0.2963	0.0054	0.6320
10	<.0001	<.0001	0.0001	0.0024	0.0002	0.0060	0.2739	0.0273	0.2963		0.0407	0.5593
11	<.0001	<.0001	<.0001	<.0001	<.0001	0.0001	0.0049	0.0004	0.0054	0.0407		0.0135
12	<.0001	<.0001	0.0003	0.0073	0.0006	0.0183	0.5951	0.0802	0.6320	0.5593	0.0135	

(f) 两两配对差的概率

图 8.2 （续）

图 8.2(b)和图 8.2(c)分别是品种和肥料的箱线图。箱线图由一个矩形箱和两条线组成,矩形箱的上、下边界分别是 1/4 分位数和 3/4 分位数,中间水平线是中位数,菱形点是均值。根据箱线图可以判断品种、肥料对农作物产量有显著性影响。

图 8.2(d)给出了 12 个单元格的均值。可以利用这些平均数画一个交互图。选择肥料作为横轴,然后在另一个变量品种的每个水平上画出表示因变量产量平均数的线条。首先,采用 Means 过程保存单元格的平均数。

```
Proc means data = b nway noprint;
    Class brand fertilize;
    Var x;
    Output out = means mean = m_x;
Run;
```

然后采用 Gplot 过程画出线条:

```
Proc gplot data = means;
    Plot m_x * fertilize = brand;
    Symbol1 v = square color = red i = join;
    Symbol2 v = circle color = blue i = join;
    Symbol3 v = dot color = yellow i = join;
Run;
```

从图 8.2(e)中可以看出,品种 A_1 采用 4 种肥料 B_1、B_2、B_3 和 B_4 时,产量逐渐增加。品种 A_2 采用 4 种肥料 B_1、B_2 和 B_3 时,产量逐渐增加,达到最大值,当采用肥料 B_4 时,产量开始下降。品种 A_3 和品种 A_2 情形类似。

图 8.2(f)中的 (i,j) 值对应图 8.2(d)中的"Lsmean 号"列,$i=1$ 对应的是 Brand=A_1,Fertilize=B_1,$i=2$ 对应的是 Brand=A_1,Fertilize=B_2,从图 8.2(f)中可以看出,$i=1$ 和 $j=2$ 的比较结果是 P 值为 0.0407,表示对同一品种 A_1,肥料 B_1 和 B_2 对农作物产量有显著性影响。其他结果的含义类似。

8.1.2　Glm 过程

Glm 过程与 Anova 过程类似,其语法格式如下:

```
Proc Glm Data = data - set;
    Class variables;
    Model dependents = effects </options >;
    Means effects </options >;
    Manova h = effects;
    Lsmeans effects </options >;
Run;
```

感兴趣的用户可以参考帮助文件。

8.2　判　别　分　析

判别分析是人们日常生活实践中常常遇到的问题。判别分析的基本思想是根据已掌握的一批分类明确的样品建立判别函数,使产生错判的样本最少,利用判别函数对新的样品进行判别,判断它来自哪个总体。判别分析方法中常用的有距离判别法、贝叶斯判别法和费希尔判别法。

Discrim 过程和 Candisc 过程可以实现上述功能。

8.2.1　Discrim 过程

Proc Discrim 过程是 SAS 处理判别分析的主要过程,该过程主要用于基于后验概率的贝叶斯判别,不涉及误判代价。各组协方差矩阵相同情形下的距离判别等价于一定条件下的贝叶斯判别,故可利用此过程得到其线性判别函数。但该过程不能用于各组协方差矩阵不等时的距离判别,SAS 中没有专门用于距离判别的 Proc 步。该过程的语法格式如下:

```
Proc Discrim < options >;
        Class variable;
        By variable;
        Id variable;
        Priors;
        Testclass variable;
        Testfreq variable;
         Var variables;
Run;
```

说明如下。

(1) Discrim 语句的选项很多,主要有以下几个。

① Data=:指定分析数据集。

② TestData=:指定测试数据集(待分组数据集)。

③ Out=:指定输出数据集,包括后验概率和判定的类型。

④ Outstat=:指定数据集,存放相关的统计量。

⑤ Method=Normal|Npar:选 Normal 时,参数方法是基于多元正态分布假设,计算判别函数;选 Npar 时,基于非参数方法。

⑥ Pool=Yes|No|test:指定是否使用合并后的协方差矩阵。这 3 个选项分别对应使用合并后的协方差矩阵、使用每个类各自的协方差矩阵、通过假设检验决定是否使用合并的协方差矩阵进行计算。

当 Method=normal 时,Pool=test 要求对组内协方差矩阵的齐性似然比检验进行 Bartlett 修正,当不加可选项 short 时,线性判别函数会直接给出,而二次型判别函数需通过建立输出数据集方式获得。

⑦ List:输出原始数据集每条观测的初始类型、判定类型及概率。

⑧ Listerr:输出 List 中误判的观测。

⑨ Crosslist:输出交叉验证信息。

⑩ Crosslister:输出交叉验证归类错误的信息。

⑪ Crossvalida:指定 Proc 步使用交叉验证。

(2) Class 语句:指定分类变量。该语句是必需的。

(3) By 语句:指定分组变量;对每一组观测逐一进行判别分析。

(4) Var 语句:指定用于分析的数值变量,如缺失,那么过程对其他语句未指定的数值型变量进行分析。

(5) Id 语句:指定输出数据集中用来作 ID 的变量。该语句只有在 Discrim 语句中指定选项 List 或 listerr 才有效。

（6）Priors 语句：指定由 Class 定义的不同类别的先验概率，有以下 3 种形式。

① 等概率（默认情况），语法形式：Priors equal。

② 各组样本在数据中的比例，语法形式：Priors proportional。

③ 用户指定概率：假设分类变量为 Grade＝A、B、C、D；用户指定先验概率的语法：Priors A＝0.1 B＝0.3 C＝0.4 D＝0.5。如果 Grade 的取值为小写字母，定义先验概率时，水平值要用引号引起来，如 Priors 'a'＝0.1 'b'＝0.3 'c'＝0.4 'd'＝0.5。

【例 8.3】 阿拉斯加产鲑鱼和加拿大产鲑鱼的分类。

鲑鱼对美国和加拿大两国来说都是一种有价值的资源。由于这种资源有限，因此必须有效地管理。此外，由于这个问题与两个国家有关，因此必须公平解决。也就是说，阿拉斯加的商业捕鱼者不能捕捞过多的加拿大产鲑鱼；反之亦然。

这种鱼有一个奇怪的生命周期，它们出生于淡水激流，经过 1～2 年后游入大洋。在海水中生活两年后，它们又回到出生地，产卵后死去。在它们即将成熟，在由大洋回游到淡水之前，人们捕捞它们。为了帮助规范捕捞，在捕鱼季节，管理人员从捕获的鱼中进行抽样检查，以识别鱼是来自阿拉斯加还是来自加拿大。鱼鳞上的年轮可揭示产地。典型的情况是：阿拉斯加产鲑鱼的淡水生长年轮比加拿大产鲑鱼的要小。表 8.3 给出了年轮的直径数据，其中 x_1＝第一年淡水生长的年轮直径（0.01 英寸），x_2＝第一年海洋生长的年轮直径（0.01 英寸），存放鲑鱼数据的数据集为 exam8_2_1.sas7bdat。

表 8.3　鲑鱼数据（年轮直径）

阿 拉 斯 加		加 拿 大	
淡水 x_1	海洋 x_2	淡水 x_1	海洋 x_2
108	368	129	420
131	355	148	371
105	469	179	407
86	506	152	381
99	402	166	377
87	423	124	389
94	440	156	419
117	489	131	345
79	432	140	362
99	403	144	345
⋮	⋮	⋮	⋮

使用距离判别规则进行判别。

距离判别法就是计算样品到各组的距离，然后将样品判给离它距离最近的一组，这里使用的距离为马氏距离。距离判别法使用的判别函数为二次判别函数，当每个类的协方差矩阵相等时，二次判别函数就退化为线性判别函数。

（1）使用 Proc Discrim 过程进行线性判别函数的分析。

```
Proc discrim data = exam8_2_1 listerr crosslisterr;
    Class g;
    Var x1 – x2;
Run;
```

输出结果如图 8.3 所示。

DISCRIM 过程

总样本大小	100	总自由度	99
变量	2	分类内自由度	98
分类	2	分类间自由度	1

读取的观测数	100
使用的观测数	100

分类水平信息

g	变量名称	频数	权重	比例	先验概率
阿拉斯加	___	50	50.0000	0.500000	0.500000
加拿大	___	50	50.0000	0.500000	0.500000

合并协方差矩阵信息

协方差矩阵秩	协方差矩阵的行列式的自然对数
2	12.72333

以下对象的线性判别函数: g

变量	阿拉斯加	加拿大
常数	-100.68337	-95.14216
x_1	0.37107	0.49946
x_2	0.38370	0.33176

(a) 汇总信息

(b) 线性判别函数

成员的后验概率g

观测	从 g	分为g		阿拉斯加	加拿大
1	阿拉斯加	加拿大	*	0.4275	0.5725
2	阿拉斯加	加拿大	*	0.0195	0.9805
12	阿拉斯加	加拿大	*	0.1182	0.8818
13	阿拉斯加	加拿大	*	0.1182	0.8818
30	阿拉斯加	加拿大	*	0.2889	0.7111
32	阿拉斯加	加拿大	*	0.4643	0.5357
71	加拿大	阿拉斯加	*	0.9479	0.0521

* 误分类的观测

(c) 误判的观测结果

DISCRIM 过程
以下校准数据的分类汇总: WORK.EXAMP
使用以下项的重新替换汇总: 线性判别函数

分入 "g" 的观测数和百分比

从 g	阿拉斯加	加拿大	合计
阿拉斯加	44	6	50
	88.00	12.00	100.00
加拿大	1	49	50
	2.00	98.00	100.00
合计	45	55	100
	45.00	55.00	100.00
先验	0.5	0.5	

"g" 的出错数估计

	阿拉斯加	加拿大	合计
比率	0.1200	0.0200	0.0700
先验	0.5000	0.5000	

(d) 线性判别函数回代法的判别情况

使用以下项的交叉验证结果: 线性判别函数

成员的后验概率g

观测	从 g	分为g		阿拉斯加	加拿大
1	阿拉斯加	加拿大	*	0.3948	0.6052
2	阿拉斯加	加拿大	*	0.0118	0.9882
12	阿拉斯加	加拿大	*	0.0995	0.9005
13	阿拉斯加	加拿大	*	0.0995	0.9005
30	阿拉斯加	加拿大	*	0.2694	0.7306
32	阿拉斯加	加拿大	*	0.4515	0.5485
71	加拿大	阿拉斯加	*	0.9674	0.0326

使用以下项的交叉验证汇总: 线性判别函数

分入 "g" 的观测数和百分比

从 g	阿拉斯加	加拿大	合计
阿拉斯加	44	6	50
	88.00	12.00	100.00
加拿大	1	49	50
	2.00	98.00	100.00
合计	45	55	100
	45.00	55.00	100.00
先验	0.5	0.5	

"g" 的出错数估计

	阿拉斯加	加拿大	合计
比率	0.1200	0.0200	0.0700
先验	0.5000	0.5000	

(e) 线性判别函数交叉验证法的判别情况

图 8.3 例 8.3 输出结果

图 8.3(a) 所示为协方差的秩以及行列式的自然对数,行列式的自然对数用于判别函数的构造。

图 8.3(b) 给出了线性判别函数的表达式。根据图 8.3(b),可知线性判别函数表达式为

$$\begin{cases} \hat{I}'_1 x + \hat{c}_1 = -100.68337 + 0.37107 x_1 + 0.38370 x_2 \\ \hat{I}'_2 x + \hat{c}_2 = -95.14216 + 0.49946 x_1 + 0.33176 x_2 \end{cases}$$

判别规则为

$$\begin{cases} x \in 阿拉斯加, \quad \hat{I}'_1 x + \hat{c}_1 \geqslant \hat{I}'_2 x + \hat{c}_2 \\ x \in 加拿大, \quad \hat{I}'_1 x + \hat{c}_1 < \hat{I}'_2 x + \hat{c}_2 \end{cases}$$

图 8.3(c)和图 8.3(d)是 listerr 选项的相应输出。给出了根据线性判别函数进行判别的结果。

从图 8.3(c)可以看出,"观测"序号为 1、2、12、13、30、32、71 的 7 个样本被误判。观测号为 1 的样本,根据判别函数,判给阿拉斯加的后验概率为 0.4275,判给加拿大的后验概率为 0.5725,根据最大后验概率判别准则,来自阿拉斯加的"观测"号为 1 的样本被误判给了来自加拿大。从图 8.3(c)可以看出,前 6 个样本是把产自阿拉斯加的鲑鱼误判给为产自加拿大的鲑鱼,第 7 个样本是把产自加拿大的鲑鱼误判为产自阿拉斯加的鲑鱼。

从图 8.3(d)可以看出,第一个表的每一个单元有两个数值,第一个是观测数,第二个是百分比。从第一个表中可看出,原始观测有 50 条 g 值为"阿拉斯加",根据过程生成的判别函数,有 44 条被正确归入"阿拉斯加",有 6 条被误判为"加拿大"。第二个表统计了每一类以及整体出错的概率,从表中可看出,把产自阿拉斯加的鲑鱼误判为产自加拿大鲑鱼的概率为 0.12,把产自加拿大的鲑鱼误判为产自阿拉斯加鲑鱼的概率为 0.02。总的误判概率为 0.07。

图 8.3(e)是 crosslisterr 选项的输出,给出采用交叉验证法的判别情况。从图 8.3(e)中可以看出,交叉验证法的误判情况和回代法的误判情况相同。一般来说,回代法的误判率较低。出现这种情况的主要原因是被用来构造判别函数的样本数据又被用于对这个函数进行评估,该判别函数对构造它的样本数据有更好的适用性,以至出现偏低的误判率。

(2) 使用 Proc Discrim 过程进行二次判别函数的分析。

```
Proc discrim data = examp listerr pool = no;
    Class g;
    Var x1 - x2;
Run;
```

输出结果如图 8.4 所示。

DISCRIM 过程
以下校准数据的分类汇总: WORK.EXAMP
使用以下项的重新替换汇总: 二次判别函数

分入 "g" 的观测数和百分比			
从 g	阿拉斯加	加拿大	合计
阿拉斯加	45 90.00	5 10.00	50 100.00
加拿大	2 4.00	48 96.00	50 100.00
合计	47 47.00	53 53.00	100 100.00
先验	0.5	0.5	

"g" 的出错数估计			
	阿拉斯加	加拿大	合计
比率	0.1000	0.0400	0.0700
先验	0.5000	0.5000	

图 8.4 二次判别函数的判别情况

从图 8.4 可以看出,二次判别函数总的误判概率为 0.7,这与线性判别函数误判概率相同,故可以认为两个总体的协方差矩阵相等,这里采用线性判别函数进行判别。

在两组的判别中,如果在判别之前已有了"先验"认识,即组 1 比组 2 大得多,那么只是根据样品距离这两个组的远近来判别就不妥了。利用先验信息进行判别是贝叶斯判别的一大特点。

【例 8.4】　在例 8.3 中,已知阿拉斯加鲑鱼所占的比例为 40%,假定两组都服从正态分布,且 $\Sigma_1 = \Sigma_2$,采用后验概率对鲑鱼 $x = (120, 423)$ 进行判别。

(1) 建立未判鲑鱼的数据集。

```
Data test;
    Input x1 x2;
    Cards;
120 423
;
```

(2) 使用 Proc Discrim 过程进行判别。

```
Proc Discrim data = examp testdata = test testlist;
    Class g;
    Var x1 - x2;
    Priors '阿拉斯加' = 0.4 '加拿大' = 0.6;
Run;
```

输出结果如图 8.5 所示。

从图 8.5 可以看出,鲑鱼判给阿拉斯加的后验概率为 0.6499,鲑鱼判给加拿大的后验概率为 0.3501,由于判给阿拉斯加的后验概率大于判给加拿大的后验概率,故可认为该鲑鱼来自阿拉斯加。

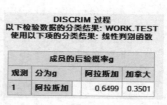

图 8.5　未判鲑鱼的后验概率

8.2.2　Candisc 过程

费希尔判别法的基本思想是降维,即用少数 r 个函数(原始变量的线性组合)代替原始的 p 个变量,根据 r 个判别函数对样品的归属做出判别或将各组分离。可以对前两个或前 3 个判别函数作图,根据几何图形来对各组进行初步的分组。

Candisc 过程是一个典型判别过程,使用 Candisc 过程可以进行费希尔判别,其语法格式如下:

```
Proc Candisc < options >;
    Class variables;
    Var variables;
Run;
```

说明如下。

① Class 语句:指定分类变量,用于建立判别公式。

② Var 语句:指定构造判别函数的指标变量。

【例 8.5】　表 8.4 列出由 3 个美国制造商所生产的早餐方便粥的数据。这 3 家厂商是通用牛奶(1)、克罗格(2)和夸克(3)。将早餐方便粥的品牌按厂商分组,每个品牌测量的指标有卡路里(x_1)、蛋白质(x_2)、脂肪(x_3)、钠(x_4)、纤维(x_5)、碳水化合物(x_6)、糖(x_7)和钾(x_8)。试给出费希尔判别函数,将所有品牌的两个判别函数得分画出散点图,用不同的符号表示不同的厂商,数据结构见表 8.4,数据表存在 SAS 数据集 exec58.sas7bdat 中,数据源自《应用多元统计分析》(第 5 版,王学民编著)。

表 8.4　方便粥数据

编号	组别	x_1	x_2	x_3	x_4	x_5	x_6	x_7	x_8
1	1	110	2	2	180	1.5	10.5	10	70
2	1	110	6	2	290	2.0	17.0	1	105
⋮	⋮	⋮	⋮	⋮	⋮	⋮	⋮	⋮	⋮
17	1	110	2	1	200	1.0	16.0	8	60
18	2	70	4	1	260	9.0	7.0	5	320
⋮	⋮	⋮	⋮	⋮	⋮	⋮	⋮	⋮	⋮
37	2	110	6	0	230	1.0	16.0	3	55
38	3	120	1	2	220	0.0	12.0	12	35
⋮	⋮	⋮	⋮	⋮	⋮	⋮	⋮	⋮	⋮
42	3	50	2	0	0	1.0	10.0	0	50
43	3	100	5	2	0	2.7	1.0	1	110

（1）采用 Candisc 过程构造费希尔判别函数，采用 Plot 过程构造判别函数得分散点图。

```
Proc Candisc data = exec58 Pcoo out = outcan;
    Class g;
Proc Plot data = outcan;
    Plot can2 * can1 = g;
Run;
```

图 8.6 是从原始变量出发进行的判别分析，判别系数向量满足 $\mathrm{var}(t_i' x) = 1$，即 $t_i' \mathrm{var}(x) t_i = 1$，用 S_p 估计 $\mathrm{var}(x)$，故 $t_i' S_p t_i = 1$。

图 8.6　原始判别系数

根据表 8.4 和图 8.6，中心化的费希尔判别函数为

$$
\begin{cases}
F_1 = 0.0223(x_1 - 107.9070) + 0.3691(x_2 - 2.4651) - 0.8377(x - 0.9767) \\
\quad - 0.0008(x_4 - 180.4651) + 1.4203(x_5 - 1.7140) + 0.2022(x_6 - 14.2558) \\
\quad + 0.1952(x_7 - 7.6047) - 0.0307(x_8 - 84.4186) \\
F_2 = -0.0454(x_1 - 107.9070) + 0.3324(x_2 - 2.4651) + 0.3865(x_3 - 0.9767) \\
\quad + 0.0060(x_4 - 180.4651) - 1.0400(x_5 - 1.7140) + 0.2039(x_6 - 14.2558) \\
\quad + 0.2353(x_7 - 7.6047) + 0.0270(x_8 - 84.4186)
\end{cases}
$$

图 8.7 所示为两个费希尔判别函数的组均值。从图 8.7 可以看出，第 1 组的费希尔判别函数的均值为 $(-0.6624,$ $0.7204)'$，第 2 组的费希尔判别函数的均值为 $(1.1936,$ $-0.2675)'$，第 3 组的费希尔判别函数的均值为 $(-2.1017,$ $-1.1497)'$。对于一个新样品，可以根据费希尔判别函数计算出样品的两个费希尔判别函数值，然后计算该样品的费希

典型变量上的类均值		
g	Can1	Can2
1	-0.662435763	0.720420411
2	1.193566966	-0.267452865
3	-2.101655225	-1.149681616

图 8.7　费希尔判别函数的组均值

尔判别函数值到 3 组的费希尔判别函数均值的距离,最后把新样品判给距离最近的组。

在图 8.8 中,Can1 和 Can2 分别指费希尔判别函数 F_1 和 F_2。"1"表示通用牛奶,"2"表示克罗格,"3"表示夸克。从图中可见,3 组分离开来,"1"和"2"分离效果较好,"3"和"2"分离效果也较好,但是"3"和"1"分离效果较差。

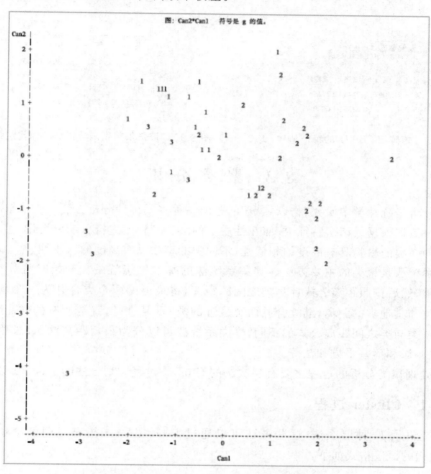

图 8.8 两个判别函数得分

(2) 从图 8.9 可以看出,矩阵 $\boldsymbol{E}^{-1} * \boldsymbol{H}$ 大于 0 的特征值有 2 个,从而费希尔判别函数 F_1、F_2 提取了原始变量的 100% 信息,故费希尔判别准则等价于距离判别准则。故使用 Discrim 过程对样本点进行判别分类。

```
Proc discrim data = outcan listerr crosslisterr;
    Class g;
    Var can1 can2;
Run;
```

图 8.10 是费希尔判别函数得分的回代结果。"1"有 3 个样品错判给了"2";"2"有 4 个样品错判给了"1",1 个样品错判给了"3";而"3"的错判率最高,其中有 3 个样品错判给了"1"。

特征值: Inv(E)*H = CanRsq/(1-CanRsq)			
特征值	差分	比例	累积
1.5613	1.1067	0.7745	0.7745
0.4546		0.2255	1.0000

图 8.9　矩阵 $E^{-1} * H$ 的特征值

DISCRIM 过程
以下校准数据的分类汇总: WORK.OUTCAN
使用以下项的交叉验证汇总: 线性判别函数

分入 "g" 的观测数和百分比				
从 g	1	2	3	合计
1	14 82.35	3 17.65	0 0.00	17 100.00
2	4 20.00	15 75.00	1 5.00	20 100.00
3	3 50.00	0 0.00	3 50.00	6 100.00
合计	21 48.84	18 41.86	4 9.30	43 100.00
先验	0.33333	0.33333	0.33333	

图 8.10　费希尔判别函数得分的回代结果

8.3　聚类分析

聚类分析是统计学中研究"物以类聚"问题的一种多元统计分析方法。它能够将一批观测(或变量)数据根据其诸多特征,按照在性质上的"亲疏"程度进行自动分类,产生多个分类结果。在同一类的事物具有高度的相似性,不同类的事物具有高度的异质性。

聚集系统法是聚类的主要方法。聚集系统法的基本思想就是在开始时将 n 个样品各自作为一类,然后按照距离公式计算类之间的距离,将最近的两个类合并为一个新类,然后再计算新类和其他类的距离,继续合并两个最近的类,重复进行,直至所有的样品合并为一个类。根据类与类之间距离公式的不同,聚类系统法可以分为最短距离法、最长距离法、类平均法、重心法和离差平方和法等。

SAS 处理聚类分析的过程主要有层次法的 Cluster 过程和划分法的 Fastclus 过程。

8.3.1　Cluster 过程

SAS 提供了 11 种层次法,这些方法可以通过 Proc Cluster 指定不同的选项来实现,Cluster 过程的语法格式如下:

```
Proc Cluster < options >;
    By variable;
    Id variable;
    Var variables;
Run;
```

说明如下。

(1) Cluster 语句的主要选项有以下几个。

① Data＝：指定输入数据集。

② Method＝：指定层次分析的具体方法,见表 8.5。

表 8.5　Cluster 语句 Method＝的取值及对应方法

关　键　字	聚类方法	关　键　字	聚类方法
AVERAGE(AVE)	类平均法	MCQUITY(MCQ)	McQuitty 法
CENTROID(CEN)	重心法	MEDIAN(MED)	中间距离法

续表

关 键 字	聚 类 方 法	关 键 字	聚 类 方 法
COMPLETE(COM)	最长距离法	SINGLE(SIN)	最短距离法
DENSITY(DEN)	密度法	TWOSTAGE(TWO)	二级密度法
EML	最大似然法	WARD(WAR)	离差平方和法
FLEXIBLE(FLE)	可变法		

关键字后面括号中是关键字的缩写,即 Method＝可以取关键字的完整值或缩写。

③ Outtree＝:指定数据集,用来保存输出的结果,如聚类的过程、聚类过程中的统计量等。

④ Outstat＝:指定输出结果的 SAS 数据集名,用来保存每个指标的统计量结果。

(2) Var 指定做聚类分析的变量名。

(3) By 语句指定分组变量,以获得由 By 变量定义的组别中变量的独立分析结果。

(4) Id 语句中变量的值识别聚类过程中和 Outtree＝数据集中的观测值。

【例 8.6】 利用 2001 年全国 31 个省市自治区各类小康和现代化指数的数据(数据文件 xiaok.csv)对地区进行聚类分析。该数据包含六类指数,分别是综合指数、社会结构指数、经济与技术发展指数、人口素质指数、生活质量指数、法制与治安指数。

使用 Cluster 过程做聚类分析。

```
Data xiaok;
    infile  "C:\xiaok.csv" dsd firstobs = 2;
    input region $ x1 - x6;
Run;
Proc cluster data = xiaok method = ave Nosquare;
  Id region;
  Var x1 - x6;
Run;
Proc cluster data = xiaok method = sin;
    Id region;
    Var x1 - x6;
Run;
Proc cluster data = xiaok method = cen;
    Id region;
    Var x1 - x6;
Run;
Proc cluster data = xiaok method = ward outtree = xiaokout;
    Id region;
    Var x1 - x6;
Run;
Proc tree data = xiaokout n = 3 out = outxi Noprint;
Run;
Proc print data = outxi;Run;
```

上述程序中分别采用类平均法(选项 Nosquare 表示类与类之间的距离为所有样品间的距离的平均值)、最短距离法、重心法和离差平方和法进行聚类分析。Id 语句识别打印输出中的观测,以变量 Region 取值显示。Tree 过程中的 $n=3$ 指定聚类的个数为 3,数据集 Outxi 保存 3 个类里各自的样品。由于从 SAS 9.3 开始,Cluster 过程已自带树状图,故在 Tree 过程使用选项 Noprint 不重复输出树状图。

　　图 8.11(a)是类平均法的聚类过程。图 8.11(a)中的聚类数表示形成新类之后的类的个数。例如,聚类数 30 表示的是:首先甘肃和江西聚为一类,这时由原来的 31 个类缩小为 30 个类。接下来的聚类数 29 表示北京和上海聚为一类,这时上一行的 30 个类缩小为 29 个类,重复下去,最后聚为一个最大的类。图 8.11(a)中的频数表示的含义是聚成的新类样品个数。图 8.11(a)中的 Norm Average Distance 表示合并的两个类之间的距离除以样品之间的平均距离。CLn 是类的标识,n 是该类形成之后的类个数,如 CL28 表示的是由湖北和陕西聚成的类。

聚类历史				
聚类数	连接聚类		频数	Norm Average Distance	结值
30	甘肃	江西	2	0.1491	
29	北京	上海	2	0.1674	
28	湖北	陕西	2	0.2027	
27	安徽	广西	2	0.203	
26	湖南	四川	2	0.2191	
25	CL28	内蒙古	3	0.2215	
24	CL30	贵州	3	0.2879	
23	山西	重庆	3	0.2965	
22	CL27	河南	3	0.2983	
21	黑龙江	吉林	2	0.3073	
20	浙江	广东	2	0.3074	
19	CL25	CL23	5	0.3165	
18	CL22	云南	4	0.3356	
17	青海	CL24	4	0.3773	
16	CL21	新疆	3	0.3896	
15	CL19	CL26	7	0.3907	
14	江苏	山东	2	0.4077	
13	CL29	天津	3	0.4152	
12	CL17	CL18	8	0.4526	
11	CL15	河北	8	0.4719	
10	CL12	宁夏	9	0.5056	
9	CL14	辽宁	3	0.5079	
8	CL20	福建	3	0.5202	
7	CL16	CL11	11	0.5756	
6	CL7	CL10	20	0.6561	
5	CL8	CL9	6	0.7269	
4	CL6	海南	21	0.7375	
3	CL4	西藏	22	0.8806	
2	CL13	CL5	9	1.0927	
1	CL2	CL3	31	1.4985	

(a) 类平均法的聚类过程

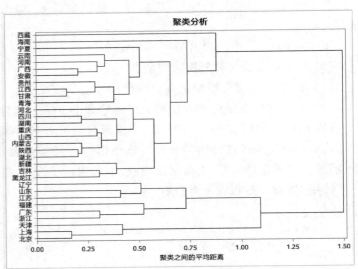

(b) 类平均法的树状图

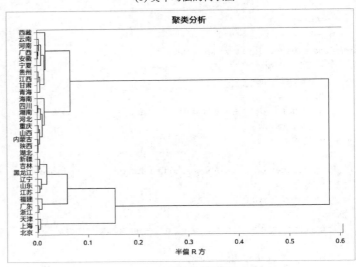

(c) ward法的树状图

图 8.11　例 8.6 用图

　　根据图 8.11(b)所示的类平均法的树状图可知,甘肃、江西、贵州和青海的相似性较高,较早地聚成了一类;接下来,安徽、广西、河南、云南由于较高的相似性聚成了一类;然后,湖南、四川聚成了一类;湖北、陕西、内蒙古、山西、重庆聚成了一类;黑龙江、吉林聚成了一类；浙江、广东、福建聚成了一类；北京和上海、天津聚成一类。如果聚成 3 类，西藏单独为一类；北京、上海、天津、浙江、广东、福建、江苏、山东、辽宁为一类；剩下的省市自治区聚为一类。很显然，第一个类是由西藏单独形成的，剩下的省市自治区聚成的类是一个庞大的类，这样的聚类结果不是想要的。希望的分类结果是每个类里的样品个数不应过多，类与类之间的重心间距较大。采用最短距离法和重心法的聚类效果与类平均法的聚类效果相似。而 Ward 法的聚类效果较合适。

确定聚类数目是聚类分析的关键，而对于确定分类个数没有统一的标准。从图 8.11(c) 所示的 Ward 法的树状图可以看出，可以聚成 3 类。第一类为西藏、云南、河南、广西、安徽、宁夏、贵州、江西、甘肃、青海、海南、四川、湖南、河北、重庆、山西、内蒙古、陕西、湖北；第一类有 19 个省市自治区，法制和治安指数最高，其余各项指数均较低，各项指数处于下游。第二类为新疆、吉林、黑龙江、辽宁、山东、江苏、福建、广东、浙江；第二类有 9 个省市自治区，各项指数处于中游水平。第三类为天津、上海和北京；第三类有 3 个市，其综合指数、社会结构指数、经济与技术发展指数、生活质量均列五类之首，法制与治安指数最低，各项指数都是最上游的。其中第一类的样品数量最多，可以通过增加类的个数进一步区分该类内省市自治区间的差异。

8.3.2　Fastclus 过程

在系统聚类法中能够得到多个分类解。系统聚类法每一步都要重新计算各类之间的距离。如果样本量很大，对计算机的性能要求较高，需要占用较多的 CPU 时间和内存，可能会出现等待时间过长的问题。而且在系统聚类法中，对于那些先前已被错误分类的样品不再提供重新分类的机会。为了解决上述问题，需要采用动态聚类法，而 K 均值法是比较流行的动态聚类法。K 均值法允许样品从一个类转移到另一个类，而且计算量比系统聚类法小很多。

在 K 均值法中，方差较大的变量对分析结果影响也较大，而 K 均值法不能将原始数据标准化，需要事先确定类的个数，需要确定初始凝聚点，不能输出树状图的聚类信息。

Standard 过程可以实现数据的标准化，其语法格式如下：

```
Proc Standard < option(s)>;
    By variables;
    Freq variable;
    Var variables;
    Weight variable;
Run;
```

该过程的 By 语句、Freq 语句、Var 语句及 Weight 语句语法和其他过程基本相同，不再详述。Standard 语句的主要选项包括以下几个。

① Data＝：指定要处理的数据集。

② Out＝：指定存储标准化后的数据。

③ Mean＝：指定变化后的均值；Std＝：指定变化后的方差；如分别取 0 和 1，就是经常用到的变量的标准化。

④ Var 语句表示需要标准化的变量。

Fastclus 是 K 均值聚类法的过程,其语法格式如下:

```
PROC Fastclus < MAXCLUSTERS = n > < RADIUS = t > < options >;
    Var variables;
    Id variables;
    Freq variable;
    Weight variable;
    By variables;
Run;
```

该过程的 By 语句、Freq 语句、Var 语句及 Weight 语句语法和其他过程基本相同,不再详述。Fastclus 语句的常用选项包括以下几个。

① Data=:指定标准化后的数据。

② Maxclusters=n:指定聚类分类的最大数目;Radius=:指定更新聚类种子的阈值,该阈值默认为0,若种子与前一种子的距离大于该阈值,则替换种子;这两个选项必选其一。

③ Seed=:指定作为种子的数据集,该数据集的变量必须和原始输入数据集的变量相同。

④ Out=:指定输出数据集。

⑤ Maxiter=:指定最大迭代数。

⑥ Drift:指定使用 K 均值法。

⑦ List:列出每一个样品的归类结果。

⑧ Distance:输出类内样品均值间的距离。

【例 8.7】 用 K 均值聚类法分析例 8.6 的数据。

```
Proc standard data = xiaok out = xiaoks mean = 0 std = 1;
Pun;
Proc fastclus data = xiaoks drift maxc = 3 list;
    Var x1 - x6;
    Id dq;
Run;
```

首先对数据进行标准化处理,然后用 K 均值法对全国 31 个省市自治区各类小康和现代化指数的数据进行聚类分析。

图 8.12(a)展示了 3 个初始聚类中心的情况。3 个初始类中心点的数据分别是$(2.34, 2.20, 2.13, 2.43, 2.16, -1.64)^T$、$(-1.37, -1.12, -0.27, -1.31, -1.89, -0.97)^T$ 和 $(-0.21, -0.14, -0.48, -0.94, -0.41, 2.67)^T$。

图 8.12(b)显示了聚类分析结果。第一类有 8 个省市,第二类有 9 个省市,第三类有 14 个省市。

图 8.12(c)显示了 3 个类的最终聚类中心。3 个最终聚类中心点分别为$(1.40, 1.37, 1.48, 0.96, 1.39, -0.99)^T$、$(-1.01, -0.88, -0.77, -0.92, -0.88, -0.18)^T$ 和 $(-0.15, -0.22, -0.35, 0.04, -0.23, 0.68)^T$。

图 8.12(d)显示了 3 个类具体的成员。第一类有北京、上海、天津、浙江、广东、江苏、辽宁、福建 8 个省市。第二类有安徽、云南、甘肃、广西、江西、河南、贵州、西藏 8 个省市自治区。其余的省市自治区全部为第三类。

聚类列表

观测	dq	聚类	与种子的距离
1	北京	1	2.2773
2	上海	1	2.2035
3	天津	1	1.0208
4	浙江	1	0.8409
5	广东	1	1.6778
6	江苏	1	1.6493
7	辽宁	1	1.6882
8	福建	1	1.9730
9	山东	3	1.4096
10	黑龙江	3	1.4218
11	吉林	3	1.6225
12	湖北	3	0.4281
13	陕西	3	0.8600
14	河北	3	1.0798
15	山西	3	0.9462
16	海南	3	2.2324
17	重庆	3	0.5317
18	内蒙古	3	0.6798
19	湖南	3	1.1230
20	青海	3	1.1875
21	四川	3	1.1066
22	宁夏	2	1.3564
23	新疆	3	1.5135
24	安徽	2	0.4510
25	云南	2	0.6217
26	甘肃	2	0.9885
27	广西	2	0.7415
28	江西	2	0.8504
29	河南	2	1.1017
30	贵州	2	0.9641
31	西藏	2	1.4966

初始种子

聚类	x1	x2	x3	x4	x5	x6
1	2.340318341	2.203026283	2.132493883	2.434721720	2.168732728	-1.639150121
2	-1.370515323	-1.122944394	-0.268471950	-1.310123290	-1.891819557	-0.970676888
3	-0.212524676	-0.140833946	-0.478421877	-0.940709179	-0.411973835	2.672017833

(a) 初始聚类中心

聚类汇总

聚类	频数	均方根标准差	从种子到观测的最大距离	半径超出	最近的聚类	聚类质心间的距离
1	8	0.7570	2.2773		3	3.8179
2	9	0.4345	1.4966		3	1.8521
3	14	0.5255	2.2324		2	1.8521

(b) 聚类分析结果

聚类均值

聚类	x1	x2	x3	x4	x5	x6
1	1.401644104	1.373596871	1.477746194	0.964308689	1.391964115	-0.988841921
2	-1.005962712	-0.881772547	-0.766729184	-0.921393409	-0.878519596	-0.181641654
3	-0.154249173	-0.218058717	-0.351529064	0.041290797	-0.230645469	0.681822161

(c) 最终聚类中心

(d) 聚类结果

图 8.12　例 8.7 用图

8.4　主成分分析

主成分分析是用一组变量的几个线性组合来解释这组变量的方差-协方差结构的降维方法。主成分分析的一般目的是数据的压缩和数据的解释。

Princomp 过程是 SAS 处理主成分分析的主要过程,其语法格式如下:

```
Proc princomp < options >;
    By variables;
    Id variables;
    Partial variables;
    Var variables;
    Freq variable;
    Weight variable;
Run;
```

说明如下。

(1) Princomp 语句的常见选项包括以下几个。

① Data=SAS-data-set：指定输入数据集，该数据集可以是 SAS 数据集，也可以是相关阵或协方差矩阵。

② Out=：指定输出数据集，用来保存原始数据和因子得分。

③ Outstat=：指定输出数据集，用来保存统计量。

④ N=：指定保留的主成分个数。

⑤ Plots=：指定控制绘图细节的选项。

⑥ COV 从协方差矩阵计算主成分；默认从相关矩阵出发计算主成分。

⑦ Std 标准化主成分得分，是默认选项，方程为对应的特征值。

（2）Id 语句通过使用主成分得分图中第一个 ID 变量的值来标记观察值。如果指定了一个或多个 ID 变量，它们的值将显示在主成分得分图和主成分得分矩阵图中。

（3）Partial 语句指定分析中所使用偏协方差矩阵或偏相关矩阵。

（4）Var 语句指定因子分析的数值型变量。

【例 8.8】 现有 2010 年我国部分省会城市和计划单列市的一些主要经济指标，包括人均地区生产总值 x_1（元）、客运量 x_2（万人）、货运量 x_3（万吨）、地方财政预算内收入 x_4（亿元）、固定资产投资总额 x_5（亿元）、城乡居民储蓄年末余额 x_6（亿元）、在岗职工平均工资 x_7（元）、社会商品零售总额 x_8（亿元）、货物进出口总额 x_9（亿美元），数据存放在数据集 Econ_index.sas7bdat。利用主成分分析进行排序和综合评价。

（1）使用 Corr 过程进行相关性分析。

```
Proc Corr data = Econ_index;
    Var x1 - x9;
Run;
```

（2）使用 Princomp 过程进行主成分分析。

```
Proc Princomp data = Econ_index out = b;
    Var x1 - x9;
Data c(keep = reigon x1 - x9 y);
    Set b;
    y = 6.162/(6.162 + 1.290) * prin1 + 1.290/(6.162 + 1.290) * prin2;
Proc sort data = c;
    By descending y;
Proc print data = c;Run;
```

在该例程序中，Princomp 语句的选项 data=Econ_index，这是用来进行主成分分析的数据；out=b 指定将原变量和 9 个主成分得分保留到数据集 Work.b 中。在 Data 语句中，y 为综合评价函数，它为第一主成分 Prin1 和第二主成分 Prin2 的加权和。在 Sort 语句中，对全国各个城市按综合评价函数进行排序，其中语句 By descending y 是对变量 y 进行降序排列。

从图 8.13(a)知，变量 x_1 与 x_9 的样本相关系数为 0.7681，x_3 和 x_5 之间的样本相关系数为 0.7536，x_3 和 x_8 之间的样本相关系数为 0.7052，x_4 和 x_6 之间的样本相关系数为 0.9646，x_4 和 x_8 之间的样本相关系数为 0.9254，x_4 和 x_9 之间的样本相关系数为 0.8799，x_6 和 x_8 之间的样本相关系数为 0.9653，变量之间的相关程度较高，即变量之间信息重叠的程度较高，故可以做主成分分析。

做主成分分析一般从相关矩阵出发，因为各变量的单位不全相同时，从协方差矩阵做出的

相关矩阵

	x1	x2	x3	x4	x5	x6	x7	x8	x9
x1	1.0000	0.5753	0.2074	0.4588	0.1099	0.4316	0.5562	0.4485	0.7681
x2	0.5753	1.0000	0.4331	0.5255	0.4772	0.5691	0.3905	0.5859	0.5647
x3	0.2074	0.4331	1.0000	0.6619	0.7536	0.6396	0.5467	0.7052	0.4324
x4	0.4588	0.5255	0.6619	1.0000	0.6611	0.9646	0.8912	0.9254	0.8799
x5	0.1099	0.4772	0.7536	0.6611	1.0000	0.6445	0.5083	0.7351	0.3614
x6	0.4316	0.5691	0.6396	0.9646	0.6445	1.0000	0.8759	0.9653	0.8454
x7	0.5562	0.3905	0.5467	0.8912	0.5083	0.8759	1.0000	0.8469	0.8405
x8	0.4485	0.5859	0.7052	0.9254	0.7351	0.9653	0.8469	1.0000	0.7868
x9	0.7681	0.5647	0.4324	0.8799	0.3614	0.8454	0.8405	0.7868	1.0000

(a) 样本相关系数矩阵

相关矩阵的特征值

	特征值	差分	比例	累积
1	6.16150003	4.87114892	0.6846	0.6846
2	1.29035111	0.52330666	0.1434	0.8280
3	0.76704445	0.40781926	0.0852	0.9132
4	0.35922519	0.14596684	0.0399	0.9531
5	0.21325835	0.10195977	0.0237	0.9768
6	0.11129857	0.03115582	0.0124	0.9892
7	0.08014276	0.06970065	0.0089	0.9981
8	0.01044210	0.00370466	0.0012	0.9993
9	0.00673744		0.0007	1.0000

(b) 相关矩阵的特征值

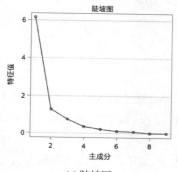

(c) 陡坡图

特征向量

	Prin1	Prin2	Prin3	Prin4	Prin5	Prin6	Prin7	Prin8	Prin9
x1	0.239700	0.615968	0.244654	0.483362	0.317544	-.024118	-.229172	0.034011	0.338437
x2	0.269475	0.156257	0.759598	-.399993	-.222063	0.237944	0.226905	-.063036	-.067787
x3	0.291965	-.427526	0.182620	0.667965	-.498504	0.007151	0.019939	0.045681	-.037537
x4	0.386766	-.042232	-.225390	-.148121	-.094826	-.342296	0.348259	-.499631	0.528028
x5	0.285642	-.509730	0.245432	0.001780	0.718601	-.194845	0.120759	0.153564	-.076330
x6	0.385392	-.050468	-.189001	-.313964	-.192241	0.013269	-.246219	0.704230	0.347755
x7	0.358862	0.098077	-.389431	0.110692	0.169099	0.704299	0.385292	0.000537	-.156869
x8	0.386570	-.116716	-.078981	-.165564	0.024273	0.142598	-.725328	-.452955	-.226054
x9	0.356032	0.354952	-.158593	-.002915	-.099133	-.520645	0.156703	0.135870	-.631011

(d) 相关矩阵的特征向量

Obs	reigon	x1	x2	x3	x4	x5	x6	x7	x8	x9	y
1	上海	121545	17434	80835	2874	5318	16249	71875	6071	3688.69	6.22859
2	北京	112208	140663	21886	2354	5494	16874	65682	6229	3016.22	5.81754
3	深圳	368704	156407	26174	1107	1945	6717	50455	3001	3467.49	4.45694
4	广州	133330	62596	56644	873	3264	9302	54494	4476	1037.68	2.67985
5	天津	93664	24873	40368	1069	6511	5634	52964	2903	822.01	1.71536
6	重庆	23992	126804	81385	1018	6935	5840	35367	2878	124.26	1.56242

(e) 综合评价得分

图 8.13　例 8.8 用图

分析通常没有意义。另外,当各变量的单位相同,变量方差的差异较大时,主成分分析的结果会过于照顾方差大的变量,而忽略方差较小的变量,容易出现"大数"吃"小数"的现象。

　　从图 8.13(b)可以看出,前两个特征值大于 1,累积比例为 0.8280,说明前两个主成分的累积贡献率已达 82.80%。因此,从提取信息量的角度可以考虑取前两个主成分。同时,也可以从图 8.13(c)所示的陡坡图看出,从第 3 个主成分起,线段变得平坦,意味着取前两个主成分即可。

　　根据图 8.13(d),前两个主成分分别表示为

$$
\begin{cases}
y_1 = 0.240x_1 + 0.269x_2 + 0.292x_3 + 0.387x_4 + 0.286x_5 + 0.385x_6 \\
\quad + 0.359x_7 + 0.387x_8 + 0.356x_9 \\
y_2 = 0.616x_1 + 0.156x_2 - 0.428x_3 - 0.042x_4 - 0.510x_5 - 0.050x_6 \\
\quad + 0.098_7 - 0.117x_8 + 0.355x_9
\end{cases}
$$

第一主成分 y_1 对所有标准化的原始变量都有近似相等的正载荷。第一主成分可解释为经济发达成分。第二主成分 y_2 在 x_1 上有较大的正载荷,在 x_9 上有中等载荷,第二主成分可解释为反映生产总值和货物进出口总额的成分。

从图 8.13(e)可以看出,综合评价得分排在前 5 位的城市分别为上海、北京、深圳、广州和天津。这些城市均为我国经济发达的城市,故它们的综合得分较高。

【例 8.9】 对例 8.6 的数据进行主成分分析。

```
Proc princomp data = xiaok out = xiaout;
    Var x1 - x6;
Proc sort data = xiaout out = pxiaoout;
    By descending prin1;
Proc sort data = xiaout out = ppxiaoout;
    By descending prin2;
Proc gplot data = xiaout;
    Symbol pointlabel = ("♯region") value = squarefilled;
    Plot prin2 * prin1;
Run;
```

在该程序中,首先使用 Princomp 过程对数据 Data = xiaok 做主成分分析,然后使用 Sort 过程对第一主主成分 Prin1 和第二主成分 Prin2 进行降序排列,最后使用 Gplot 过程对第一主成分和第二主成分作散点图。

从图 8.14(a)可以看出,前两个主成分的累积贡献率已达 90.9%。因此,从提取信息量的角度可以考虑取前两个主成分。

从图 8.14(b)可以看出,第一主成分在变量 $x_1 \sim x_5$ 上有中等大小近似相等的中等载荷,在变量 x_6 上有负载荷,反映了小康指数的综合水平,故第一主成分解释为综合小康指数成分。第二主成分在变量 x_6 上有较大正载荷,在其他变量上都表现为较小正载荷或负载荷,故第二主成分解释为法制与治安成分。

图 8.14(c)和图 8.14(d)分别是按第一主成分综合小康指数和第二主成分法制与治安成分得分从大到小排序的 31 个地区。在第一主成分得分中,排名靠前的是北京、上海、天津等城市,这些城市是我国经济发达的城市,故第一主成分得分较高。而在第二主成分得分中,排名靠前的是海南、陕西和山西等。

图 8.14(e)是 31 个地区的第一主成分和第二主成分得分的散点图。从图 8.14(e)中可以看出,上海、北京、天津在最右边,表明综合小康指数最高;贵州、西藏和江西在最左边,表明综合小康指数最低;海南、山西和陕西在散点图最上边,表明法制与治安成分最高;西藏在散点图最下边,表明法制与治安成分最低。每个地区都可以按照其在两个坐标轴上的坐标来描述该地区的小康指数和法制与治安成分。

利用图 8.14(e),可以根据目测法对各地区进行主观分类。图中的 3 个圈是使用 Ward 聚类法得到的 3 个类,每个圈中的实线是对该类的进一步分割。从图 8.14(e)可以清晰地看到,3 个圈所代表的 3 大类之间的差异主要体现在综合小康指数水平上,而在每一个类内子类之间的差异主要体现在法制与治安上。

相关矩阵的特征值			
	特征值	差分	比例	累积
1	4.69212452	3.93036949	0.7820	0.7820
2	0.76175503	0.47094403	0.1270	0.9090
3	0.29081100	0.10551296	0.0485	0.9574
4	0.18529804	0.11529858	0.0309	0.9883
5	0.06999946	0.06998751	0.0117	1.0000
6	0.00001195		0.0000	1.0000

(a) 相关矩阵的特征值

特征向量					
	Prin1	Prin2	Prin3	Prin4	Prin5	Prin6
x1	0.453509	0.198228	0.110743	0.063582	0.100839	-.853557
x2	0.425846	0.113709	0.163702	-.829363	-.239340	0.183851
x3	0.440814	-.139239	0.332845	0.136744	0.734721	0.342045
x4	0.386965	0.372841	-.805465	0.111545	0.086615	0.206227
x5	0.435961	0.063428	0.311418	0.525475	-.606777	0.254226
x6	-.280828	0.886202	0.323105	0.029140	0.130581	0.116119

(b) 相关矩阵的特征向量

Obs	region	Prin1	Prin2
1	北京	5.28749	0.01020
2	上海	5.02605	0.22486
3	天津	4.02083	0.21013
4	浙江	3.00845	-0.86528
5	广东	2.62479	-1.11941
6	辽宁	1.84700	0.48599
7	江苏	1.72757	0.54681
8	福建	1.49541	-1.09502
9	黑龙江	0.73289	0.20209
10	吉林	0.55762	0.03095
11	山东	0.52826	0.44609
12	新疆	0.01893	-0.74563
13	湖北	-0.34553	0.72152
14	河北	-0.54696	0.26989
15	重庆	-0.60099	0.53690
16	陕西	-0.66940	1.32793
17	宁夏	-0.84760	-1.26644
18	内蒙古	-0.87225	0.86130
19	山西	-1.00914	1.31927
20	青海	-1.40678	0.28548
21	广西	-1.44607	-0.93580
22	湖南	-1.50528	0.87865
23	四川	-1.53362	0.24602
24	海南	-1.66125	1.99956
25	安徽	-1.69565	-0.50247
26	云南	-1.76928	-0.72723
27	河南	-1.88769	-1.12374
28	甘肃	-1.92864	0.20555
29	江西	-2.15097	-0.08712
30	西藏	-2.27723	-1.83066
31	贵州	-2.72098	-0.51038

(c) 按第一主成分的排序

Obs	region	Prin1	Prin2
1	海南	-1.66125	1.99956
2	陕西	-0.66940	1.32793
3	山西	-1.00914	1.31927
4	湖南	-1.50528	0.87865
5	内蒙古	-0.87225	0.86130
6	湖北	-0.34553	0.72152
7	江苏	1.72757	0.54681
8	重庆	-0.60099	0.53690
9	辽宁	1.84700	0.48599
10	山东	0.52826	0.44609
11	青海	-1.40678	0.28548
12	河北	-0.54696	0.26989
13	四川	-1.53362	0.24602
14	上海	5.02605	0.22486
15	天津	4.02083	0.21013
16	甘肃	-1.92864	0.20555
17	黑龙江	0.73289	0.20209
18	吉林	0.55762	0.03095
19	北京	5.28749	0.01020
20	江西	-2.15097	-0.08712
21	安徽	-1.69565	-0.50247
22	贵州	-2.72098	-0.51038
23	云南	-1.76928	-0.72723
24	新疆	0.01893	-0.74563
25	浙江	3.00845	-0.86528
26	广西	-1.44607	-0.93580
27	福建	1.49541	-1.09502
28	广东	2.62479	-1.11941
29	河南	-1.88769	-1.12374
30	宁夏	-0.84760	-1.26644
31	西藏	-2.27723	-1.83066

(d) 按第二主成分的排序

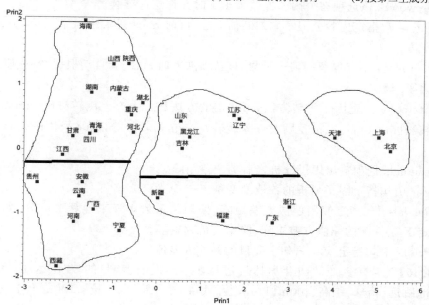

(e) 前两个主成分的散点图和聚类

图 8.14　例 8.9 用图

8.5　因 子 分 析

因子分析是研究如何将众多的变量用为数不多的几个因子来表示,并且保证信息损失最小,同时因子间不具有显著相关性的多元统计分析方法。因子分析和主成分分析的区别在于因子分析旨在找出潜在的、共同影响多个显变量的因子,而主成分分析旨在以较小的数据空间尽最大可能地重塑显变量的个数,进行数据"降维"。

Factor 过程是 SAS 处理因子分析的主要过程,其语法格式如下:

```
Proc Factor < options >;
    By Variables;
    Var variables;
    Priors communalities;
    Partial Variables;
    Freq variable;
    Weight variable;
Run;
```

说明如下。

(1) Factor 语句的常用选项有以下几个。

① Data= data-set:指定输入数据集。

② Out=:指定输出数据集,包含原始数据和公共因子。

③ Outstat=:指定存放统计量的数据集。

④ COV:使用协方差矩阵进行因子提取。

⑤ Method=:指定因子载荷计算方法。常用的为 Principle(主成分法)和 ML(极大似然法)。

⑥ Heywood:该选项在公因子方差大于 1 时允许迭代继续。

⑦ Priors=:指定先验公因子方差的估计法,可取 max(最大绝对系数)和 smc(多元相关系数的平方)。

⑧ Nfactor=:指定保留的因子个数,该选项缺省时,系统会自动根据"特征值大于 1"的原则保留因子个数。

⑨ Rotate=:指定因子旋转方法,可选用的方法有最大方差旋转法(varimax)、正交最大方差旋转法(orthomax)、相等最大方差旋转法(equalmax)等,通常采用的是最大方差旋转法。

⑩ Residuals 选项输出因子分析之后的残差矩阵。

(2) Var 语句指定因子分析的数值型变量。

(3) Partial 语句指定使用偏协方差矩阵、偏相关系数矩阵来计算主成分,如 Partial X 表示在给定 X 条件下的偏协方差矩阵、偏相关系数矩阵。

(4) Priors 语句指定 Var 语句中变量的共性方差值。

【例 8.10】　现有参加 2016 年奥林匹克运动会十项全能项目的 34 位运动员的成绩表,包括 100m、跳远、铅球、跳高、400m、110m 栏、铁饼、撑杆跳高、标枪、1500m 共 10 个变量(见数据集 examp8_10. sas7bdat)。试进行因子分析。

（1）计算相关系数矩阵。

```
Proc corr data = examp8_10;
     Var x1 - x10;
Run;
```

图 8.15(a)是十项全能 10 个指标两两之间的样本相关系数矩阵。由图 8.15(a)可以看出，100 米跑和跳远之间的相关系数为 -0.69051，100 米跑和 400 米之间的相关系数为 0.69773，100 米跑和 110 米栏之间的相关系数为 0.75127，铁饼和铅球之间的相关系数为 0.85618，标枪和铅球之间的相关系数为 0.70264。10 个指标之间有较强程度的相关性。

		x1	x2	x3	x4	x5	x6	x7	x8	x9	x10
x1 100米		1.00000	-0.69051 <.0001	-0.42017 0.0134	-0.36374 0.0345	0.69773 <.0001	0.75127 <.0001	-0.35260 0.0408	-0.62724 <.0001	-0.34413 0.0463	0.25377 0.1476
x2 跳远		-0.69051 <.0001	1.00000	0.39059 0.0224	0.47139 0.0049	-0.63558 <.0001	-0.65449 <.0001	0.37485 0.0289	0.63229 <.0001	0.44628 0.0082	-0.35598 0.0388
x3 铅球		-0.42017 0.0134	0.39059 0.0224	1.00000	0.32051 0.0646	-0.14228 0.4222	-0.48884 0.0034	0.85618 <.0001	0.64253 <.0001	0.70264 <.0001	0.20202 0.2519
x4 跳高		-0.36374 0.0345	0.47139 0.0049	0.32051 0.0646	1.00000	-0.27550 0.1148	-0.48685 0.0035	0.37600 0.0284	0.47153 0.0049	0.33773 0.0508	-0.13155 0.4583
x5 400米		0.69773 <.0001	-0.63558 <.0001	-0.14228 0.4222	-0.27550 0.1148	1.00000	0.65472 <.0001	-0.15439 0.3833	-0.52114 0.0016	-0.14988 0.3975	0.55446 0.0007
x6 110米栏		0.75127 <.0001	-0.65449 <.0001	-0.48884 0.0034	-0.48685 0.0035	0.65472 <.0001	1.00000	-0.40346 0.0180	-0.70875 <.0001	-0.35049 0.0421	0.15532 0.3804
x7 铁饼		-0.35260 0.0408	0.37485 0.0289	0.85618 <.0001	0.37600 0.0284	-0.15439 0.3833	-0.40346 0.0180	1.00000	0.61952 <.0001	0.61782 <.0001	0.28819 0.0984
x8 撑杆跳高		-0.62724 <.0001	0.63229 <.0001	0.64253 <.0001	0.47153 0.0049	-0.52114 0.0016	-0.70875 <.0001	0.61952 <.0001	1.00000	0.55713 0.0006	-0.07025 0.6930
x9 标枪		-0.34413 0.0463	0.44628 0.0082	0.70264 <.0001	0.33773 0.0508	-0.14988 0.3975	-0.35049 0.0421	0.61782 <.0001	0.55713 0.0006	1.00000	0.04498 0.8006
x10 1500米		0.25377 0.1476	-0.35598 0.0388	0.20202 0.2519	-0.13155 0.4583	0.55446 0.0007	0.15532 0.3804	0.28819 0.0984	-0.07025 0.6930	0.04498 0.8006	1.00000

Pearson 相关系数，N = 34
Prob > |r| under H0: Rho=0

(a) 十项全能的相关系数矩阵

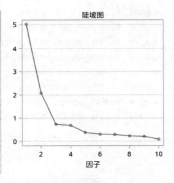

初始因子方法：主成分

先验公因子方差估计：ONE

相关矩阵的特征值：总计 = 10 平均值 = 1

	特征值	差分	比例	累积
1	5.02351759	2.94361616	0.5024	0.5024
2	2.07990143	1.34443321	0.2080	0.7103
3	0.73546822	0.04972974	0.0735	0.7839
4	0.68573847	0.30947846	0.0686	0.8525
5	0.37626002	0.07415224	0.0376	0.8901
6	0.30210778	0.01660124	0.0302	0.9203
7	0.28550654	0.06172664	0.0286	0.9489
8	0.22377990	0.01904323	0.0224	0.9712
9	0.20473667	0.12175328	0.0205	0.9917
10	0.08298339		0.0083	1.0000

(b) 相关矩阵的特征值与因子分析的陡坡图

最终的公因子方差估计：总计 = 7.103419									
x1	x2	x3	x4	x5	x6	x7	x8	x9	x10
0.73280905	0.73683008	0.85064485	0.35951541	0.81487481	0.73620064	0.83312055	0.76793453	0.61725045	0.65423865

(c) 因子分析的共性方差

图 8.15　例 8.10 用图

因子模式		Factor1	Factor2
x1	100米	-0.80381	0.29443
x2	跳远	0.80955	-0.28540
x3	铅球	0.72617	0.56862
x4	跳高	0.59950	-0.01069
x5	400米	-0.65977	0.61610
x6	110米栏	-0.83688	0.18928
x7	铁饼	0.68739	0.60051
x8	撑杆跳高	0.87176	0.08931
x9	标枪	0.65732	0.43032
x10	1500米	-0.18733	0.78686

(d) 因子载荷矩阵

旋转因子模式		Factor1	Factor2
x1	100米	0.78517	-0.34105
x2	跳远	-0.78310	0.35155
x3	铅球	-0.13380	0.91255
x4	跳高	-0.44154	0.40565
x5	400米	0.90266	-0.00877
x6	110米栏	0.73661	-0.44000
x7	铁饼	-0.08373	0.90891
x8	撑杆跳高	-0.56976	0.66582
x9	标枪	-0.17931	0.76492
x10	1500米	0.67826	0.44069

(e) 旋转后的因子载荷矩阵

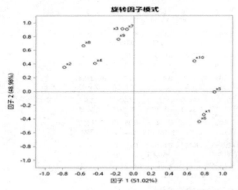

(f) 旋转后因子图

每个因子已解释方差	
Factor1	Factor2
3.6238150	3.4796041

标准化评分系数		Factor1	Factor2
x1	100米	0.21350	-0.00782
x2	跳远	-0.21133	0.01175
x3	铅球	0.08383	0.29767
x4	跳高	-0.08997	0.07857
x5	400米	0.29938	0.12396
x6	110米栏	0.18340	-0.04897
x7	铁饼	0.09999	0.30345
x8	撑杆跳高	-0.09607	0.15076
x9	标枪	0.04790	0.24007
x10	1500米	0.28788	0.24827

(g) 标准化评分系数

对角线上唯一的残差相关		x1	x2	x3	x4	x5	x6	x7	x8	x9	x10
x1	100米	0.26719	0.04425	-0.00388	0.12129	-0.01400	0.02284	0.02313	0.04719	0.05754	-0.12848
x2	跳远	0.04425	0.26317	-0.03500	-0.01699	0.07437	0.07703	-0.01025	-0.04795	0.03696	0.02024
x3	铅球	-0.00388	-0.03500	0.14936	-0.10875	-0.01350	0.01124	0.01556	-0.04129	-0.01938	-0.10938
x4	跳高	0.12129	-0.01699	-0.10875	0.64048	0.12662	0.01689	-0.02967	-0.05014	-0.05174	-0.01084
x5	400米	-0.01400	0.07437	-0.01350	0.12662	0.18513	-0.01405	-0.07084	-0.00100	0.01869	-0.05392
x6	110米栏	0.02284	0.07703	0.01124	0.01689	-0.01405	0.26380	0.05814	0.00390	0.11816	-0.15039
x7	铁饼	0.02313	-0.01025	0.01556	-0.02967	-0.07084	0.05814	0.16688	-0.03335	-0.09243	-0.05556
x8	撑杆跳高	0.04719	-0.04795	-0.04129	-0.05014	-0.00100	0.00390	-0.03335	0.23207	-0.05433	0.02278
x9	标枪	0.05754	0.03696	-0.01938	-0.05174	0.01869	0.11816	-0.09243	-0.05433	0.38275	-0.17049
x10	1500米	-0.12848	0.02024	-0.10938	-0.01084	-0.05392	-0.15039	-0.05556	0.02278	-0.17049	0.34576

(h) 因子分析的残差矩阵

图 8.15 （续）

（2）使用 Factor 过程，分别采用主成分法、主因子法和极大似然估计法进行因子分析。

```
Proc factor data = examp8_10 nfactor = 2 rotate = varimax out = out81 residuals;
    Var x1 – x10;
Proc factor data = examp8_10 nfactor = 2 priors = smc rotate = varimax;
    Var x1 – x10;
Proc factor data = examp8_10 nfactor = 2 method = ml heywood rotate = varimax;
    Var x1 – x10;
Run;
```

在该例中,Factor 语句的选项 Nfactor＝2,这是用来指定保留因子的个数为 2 个,该选项缺省时,系统会自动根据"特征值大于 1"的原则保留因子个数;Rotate＝varimax 指定使用最大方差旋转法旋转因子;Out＝out81 指定将原变量和两个因子得分保留到数据集 Work.out81 中;Priors＝smc 指定参数估计使用主因子法,对每个原始变量取初始共性方差为该变量与所有其余变量的样本复相关系数的平方;Method＝ml 指定参数估计法使用极大似然估计法;选项 Heywood 指定当共性方差大于 1 时设定为 1。

第一个因子的特征值为 5.024,解释了 10 个原始变量总方差的 50.24％;第二个因子的特征值为 2.080,解释了 10 个原始变量总方差的 20.80％,前两个因子解释了所有 10 个运动项目方差的 71.03％,且这两个因子的特征值大于 1。

利用因子分析的陡坡图可以帮助确定最优的因子数量。在陡坡图中,横坐标表示因子数目,纵坐标表示特征值。从图 8.15(b)中可以看出,前两个因子的特征值都很大,从第 3 个特征值开始都很小,特征值连续也变得很平缓,故取前两个因子即可。

图 8.15(c)是因子对原始变量方差的贡献,可以看出,前两个因子解释跳高变量(x_4)方差的贡献只有 0.359,标枪变量(x_9)方差的贡献只有 0.617,1500 米变量(x_{10})方差的贡献只有 0.654,说明这几个变量信息的损失严重。而前两个因子对其他变量方差的贡献都在 0.7 以上。

图 8.15(d)是旋转前的因子载荷矩阵,由旋转前的载荷矩阵可以看出,所有变量在第一个因子上的载荷比较高,即与第一个因子的相关程度较高,第一个因子解释了大部分变量的信息;而第二个因子与原始变量的相关程度较小,对原始变量的解释效果不明显,没有旋转因子的含义很难解释。我们使用最大方差法旋转因子。

图 8.15(e)是旋转后的因子载荷矩阵。因子载荷矩阵中给出每一个变量在两个因子上的载荷。从图 8.15(e)中可以看出,田赛项目在第一个因子上的载荷较高,而径赛项目在第二个因子上的载荷较高。所以,第一个因子可以解释为田赛因子,第二个因子解释为径赛因子。

图 8.15(f)是旋转后的载荷矩阵的图形。从图 8.15(f)可以验证前面旋转后的载荷矩阵对因子的解释。

图 8.15(g)是根据回归法得到的因子得分,根据图 8.15(g),因子可表示为变量的线性组合,即

$$\hat{f}_1 = 0.2135x_1 - 0.2133x_2 + 0.0838x_3 - 0.08997x_4 + 0.29938x_5$$
$$+ 0.1834x_6 + 0.0999x_7 - 0.0960x_8 + 0.0479x_9 + 0.2878x_{10}$$

$$\hat{f}_2 = -0.0078x_1 + 0.0118x_2 + 0.2977x_3 + 0.0786x_4 + 0.1240x_5$$
$$- 0.0490x_6 + 0.3035x_7 + 0.1508x_8 + 0.2401x_9 + 0.2483x_{10}$$

根据因子 $\hat{f}_1$ 和 $\hat{f}_2$,写出综合评价指标为

$$F = \frac{3.6238150}{3.6238150 + 3.4796041}\hat{f}_1 + \frac{3.4796041}{3.6238150 + 3.4796041}\hat{f}_2$$
$$= 0.5102\hat{f}_1 + 0.4898\hat{f}_2$$

从图 8.15(g)可以看出,该残差矩阵的元素都较小,因此可以认为两个因子模型较好地拟合了该数据。

8.6　典型相关分析

典型相关分析是研究两组变量之间相关关系的一种多元统计方法,它能揭示两组变量之间的内在联系。典型相关分析通常采用主成分的降维思想,将两组变量相关关系的研究转化为一组变量的线性组合与另一组变量线性组合之间的相关关系的分析。

Cancorr 过程是 SAS 处理典型相关分析的主要过程,其语法格式如下:

```
Proc Cancorr < options >;
    With variables;
    By variables;
    Partial variables;
    Var variables;
    Freq variable;
    Weight variable;
Run;
```

说明如下。

(1) Cancorr 语句的选型很多,常见的包括以下几个。

① Data＝:指定输入数据集。

② Out＝:指定输出数据集,包括原始数据和典型变量得分。

③ Outstat＝:指定输出数据集,包括典型相关系数和典型系数以及要求的统计量。

④ Vprefix＝:为 var 语句的变量指定前缀,默认时典型变量命名为 V1、V2、V3 等。

⑤ Vname＝:为 VAR 语句的变量指定标签,标签字符要用单引号括起来。

⑥ Wprefix＝:为 with 语句中的变量指定前缀,默认为 W1、W2、W3 等。

⑦ Wname＝:为 WITH 语句变量指定标签,标签字符要用单引号括起来。

⑧ Corr:打印原始变量之间的相关系数。

⑨ Ncan＝:指定要输出典型变量的个数。

⑩ Noprint:禁止所有输出。

⑪ Redundancy|Red:打印冗余度分析的结果。

⑫ Short:除典型相关和多元统计列表外,禁止打印典型相关分析过程默认的输出。

⑬ Simple:打印均值、标准差等简单统计量。

(2) Var 语句列出典型相关分析两组变量中的第一组变量,变量必须是数值型的;如果省略 Var 语句,则其他语句中未提到的所有数值变量构成第一组变量集。

(3) With 语句列出典型相关分析两组变量中的第二组变量,该语句是必需的。

(4) By 语句:指定分组变量,以获得由 BY 变量定义的组别中变量的独立分析结果。

(5) Partial 语句用来指定协变量,这些变量不能出现在 Var 和 With 语句中,以此协变量来计算偏相关系数矩阵,然后进行典型相关性分析。

【例 8.11】 某年级学生的期末考试中,有的课程闭卷考试,有的课程开卷考试,现收集到 44 名学生的考试成绩(见数据集 examp8_11.sas7bdat),考试科目为力学(x_1)、物理(x_2)、代数(x_3)、分析(x_4)、统计(x_5)。其中力学和物理为闭卷考试,代数、分析和统计为开卷考试。对闭卷(x_1,x_2)和开卷(x_3,x_4,x_5)两组变量进行典型相关性分析。

下面采用 Cancorr 过程,做典型相关性分析。

```
Proc Cancorr data = a Vprefix = u Wprefix = v red;
    Var x1 x2;
    With x3 - x5;
Run;
```

在该例子程序中,选项"Vprefix＝u Wprefix＝v"规定第一组典型变量的前缀是 u,第二组典型变量的前缀是 v。选项 red 指定交叉冗余分析结果。语句 Var x1 x2 指定分析的第一组变量为 x1－x2,语句 With x3－x5 指定分析的第二组变量为 x3－x5。

图 8.16(a)给出了相关系数及其检验。第一列给出了两个典型相关系数,分别为 $\rho(u_1, v_1)=0.617$ 和 $\rho(u_2, v_2)=0.180$。检验原假设为

$$H_0 : \rho(u_1, v_1) = \rho(u_2, v_2) = 0$$

根据最后一列 $p=0.0023<0.05$,所以在显著性水平 0.05 下,拒绝原假设 H_0,又因为 $\rho(u_1, v_1) > \rho(u_2, v_2)$,故认为 $\rho(u_1, v_1)$ 显著不为零。下面检验假设:

$$H_0 : \rho(u_2, v_2) = 0$$

根据 $p=0.516>0.05$,所以在显著性水平 0.05 下,不能拒绝原假设 $\rho(u_2, v_2)=0$。故第一个典型相关系数 $\rho(u_1, v_1)=0.617$,第二个典型相关系数为零。

典型相关分析

| | 典型相关 | 调整典型相关 | 近似标准误差 | 典型相关平方 | 特征值: Inv(E)*H = CanRsq/(1-CanRsq) | | | | H0 检验: 当前行和之后的所有行的典型相关都是零 | | | | |
					特征值	差分	比例	累积	似然比	近似F值	分子自由度	分母自由度	Pr > F
1	0.616862	0.584921	0.094470	0.380518	0.6143	0.5806	0.9481	0.9481	0.59932929	3.79	6	78	0.0023
2	0.180364	0.127246	0.147538	0.032531	0.0336		0.0519	1.0000	0.96746876	0.67	2	40	0.5161

(a) 典型相关系数及检验

WITH 变量 的原始典型系数	v1	v2
x3	0.1174696865	-0.025302036
x4	0.0673235258	-0.012500856
x5	-0.026070382	0.0650109009

VAR 变量 的原始典型系数	u1	u2
x1	0.0485428208	-0.063570606
x2	0.0444388174	0.0861771732

(b) 原始的典型系数

WITH 变量 的标准化典型系数	v1	v2
x3	0.8493	-0.1829
x4	0.4698	-0.0872
x5	-0.4457	1.1115

VAR 变量 的标准化典型系数	u1	u2
x1	0.6716	-0.8795
x2	0.5072	0.9835

(c) 标准化的典型系数

VAR 变量 及其典型变量之间的相关性	u1	u2
x1	0.8888	-0.4583
x2	0.7948	0.6069

VAR 变量 和 WITH 变量 的典型变量之间的相关性	v1	v2
x1	0.5483	-0.0827
x2	0.4903	0.1095

WITH 变量 及其典型变量之间的相关性	v1	v2
x3	0.8974	0.2911
x4	0.6984	0.4027
x5	0.2025	0.9792

WITH 变量 和 VAR 变量 的典型变量之间的相关性	u1	u2
x3	0.5536	0.0525
x4	0.4308	0.0726
x5	0.1249	0.1766

(d) 典型结构

图 8.16　例 8.11 用图

典型冗余分析

通过以下变量解释的 VAR 变量 原始方差

典型变量号	它们自己的典型变量		典型R方	对立面典型变量	
	比例	累积比例		比例	累积比例
1	0.7259	0.7259	0.3805	0.2762	0.2762
2	0.2741	1.0000	0.0325	0.0089	0.2851

通过以下变量解释的 WITH 变量 原始方差

典型变量号	它们自己的典型变量		典型R方	对立面典型变量	
	比例	累积比例		比例	累积比例
1	0.1979	0.1979	0.3805	0.0753	0.0753
2	0.7441	0.9420	0.0325	0.0242	0.0995

典型冗余分析

通过以下变量解释的 VAR 变量 标准化方差

典型变量号	它们自己的典型变量		典型R方	对立面典型变量	
	比例	累积比例		比例	累积比例
1	0.7108	0.7108	0.3805	0.2705	0.2705
2	0.2892	1.0000	0.0325	0.0094	0.2799

通过以下变量解释的 WITH 变量 标准化方差

典型变量号	它们自己的典型变量		典型R方	对立面典型变量	
	比例	累积比例		比例	累积比例
1	0.4447	0.4447	0.3805	0.1692	0.1692
2	0.4020	0.8466	0.0325	0.0131	0.1823

(e) 典型冗余分析

图 8.16　（续）

根据图 8.16(b)，第一对典型变量的原始变量的线性组合为

$$\begin{cases} u_1 = 0.049x_1 + 0.044x_2 \\ v_1 = 0.117x_3 + 0.067x_4 - 0.026x_5 \end{cases}$$

根据图 8.16(c)，第一对典型变量的标准化变量的线性组合表达式为

$$\begin{cases} u_1 = 0.671x_1 + 0.507x_2 \\ v_1 = 0.849x_3 + 0.470x_4 - 0.446x_5 \end{cases}$$

图 8.16(d)是典型变量与原指标变量之间的相关系数。从图可知，x_1 与 u_1 的相关系数为 0.888，x_2 与 u_1 的相关系数为 0.795。可以通过这两个相关系数来解释典型变量 u_1，u_1 可解释为学习的抽象能力变量。v_1 可以通过变量 x_3、x_4 来解释，v_1 可解释为学习的分析能力变量。图 8.16(d)还给出了典型变量 u_1 与原始变量 $x_3 - x_5$ 的相关系数以及 v_1 与原始变量 x_1 和 x_2 的相关系数。

图 8.16(e)是典型冗余分析结果。该结果给出原始变量的变异被典型变量所解释的比例、原始变量被典型变量及典型变量组所解释的比例。变量 x_1、x_2 组的第一个典型变量能解释第一组变量 x_1、x_2 的信息的 72.59%，第二个典型变量能解释第一组变量 x_1、x_2 的信息的 27.41%。而变量组 x_1、x_2 的信息能够被变量组 x_3、x_4、x_5 的第一个典型变量解释 19.79%，被变量组 x_3、x_4、x_5 的第二个典型变量解释 74.41%。同理可以得到变量组 x_3、x_4、x_5 被典型变量所解释的信息百分比。

第9章

回归分析

回归分析是定量研究因变量和自变量之间影响关系的一种统计分析方法。回归分析按照涉及变量的多少,分为一元回归分析和多元回归分析;按照因变量的多少,可分为简单回归分析和多重回归分析;按照自变量和因变量之间的关系类型,可分为线性回归分析和非线性回归分析。回归分析的研究领域非常宽泛,SAS/STAT 和 SAS/ETS 提供用于回归分析的过程多达 30 个以上,这里主要介绍用于经典线性回归 Reg 过程、联立方程模型的 Syslin 过程以及用于因变量是分类变量的 Logistic 过程。

9.1　Reg 过程

SAS/STAT 的 Reg 过程是最常用的回归分析过程,既可以拟合模型,也可以提供各类检验、诊断、预测等。Reg 还可以提供筛选回归模型的方法,节省使用者对模型的反复试验。

9.1.1　Reg 过程介绍

Reg 过程既可以按照常规的方式进行回归分析建模,也可以交互式的方式来改变模型和数据进行回归建模。Reg 过程的常用语句格式如下:

```
Proc Reg < options >;
    < label:> Model dependents = < regressors > </ options >;
    By variables;
    Freq variable;
    Var variables;
    Weight variable;
    Output < Out = SAS – dataset > < keyword = names > <… keyword = names >;
    Plot < yvariable * xvariable >< = symbol > <… yvariable * xvariable > < = symbol > </ options >;
Quit;
```

说明如下。

(1) Proc Reg 语句选项很多,常见选项有以下几个。

① Data=:指定输入数据集名称。

② Outest=:指定输出数据、存储参数估计值,可指定输出内容,如 Covout(输出参数估计量的协方差矩阵)、Outseb(输出参数估计的标准误)、Tableout(输出标准误、置信限线以及参数估计的相应检验统计量)。

(2) Model 语句指定模型中的因变量和自变量。

Model 语句中的变量必须是数值型变量,不允许变量的非线性形式(如 $\ln x$、x^2 等)出现在模型中。模型的选项用反斜线置于末尾。Label 定义模型的标签,Model 语句常用选项有以下几个。

① Selection＝：规定自变量的选取方式,常见的有 Forward、Backward、Stepwise 和 None。

a. **Forward(or F)**：称为**向前选择法**。第一步建立一个自变量的模型,这个自变量是所有单一自变量模型中 F 值显著且最大者;第二步在已选择的单一自变量基础上,从剩余自变量中选择一个变量进入模型,使得到的模型的 F 值显著且最大;重复第二步,直到剩余变量中没有变量显著重要为止。

b. **Backward（or B）**：称为**向后消除法**。与 Forward 恰好相反。第一步建立包含所有自变量的模型;第二步保留模型中显著变量,剔除一个最不显著的变量;重复第二步,直到模型中所有变量都显著为止。

c. **Stepwise**：称为**逐步回归法**。第一步创建一个单一变量 F 值最大的模型;第二步在模型中引入新变量的同时剔除现有自变量不显著的;重复第二步直到所有的变量都筛选完。

d. **None**：选择全体变量进入模型。

② include＝n：等号右端的前 n 个变量必须进入模型,其他变量是否进入模型按照 selection＝选项确定。

③ Noint：要求模型不包含截距项。

④ Slentry ＝：选择变量进入模型所需达到的显著性水平,须和 selection＝F 或 stepwise 配合使用,或使用默认值。

Slstay＝：选择变量留在模型中需要达到的显著性水平,须和 selection＝B 或 stepwise 配合使用,或使用默认值。

⑤ 统计量选项：如 adjrsq(修正的 R^2)、AIC、BIC、MSE、SSE 等。

⑥ 数据集选项：EDF(输出自变量个数、误差自由度、R^2 等,OUTEST＝指定数据集)。

⑦ 回归计算：I(打印 $X'X$ 的逆矩阵);xpx(打印矩阵 $X'X$、$X'Y$、$Y'Y$)。

⑧ 估计值的详细信息：Collin(共线性分析)、CORRB(估计量的相关矩阵)、Spec(异方差的 white 检验)。

⑨ 预测与残差值：CLB(参数估计的置信上下限);CLI(单个预测值的置信上下限);CLM(总体均值的置信上下限);DW（计算 Durbin-Waston 统计量);DWPROB(计算 Durbin-Waston 统计量及概率值);P(计算预测值)。

（3）By 语句：指定分组变量,要求数据库已按照 BY 变量做好排序。

（4）Freq 语句：指定频数变量,变量的取值表示所在观测中其他变量出现的频数。如果 Freq 变量的值小于 1,这个观测在过程分析中不被使用;如果 Freq 变量的值不是整数,取整数部分。

（5）Weight 语句：指定 WEIGTH 变量,该变量的值表示该观测中其他变量的权重,该值必须是非负的。如果权重等于 0,那么该条记录就从数据分析中删除,如果权重为负值或缺失值,视同为 0 处理。

（6）VAR 语句：指定在 Model 语句中没有列出的数值型变量,将其包括到积矩阵中。

（7）Output 语句：创建一个新的 SAS 数据集用来存放拟合模型的诊断度量。选项 OUT＝SAS-dataset 用来指定一个数据集,该数据集中的变量包括原始数据集的所有变量,加上该语句指定的其他变量。指定其他变量的方式为 keyword＝names，其中 Keyword 告诉 SAS 系统加入数据集中的统计量，指定该统计量在数据集中的名字，等号右边 names 是该统计量在数据集中的名字。常用的 Keyword 取值及意义见表 9.1。

表 9.1 Output 语句中常见的 Keyword

Keyword	意　义
LCL＝	个体预测值的置信下限
UCL＝	个体预测值的置信上限
LCLM＝	总体均值预测值的置信下限
UCLM＝	总体均值预测值的置信上限
P＝	（总体均值的）预测值
R＝	残差值
STDI＝	个体预测的标准误
STDP＝	均值预测的标准误

9.1.2　经典线性回归

首先，在假设数据满足经典回归分析假设的情况下，利用 Reg 过程拟合模型进行预测。

【例 9.1】　Food. txt 是我国 1978—1998 年粮食产量 Q（单位：万吨）、农业机械动力 X_1（单位：万千瓦）、化肥施用量 X_2（单位：万吨）、土地灌溉面积 X_3（单位：千公顷）数据。

（1）建立粮食产量和土地灌溉面积 X_3 的一元回归模型，并给出 1999—2000 年的预测值以及预测值的置信区间。

（2）尝试建立以粮食产量为因变量的多元模型以更好地拟合数据，并给出 1999—2000 年的预测值以及预测值的置信区间。

首先，进行一元回归建模，SAS 代码如下：

```
Data food;
    infile 'C:\food.txt' firstobs = 2 dlm = '09'x;    /*原始数据的分隔符为制表符*/
    input date $ 10. q x1 x2 x3;
Run;
Proc reg data = food;
    model q = x3;
    output out = fitted p = Q_predicted r = Q_err LCL = ICL LCU = ICU LCLM = PCL LCUM = PCU;
Quit;
```

Reg 过程输出如图 9.1(a)所示。

从图 9.1(a)中可以看到，模型的 F 值为 51.65，对应的 P 值小于 5％，因此在 5％的显著性水平下，模型通过显著性检验；截距和变量 X_3 的回归系数对应的 t 值为 -3.93 和 7.19，相应的 P 值都小于 5％，因此截距和 X_3 的系数都显著不为零，所以拟合的一元回归模型为

$$\hat{q} = -49\,776 - 1.9473\hat{x}_3$$

在一元回归中，模型的 F 统计量是自变量系数 t 检验统计量的平方。

在上面的回归分析中，使用了 Output 语句，创建了新数据集 fitted，它除了包括 food 数据集的变量外，还包括粮食产量 Q 的预测值、预测值和真实值的残差、个体预测的置信区间以及总体预测置信区间。可以用 Proc Print 过程来查看该数据集结构。

```
Proc Print data = fitted (firstobs = 1 obs = 5) label;
    var date q x3 Q_predicted Q_err ICL ICU MCL MCU;
```

```
     Title "fitted 数据集结构";
     title2 "前五条观测";
Run;
```

注意 fitted 后面的括号是数据集的选项，和 Print 语句选项无关。过程输出如图 9.1(b) 所示。

(a) 回归结果及解释

Obs	date	q	x3	以下对象的预测值：q	残差	95% C.I. 的下限（单个预测）	95% C.I. 的上限（单个预测）	均值的 95% C.I. 的下限	均值的 95% C.I. 的上限
1	1978-01-01	30477.01	44965.3	37766.29	-7289.28	30784.60	44747.98	36016.24	39516.34
2	1979-01-01	33212.01	45003.0	37839.69	-4627.69	30860.85	44818.52	36101.05	39578.33
3	1980-01-01	32055.99	44888.1	37615.99	-5560.00	30628.26	44603.72	35841.99	39389.99
4	1981-01-01	32502.01	44574.0	37004.48	-4502.47	29989.41	44019.54	35125.67	38883.28
5	1982-01-01	35450.01	44177.0	36231.57	-781.56	29175.66	43287.47	34205.60	38257.53

fitted数据集结构
前五条观测

(b) 数据集的结构

(c) Selection=F选项的运行结果

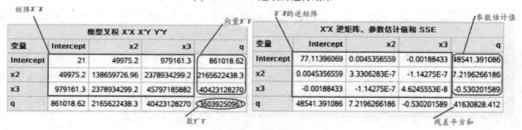

(d) 选项XPX和I的输出

图 9.1　例 9.1 用图

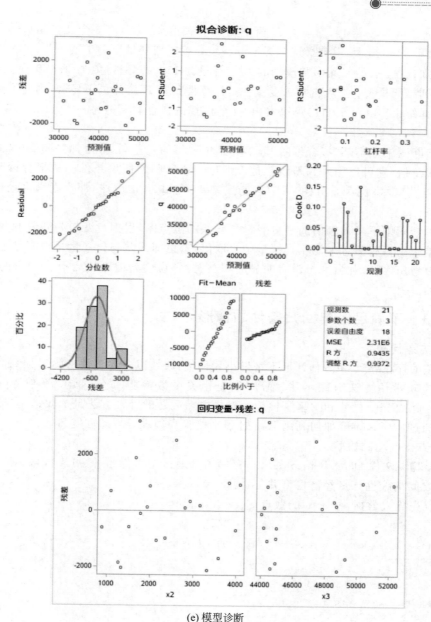

(e) 模型诊断

图 9.1 （续）

其次进行多元回归建模，采用 selection＝f 选择变量，代码如下：

```
Proc reg data = food;
    multiple:model q = x1 x2 x3/selection = f XPX I;
Run;
    output out = fitted p = Q_predicted r = Q_err LCL = ICL LCU = ICU LCLM = PCL LCUM = PCU;
Quit;
```

首先提交前 3 条语句，编辑器窗口显示 Proc Reg 正在运行。输出结果如图 9.1(c)～(e)所示。

在 5% 的显著性水平下，向前选择法第一步检查出 3 个变量中变量 x_2 作为单变量回归

模型的 F 统计量为 274.40,对应的 P 值小于 5%,模型显著,且在 3 个变量组成的 3 个单变量回归模型中 F 值最大,得到最优一元回归模型;然后把变量 x_1 和 x_3 分别加入模型进行比较,得到加入 x_3 后的二元回归模型的 F 统计量为 150.27,对应的 P 值小于 5% 显著且最大,因此得到二元模型;然后再加入变量 x_1,计算得到其 F 统计量不显著,因此不能进入模型,模型选择结束。由图 9.1(c)可以看出,向前选择法拟合的模型为

$$\hat{q} = 4841 + 7.22\hat{x}_2 - 0.53\hat{x}_3$$

模型诊断图中上半部"拟合诊断"输出的是预测值的残差图,横坐标是因变量的预测值,纵坐标为残差值,它可以用来判断残差是否满足经典回归的假设条件。从拟合诊断图左侧 3 幅图(散点图、Q-Q 图和直方图)可以判断残差基本服从正态分布,即模型满足经典回归分析的假设条件。

模型诊断图中下半部输出的是自变量与残差的散点图,根据自变量与残差的散点图,可以判断残差中是否有信息未能从自变量中提取出来,也即残差与自变量是否满足不相关性。从图中可以看出,残差和自变量没有明显的相关关系,说明残差不再含有自变量的信息,模型是充分的。

9.1.3　不满足经典回归条件的情形

1. 异方差问题

异方差的存在导致 OLS 估计量不是最小无偏估计量,以及显著性检验和预测都不稳定。异方差的检验常用方法有图示法、斯皮尔曼相关系数检验、戈德菲尔德-夸特(Goldfeld-Quandt)检验、White 检验和戈里瑟检验。对异方差问题的处理方法是加权最小二乘法。

下面通过例子来讲解如何利用 Reg 过程来检验和处理异方差问题。

1) 异方差问题的检验

【例 9.2】　文件 Deposit-income. txt 存储了某地区个人储蓄 y、可支配收入 x 的数据,建立它们之间的线性计量经济模型并估计。

(1) 首先导入数据,作 x-y 的散点图。

```
Data deposit;
    Infile 'c:\deposit - income.txt' dlm = '09'x firstobs = 2;
    input x y;
    x2 = x ** 2;
Run;
Proc sgplot data = deposit;
    scatter y = y x = x;
Run;
```

输出的散点图如图 9.2(a)所示。

图 9.2(a)显示,随着 x 的增加,y 的离散程度有增加的趋势,表明随机误差有可能存在异方差问题。为进一步确认是否存在异方差,在考察残差与 x 的散点图时,Reg 过程会自动给出 x-残差图。

```
Proc reg data = deposit;
    model y = x;
    output out = fitted r = residual;
Run;
```

输出残差与 x 的散点图,如图 9.2(b)所示。

从图 9.2(b) 中可以进一步看出,随着 x 的增加,残差的离散程度加大,表明随机误差存在异方差。

也可以用残差的平方对 x 或对 y 作散点图来检验异方差的存在性。

```
Data test1;
    set fitted;
    e2 = residual ** 2;
    abse = abs(residual);
Run;
Proc sgplot data = test1;
    scatter y = e2 x = x;
Run;
Proc sgplot data = test1;
    scatter y = e2 x = y;
Run;
```

残差平方与 x 或 y 的散点图如图 9.2(c) 所示。

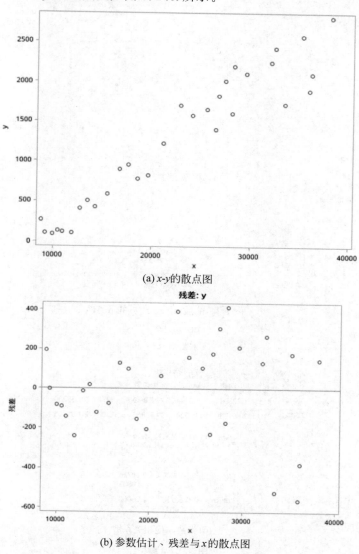

(a) x-y 的散点图

(b) 参数估计、残差与 x 的散点图

图 9.2　例 9.2 用图

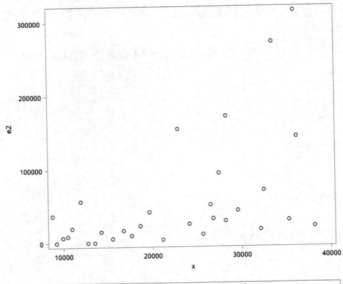

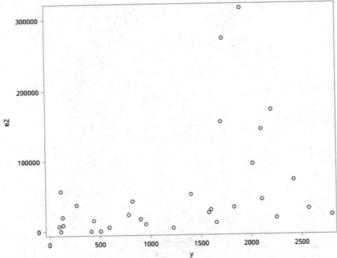

(c) e^2与x的散点图、e^2与y的散点图

CORR 过程

2 变量: x abse

简单统计量						
变量	N	均值	标准差	中位数	最小值	最大值
x	31	22394	9244	22880	8777	38200
abse	31	192.80133	139.04324	159.30866	3.51399	561.51065

Spearman 相关系数, N = 31 Prob > |r| under H0: Rho=0		
	x	abse
x	1.00000	0.60726 0.0003
abse	0.60726 0.0003	1.00000

(d) 斯皮尔曼相关系数

图 9.2 （续）

参数估计								
					异方差性相容			
变量	自由度	参数估计	标准误差	t 值	Pr > |t|	标准误差	t 值	Pr > |t|
Intercept	1	-700.41096	116.66793	-6.00	<.0001	101.91141	-6.87	<.0001
x	1	0.08783	0.00483	18.20	<.0001	0.00565	15.55	<.0001

第一和第二矩指定的检验		
自由度	卡方	Pr > 卡方
2	7.13	0.0284

(e) 模型拟合结果与异方差诊断结果

参数估计								
					异方差性相容			
变量	自由度	参数估计	标准误差	t 值	Pr > |t|	标准误差	t 值	Pr > |t|
Intercept	1	-746.93401	89.80778	-8.32	<.0001	90.24309	-8.28	<.0001
x	1	0.08994	0.00436	20.61	<.0001	0.00508	17.71	<.0001

第一和第二矩指定的检验		
自由度	卡方	Pr > 卡方
3	5.23	0.1559

HCC 近似方法: HC3

(f) 加权模型的white检验

图 9.2 （续）

从图 9.2(c)可以看出，残差的平方随着 x 和 y 的增大而增大。

（2）斯皮尔曼相关系数检验。

```
proc corr data = test1 spearman;
    var x abse;
Run;
```

输出结果如图 9.2(d)所示。

从图 9.2(d)中可以看到，x 与残差的绝对值的斯皮尔曼相关系数为 0.60725，对应的 P 值为 0.0003。因此，在显著性水平 $\alpha = 0.05$ 下显著，x 与残差的绝对值存在显著地正相关。因此，可以得出存在异方差的结论。

（3）戈德菲尔德-夸特检验。

首先把数据集按照自变量排序去掉中间大约 $T/4$ 的数据，其余数据分为两组，分别进行 OLS 估计，程序如下：

```
Data GQ;
    set test1;
Run;
Proc sort data = GQ;
    by e2;
Run;
Data GQ1;
    set GQ;
if _n_ <= 12 or _n_ > 19;
Run;
Data GQ2;
    set GQ1;
    retain eb2 el2 0;
    if _n_ <= 12 then eb2 = eb2 + e2;
    if _n_ > 12 then el2 = el2 + e2;
    if _n_ = 24 then do; f = el2/eb2; P = 1 - probf(f,10,10);end;
Run;
```

通过运行可以看到,F 统计量对应的右端概率为 $0.0000890864 < 0.050$;因此存在异方差。

(4) White 检验。

Reg 过程的 Model 语句与 White 检验有关的选项包括以下几个。

① White:显示异方差一致的标准误差。

什么叫异方差一致标准误差? 这是 White 在 1980 年的提出的,当误差项独立不同分布且与自变量不相关时,参数估计协方差矩阵具有一致估计量,计算参数估计的协方差矩阵有 4 种方式,选择哪一种方式计算是通过选项 Hccmethod = 0、1、2、3 来实现的。当样本容量小于 250 时,建议使用 Hccmethod = 3。White 选项会在原始的 OLS 估计量表的右侧外加给出按照 Hccmethod = 指定方法计算的异方差相容的参数估计量的标准误,这个标准误不同于普通最小二乘估计的标准误。

② ACOV 选项会输出按照 Hccmethod = 指定的方法计算的参数估计量的协方差矩阵。

③ Spec 选项给出是否存在异方差的检验。

```
Proc reg data = deposit;
    model y = x/white hccmethod = 3 spec;
    output out = wt r = uhat;
Quit;
```

输出的 White 检验的拟合结果如图 9.2(e)所示。

图 9.2(e)左侧参数估计表中第一行是截距项的估计值、OLS 方法计算的截距的参数估计量的标准误及相应的 T 检验统计量的值。另外,给出了截距参数估计量的 White 异方差相容的标准误以及相应的 T 值。第二行是关于自变量 x 的参数估计量的相应信息。从图 9.2(e)所示的参数估计图来看,不管利用哪一个标准误,在 5% 的显著性水平下,两个参数都显著地不等于零。

图 9.2(e)右侧给出的是 White 检验统计量,这是 Model 语句 Spec 选项的输出结果,卡方值为 7.13,对应的 P 值 $0.0284 < 0.05$,因此在 5% 的显著性水平下,拒绝误差项同方差的原假设,接受误差项存在异方差的判断。

2) 异方差问题修正

在确认原回归模型存在异方差后,就可以通过加权最小二乘法对其进行修正,从而得到修正后的回归结果。

首先通过 White 辅助回归得到方差的估计,然后用方差的估计值开方取倒数来作为回归的权重,再次进行回归。程序如下:

```
Data test2;
    set test1;
    re2 = residual ** 2;
Run;
Proc reg data = test1 noprint;
    model e2 = x x2;
    output out = whh p = e2hat;
Quit;
Data wh;
    set whh;
    w = 1/sqrt(e2hat);
Run;
Proc reg data = wh;
```

```
    model y = x/white spec hccmethod = 3;
    weight w;
Quit;
```

主要输出结果如图 9.2(f)所示。

从图 9.2(f)看出 White 检验统计量为 5.23,对应的 P 值 0.1559＞0.05,因此,在 5％的显著性水平下,接受加权的回归不存在异方差的原假设。加权二乘模型为

$$\frac{Y_t}{\sigma^2} = \frac{\beta_0}{\sigma^2} + \frac{\beta_1 X_t}{\sigma^2} + \frac{\varepsilon_t}{\sigma^2}$$

估计结果为

$$\frac{\hat{Y}_t}{\hat{\sigma}^2} = \frac{-746.93}{\hat{\sigma}^2} + \frac{0.09 X_t}{\hat{\sigma}^2}$$

还原变量,得

$$\hat{Y}_t = -746.93 + 0.09 X_t$$

这就是加权最小二乘的估计结果。

2. 自相关问题

当存在自相关时,虽然模型的参数估计量仍然是线性无偏估计量,但方差不是最小的,有可能会低估误差,导致假设检验和预测无效。

自相关问题的检验主要有图示法、LM 检验(又称 Breusch-Godfrey 检验)、回归检验和 Durbin-Waston(DW)检验,其中 DW 检验是最常用的检验。

【例 9.3】 insurance-population. txt 是 1967—1998 年天津市保费收入(万元)与人口数据(万人),(数据来之张晓峒《计量经济学基础》)。

首先导入数据,代码如下:

```
Data corr;
    infile "C:\insurance - population. txt" dlm = '09'x;
    input year y x;
    lny = log(y);
Run;
```

然后作 $y-x$ 以及 $\mathrm{ln}y-x$ 的散点图,代码如下:

```
Proc sgplot data = corr;
    scatter x = x y = y;
Proc sgplot data = corr;
    scatter x = x y = lny;
Run;
```

散点图如图 9.3(a)和图 9.3(b)所示。

由散点图 9.3(b)建立 $\mathrm{ln}y$ 和 x 的回归模型。

(1)自相关的 DW 检验。

```
Proc reg data = corr;
    model lny = x/dwprob;
Run;
    output out = cor1 r = uhat;
Quit;
```

输出结果如图 9.3(c)和图 9.3(d)所示。

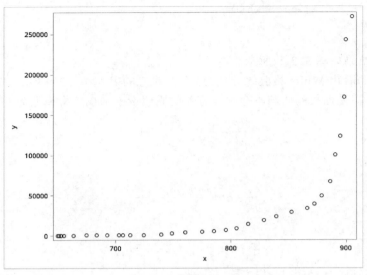

(a) x-y的散点图

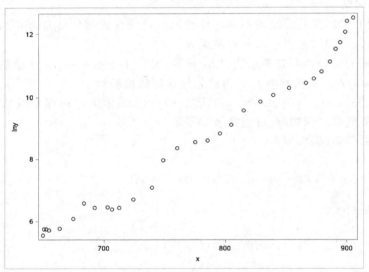

(b) x-lny的散点图

REG 过程
模型: MODEL1
因变量: lny

读取的观测数	32
使用的观测数	32

方差分析					
源	自由度	平方和	均方	F 值	Pr > F
模型	1	160.54684	160.54684	1384.53	<.0001
误差	30	3.47873	0.11596		
校正合计	31	164.02556			

均方根误差	0.34053	R 方	0.9788
因变量均值	8.59155	调整 R 方	0.9781
变异系数	3.96349		

参数估计					
变量	自由度	参数估计	标准误差	t 值	Pr > |t|
Intercept	1	-11.18098	0.53479	-20.91	<.0001
x	1	0.02541	0.00068276	37.21	<.0001

(c) 模型拟合输出

图 9.3　例 9.3 用图

Durbin-Watson D	0.363
Pr < DW	<.0001
Pr > DW	1.0000
观测数	32
第一阶自相关	0.740

(d) DW检验结果

参数估计						
变量	标签	自由度	参数估计	标准误差	t 值	Pr > |t|
Intercept	Intercept	1	-0.00166	0.03536	-0.05	0.9629
uhat1		1	1.18637	0.17445	6.80	<.0001
uhat2		1	-0.46793	0.19207	-2.44	0.0217

(e) 模型拟合结果

Durbin-Watson D	1.994
Pr < DW	0.4151
Pr > DW	0.5849
观测数	30
第一阶自相关	-0.022

(f) DW检验结果

图 9.3 （续）

Model 语句的选项 dwprob 如果换成 dw，则图 9.3(d)中的第二行和第三行就不出现。Pr<DW 是检验正自相关；Pr>DW 是检验负自相关，从图 9.3(d)可以看出，在 5% 的显著性水平，残差存在显著的正自相关。

（2）自相关的 LM 检验。

```
Data cor1;
    set cor1;
    uhat1 = lag(uhat);
    uhat2 = lag2(uhat);
Run;
Proc reg data = cor1 outest = ar edf
    model uhat = uhat1 uhat2;
    output out = cor2;
Quit;
```

模型拟合输出如图 9.3(e)所示。

```
Data ar;
    set ar;
    Lm = (_edf_ + _p_) * _rsq_;
    p = 1 - probchi(lm,2);
Run;
```

Lm 统计量为 21.20，P 值为 0.00002，说明存在二阶自回归形式的自相关。

（3）自相关的修正。

```
Data cor2;
    set cor2;
    gdlny = lny - 1.1864 * lag(lny) - ( - 0.4679) * lag2(lny);
    gdx = x - 1.1864 * lag(x) - ( - 0.4679) * lag2(x);
Run;
Proc reg data = cor2;
    model gdlny = gdx/dwprob;
Run;
```

输出的自相关检验结果如图 9.3(f)所示。

从图 9.3(f)可以看出，经过修正后的回归，残差不存在自相关。

3. 共线性问题

当解释变量存在较严重的共线性时,会导致模型拟合度和模型整体显著性较高,但每个解释变量的 T 统计量都不显著特点,而且 OLS 估计量对数据的微小变化敏感。

Reg 过程通过在 Model 语句添加选项 Collin 或 Collinoint(不考虑截距项)、Tol 或 VIF,提供了 4 种诊断共线性问题的方法。其中 TOL＝1/VIF。

一般认为 VIF＞10 就存在很强的共线性问题。

【例 9.4】 Grain.txt 是天津市 1974—1987 年粮食销售量 Y(万吨/年),常住人口 x_1(万人),人均收入 x_2(元/年),肉类销售 x_3(万吨/年),禽蛋销售 x_4(万吨/年),水产品销售 x_5(万吨/年)的数据。

首先导入数据,代码如下:

```
Data grain;
    infile "C:\grain.txt" dlm = '09'x firstobs = 2;
    input date $ 10. x1 x2 x3 x4 x5 y;
Run;
```

进行共线性诊断,在 Model 语句增加选项 COLLIN VIF TOL:

```
Proc reg data = grain;
    model y =  x1 x2 x3 x4 x5/COLLIN vif tol;
Quit;
```

该程序输出如图 9.4(a)～(d)所示。

从图 9.4(a)和图 9.4(b)可以看出,R 方为 0.9704,模型拟合度很高;F 检验统计量为 52.53,对应的 P 值小于 0.0001,模型非常显著;但是具体到每个变量,其 T 检验统计量均不显著,这是共线性的典型特征。

共线性诊断输出

REG 过程
模型: MODEL1
因变量: y

读取的观测数	14
使用的观测数	14

方差分析

源	自由度	平方和	均方	F 值	Pr > F
模型	5	8592.68600	1718.53720	52.53	<.0001
误差	8	261.71849	32.71481		
校正合计	13	8854.40449			

(a) 输出一

均方根误差	5.71969	R 方	0.9704
因变量均值	142.71286	调整 R 方	0.9520
变异系数	4.00783		

(b) 输出二

参数估计

变量	自由度	参数估计	标准误差	t 值	Pr > |t|	容差	方差膨胀
Intercept	1	-3.49656	30.00659	-0.12	0.9101		0
x1	1	0.12533	0.05914	2.12	0.0669	0.11473	8.71594
x2	1	0.07367	0.03788	1.94	0.0877	0.02066	48.41063
x3	1	2.67759	1.25729	2.13	0.0658	0.06486	15.41785
x4	1	3.45345	2.45085	1.41	0.1965	0.02546	39.28129
x5	1	-4.49112	2.21486	-2.03	0.0771	0.00952	105.03482

(c) 输出三

图 9.4　例 9.4 用图

共线性诊断								
个数	特征值	条件指数	偏差比例					
			Intercept	x1	x2	x3	x4	x5
1	5.64196	1.00000	0.00007173	0.00003553	0.00013959	0.00021307	0.00023027	0.00009764
2	0.33670	4.09349	0.00271	0.00074545	0.00065315	0.00009354	0.00351	0.00238
3	0.00928	24.65142	0.00544	0.00078619	0.15983	0.04311	0.47724	0.00694
4	0.00732	27.76405	0.03450	0.00057196	0.08525	0.68384	0.00073650	0.01327
5	0.00408	37.19228	0.09887	0.02654	0.27072	0.00391	0.14940	0.35828
6	0.00066428	92.15950	0.85840	0.97132	0.48342	0.26883	0.36888	0.61903

(d) 输出四

逐步回归法处理共线性问题

向前选择: 第 1 步

变量 x1 已输入: R 方 = 0.9248 和 C(p) = 10.3421

REG 过程
模型: MODEL1
因变量: y

读取的观测数	14
使用的观测数	14

方差分析					
源	自由度	平方和	均方	F 值	Pr > F
模型	1	8188.91723	8188.91723	147.66	<.0001
误差	12	665.48726	55.45727		
校正合计	13	8854.40449			

变量	参数估计	标准误差	II 型 SS	F 值	Pr > F
Intercept	-90.92074	19.32929	1227.02309	22.13	0.0005
x1	0.31692	0.02608	8188.91723	147.66	<.0001

条件数字的边界: 1, 1

(e) 向前回归法

向前选择: 第 2 步

变量 x3 已输入: R 方 = 0.9539 和 C(p) = 4.4650

方差分析					
源	自由度	平方和	均方	F 值	Pr > F
模型	2	8446.61344	4223.30672	113.92	<.0001
误差	11	407.79105	37.07191		
校正合计	13	8854.40449			

变量	参数估计	标准误差	II 型 SS	F 值	Pr > F
Intercept	-39.79479	25.01570	93.81499	2.53	0.1400
x1	0.21154	0.04530	808.35249	21.80	0.0007
x3	1.90925	0.72415	257.69622	6.95	0.0231

条件数字的边界: 4.5135, 18.054

没有其他变量满足 0.5000 显著性水平, 无法输入该模型。

"向前选择" 的汇总							
步	输入的变量	引入变量数	偏 R 方	模型 R 方	C(p)	F 值	Pr > F
1	x1	1	0.9248	0.9248	10.3421	147.66	<.0001
2	x3	2	0.0291	0.9539	4.4650	6.95	0.0231

(f) 向前回归法

图 9.4 (续)

图 9.4(c)所示的最后两列是选项 TOL(容忍度)和 VIF(方差膨胀因子)输出,TOL 是 VIF 的倒数。一般来说,对于共线性问题,VIF 越接近 1 说明共线性越弱;通常如果 VIF 接近或大于 10,表明该解释变量与其余解释变量之间有严重的多重共线性。但目前还没有一个正式的判断标准。

图 9.4(d)是选项 COLLIN 的输出；COLLin 和 COLLinoint 的区别在于前者包含了截距项，后者在分析时没有考虑截距项，图中的特征值是方阵 $x'x$ 的特征值，包括截距项和不包括截距项时，矩阵的阶数相差 1，特征值的个数也相差 1。这里的特征根是指相关系数矩阵的特征根。如果最大特征根远远大于其他特征根的值，则说明这些解释变量之间具有相当多的重叠信息。

条件指数：等于最大特征值与该特征值之比的平方根，一般认为当条件指数介于 10～100 之间时，变量之间有较强的多重共线性，而当条件指数大于 100 时，存在严重的多重共线性。偏差比例给出了某个主成分在某个变量估计值的方差所占的比例，当与高条件指数相关的一个分量对两个或多个变量的方差贡献大于 0.5 时，就会出现共线性问题。

采用逐步回归法可以解决多重共线性问题。下面采用向前回归法进行估计。

```
Proc reg data = grain;
    model y = x1 x2 x3 x4 x5/selection = F;
Quit;
```

输出结果如图 9.4(e)所示。

首先分别对每个变量进行一次单变量回归，挑选出最大 R 方的变量 x_1。

然后挑选出变量 x_3，之后任何变量的加入都无法提高 R 方，回归结束，选出变量 x_1 和 x_3；由于截距项不显著，因此建模时省略截距项，进行估计：

```
Proc reg data = grain;
    model y = x1 x3/noint;
Quit;
```

输出结果略，得到回归方程为

$$\hat{y} = 0.141x_1 + 2.802x_3$$

9.2 联立方程估计

联立方程模型的一个基本特征就是联立内生性，这就使得 Reg 过程不能对联立模型进行拟合，SAS/ETS 提供了 Syslin 过程对联立模型进行处理。

9.2.1 Syslin 过程介绍

Syslin 过程对联立模型中的参数进行估计。在联立模型中，由于存在内生解释变量，导致解释变量与误差项相关，这时 OLS 估计量是有偏的且非一致的。Syslin 过程提供了几种方法来产生相容和渐近有效的估计。

Syslin 过程可以提供普通最小二乘法（OLS）、两阶段最小二乘法（2SLS）、三阶段最小二乘法（3SLS）、迭代三阶段最小二乘法（3SLS）、似乎无关回归、迭代似乎无关回归（ITSUR）、有限信息极大似然法、完全信息极大似然法、K-类法、最小期望损失法等方法对参数进行估计。Syslin 过程的语法格式如下：

```
Proc Syslin  options;
    By variables;
    Endogenous variables;
    < label:> Identity equation;
    Instruments variables;
```

```
< label:> Model response = regressors / options;
Output Predicted = variable Residual = variable;
Run;
```

说明如下。

（1）**Proc Syslin 语句**：该语句的选项主要包括以下几个。

① Data＝：输入数据集名称；输出数据集设定：Outest＝输出数据名称，用来存储参数估计值以及输出的具体内容，如 Covout（输出参数估计量的协方差矩阵）、Outseb（输出参数估计的标准误）。

② 参数估计方法选项：OLS、2SLS（两阶段最小二乘估计）、3SLS（三阶段最小二乘估计）、IT3SLS（迭代三阶段最小二乘估计）、LIML（有限信息极大似然估计）、FIML（完全信息极大似然估计）、SUR（似乎不相关回归）、ITSUR（迭代似乎不相关回归）、K＝（指定 K-类估计方法），Converge＝指定迭代估计的收敛标准，默认为 0.0001。

（2）By 语句用来将记录分组进行分析。

（3）Endogenous 语句用来指明在第一阶段回归中的因变量，即联合因变量或者叫内生解释变量，但是对于 SUR、ITSUR、OLS 这三类回归方法，不需要该语句。当 Endogenous 语句缺失时，Model 语句和 Identity 语句中非 Instrument 语句指明的变量均为内生变量。

（4）Identity 语句对写入 Outest＝的数据集中的变量规定线性关系，但不会创建或计算变量；当 Proc Syslin 语句使用 Reduced 选项，而内生变量个数大于 Model 给定的模型数时，Identity 语句可以用来使方程组完备，也就是可以用来定义内生变量之间的关系，即定义方程。

（5）Instruments 语句指定在第一阶段回归中为获得内生解释变量预测值所建立模型中的解释变量。当估计方法是 2SLS、3SLS、IT3SLS、LIML、MELO 和 K-类时，要求声明工具变量；当估计方法是 SUR、ITSUR、OLS 或 FIML 时，不需要声明工具变量。

（6）Model 语句和 Reg 过程基本相同。

（7）Output < Predicted＝variable >< Residual＝variable >：该语句与 Reg 过程的唯一不同是 out＝选项不出现在该语句，而是出现在 Proc Syslin 语句，但需和 Output 语句联合使用。这里的关键词 Predicted＝命名一个包含响应变量预测值的新变量名；该选项可以简写为 p＝或 pred＝；Residual＝命名一个包含响应变量残差值的新变量名，可以简写为 R＝或 resid＝。

9.2.2 随机解释变量问题

用最小二乘法对经典回归模型进行估计，要求解释变量为非随机变量，且与误差项不相关。如果解释变量是随机变量，就有可能与误差项相关，导致最小二乘估计量是有偏估计量。解决的办法就是寻求一个"和解释变量高度相关且和误差不相关"的工具变量。Syslin 过程可以对随机解释变量建模。

【例 9.5】 随机解释变量示例。

GDPCC. txt 是 1978—1908 年我国国内生产总值 Y、最终消费 C、资本形成总额 K 的数据。考察消费与国内生产总值的关系。

建立国民消费模型，即

$$C_t = \beta_0 + \beta_1 Y_t + \mu_t$$

根据经济理论，消费 C 是国内生产总值 Y 的一部分，因此 C 和 Y 都受到随机干扰项 μ_t

的影响,导致随机解释变量问题的产生。

资本总额 K 是 Y 的一部分,与 Y 高度相关,假设 K 与 μ_t 不相关,则可以选择 K 作为 Y 的工具变量(选自《计量经济学基础》张晓峒)。

SAS 程序如下:

```
Data Gdpcc;
    infile "C: \gdpcc.txt" dlm = '09'x firstobs = 2;
    input date $ 10. Y K C;
Run;
proc syslin data = gdpcc 2sls;
    Endogenous y;
    Instruments k;
    model c = y;
Quit;
```

运行结果如图 9.5 所示。

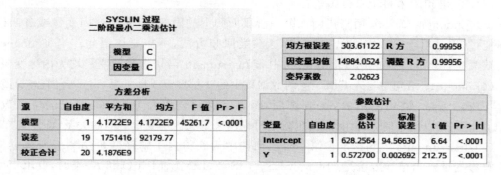

SYSLIN 过程
二阶段最小二乘法估计

模型	C
因变量	C

方差分析				
源	自由度	平方和	均方	F 值 Pr > F
模型	1	4.1722E9	4.1722E9	45261.7 <.0001
误差	19	1751416	92179.77	
校正合计	20	4.1876E9		

均方根误差	303.61122	R 方	0.99958
因变量均值	14984.0524	调整 R 方	0.99956
变异系数	2.02623		

参数估计					
变量	自由度	参数估计	标准误差	t 值	Pr > |t|
Intercept	1	628.2564	94.56630	6.64	<.0001
Y	1	0.572700	0.002692	212.75	<.0001

图 9.5 随机解释变量问题——工具变量结果

从图 9.5 可以看出,采用工具变量法拟合的模型为

$$\hat{C} = 628.26 + 0.5727Y$$

9.2.3 联立模型的估计

【例 9.6】 联立方程模型的识别与估计。

CGKIY. txt 是天津市 1978—2000 年居民消费 C、政府消费 G、资本总额 I、国民收入 Y 数据(引自《计量经济学基础》张晓峒)。

下面建立简单的宏观经济学模型。

消费方程为

$$C_t = a_0 + a_1 Y_t + a_2 C_{t-1} + \mu_{1t}$$

投资方程为

$$I_t = b_0 + b_1 Y_{t-1} + \mu_{2t}$$

收入方程为

$$Y_t = C_t + I_t + G_t$$

在该模型中,内生变量分别是 Y_t、C_t、I_t 和 G_t。根据联立方程模型结构方程识别的秩条件可知消费方程可识别,而且投资方程不存在内生解释变量,可直接利用 OLS 进行参数估计。

SAS 程序如下:

```
Data CGKIY;
    infile "C: \cgkiy.txt" dlm = '09'x firstobs = 2;
    input date $ 10. Y I G C;
    C1 = lag(C);
    Y1 = lag(Y);
Run;
Title "联立方程模型 – 二阶段最小二乘法";
Proc syslin data = CGKIY 2sls;
    instruments c1 y1 g;
    consumer: model c = y c1;
    Invest: model I = Y1;
    Income: Identity Y = C + I + G;
Quit;
```

程序输出如图 9.6 所示。

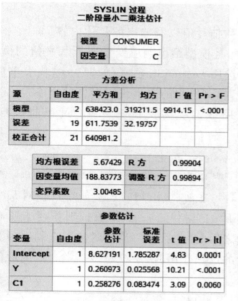

图 9.6　联立模型估计——两阶段最小二乘法

由图 9.6 可以看出,联立方程模型的估计结果为

$$\begin{cases} \hat{C}_t = 8.627 + 0.261\hat{Y}_t + 0.258\hat{C}_{t-1} \\ \hat{I}_t = 11.485 + 0.583\hat{Y}_{t-1} \\ Y_t = C_t + I_t + G_t \end{cases}$$

9.3　Logistic 回归

　　二元相应(如成功和失败)、序数相应(如正常、温和和严重)和名义相应(如在某一小时观看的主要电视网络)出现在许多研究领域。逻辑回归分析常被用来研究这些离散响应和一组解释变量之间的关系。

　　SAS 提供了 Logistic 过程、Qlim 过程来处理这类问题,下面我们主要介绍 Logistic 过程。Logistic 过程的常用语法格式如下：

```
Proc Logistic < options >;
    Class variable <(options)> …< variable <(options)>></ global – options >;
    < label:> Model variable <(variable_options)> = < effects > </ options >;
    < label:> Model events/trials = < effects > </ options >;
    Oddsratio <'label'> variable </ options >;
    Output < Out = data – set > < keyword = name < keyword = name …>></ option >;
    Roc <'label'> < specification > </ options >;
    Roccontrast <'label'> Reference <(Model?|?'roc – label')> </ options >;
    Score < options >;
Run;
```

说明如下。

（1）Proc Logistic 语句可选的选项很多，主要有以下几个。

① Data＝：输入数据集名称。

② Outest＝：输出数据名称，用来存储参数估计值以及输出的具体内容。

③ 控制相应变量水平的顺序，默认为升序，且模型给出响应变量取低水平值的概率，如果想让模型给出相应变量取高水平值的概率，选用 Descending。例如，Y＝0，代表事件不发生；Y＝1，代表事件发生。那么在默认情况下，模型给出的是事件不发生的概率。

④ Plot 选项用来指定系统输出图形，使用该选项需要在 Logistic 过程前执行 ODS Graphics on 语句

```
PLOTS <(global – plot – options)> < = plot – request <(options)>>
PLOTS <(global – plot – options)> = (plot – request <(options)><…plot – request <(options)>>)
```

（2）Class 语句：该语句必须放在 Model 语句之前，该语句的选项如果仅仅对某一个分类变量起作用（局部选项），就放在该分类变量后的小括号内；如果该选项作用于所有的分类变量（全局选项），必须写在所有的分类变量之后的"/"后面。当同时使用全局选项和局部选项时，局部选项优先于全局选项。分类变量的选项作用时，系统对该分类变量的取值分配新变量，机制和虚拟变量的设置类似。

（3）Model 语句：该语句指定因变量（响应变量）和自变量。因变量可以是二分类变量，也可以是名义变量或定序变量；自变量可以是连续变量或者分类变量。

Model 语句有两种形式。而一种是针对个体数据，即每一条数据代表一个观测，因变量可以是二分类变量，也可以是名义变量或定序变量，语法格式如下：

```
< label:> Model variable <(variable_options)> = < effects ></ options >;
```

其中，variable 指因变量；effects 指自变量列表。

第二种形式针对分组数据，分组数据指每一条数据代表多条观测，该形式仅适用于因变量为二分类变量的情况，语法形式如下：

```
< label:> Model events/trials = < effects ></ options >;
```

其中，events 指二项实验中代表事件发生次数的变量；trials 指代表二项实验次数的变量；effects 指自变量列表。

当 Model 语句指定 Roccl 选项或者使用 Roc 语句时，使用 label 语句有助于区分输出结果。

（4）Oddsratio 语句：用来比较分类变量不同水平之间的发生比例，常用选项有 Cl＝

Wald|Pl|Both,指定计算置信区间的方法。

（5）Output 语句：选项 out＝指定输出数据集，输出数据集包含所有原始变量和指定的统计量。

（6）Roc 语句：用来绘制 Roc 曲线，label 会显示在图形的标题中，如果没有 label 选项，图形标题会自动按照 Roc 语句的顺序将第 i 个 Roc 语句的图形标题加上"Roci"。建议为每个 Roc 语句添加有助于区别的标签。Specification 可以是 Model 语句中的 effects 中的一个或几个变量。

（7）Roccontrast 语句：用于比较不同自变量的 Roc 曲线的面积，Reference＜（Model|'roc-label'）>用来指定用于比较的参照变量。该语句的选项主要有 estimate，要求给出面积差异是否显著的假设检验。

（8）Score 语句：用来输出数据，输出数据包含原始数据集中的所有数据，并且会输出预测事件发生的概率值，也可以输出预测概率值的置信区间。

【例 9.7】 loan. csv 是有关个人贷款的数据。包含以下数据：客户信用评级（Creditlevel）、贷款分类（Bad＝1 不良贷款，Bad＝0 正常贷款）、拖延次数（Delaying）、资产负债率（Dbassrt）、学历程度（Education）、工龄（Year）、贷款用途（Purpose）、贷款编号（ID）、贷款记录（Ploan＝1 有过贷款，Ploan＝0 之前没有贷款记录）。数据来自《深入解析 SAS 数据处理、分析优化与商业应用》。正确预测不良贷款的发生是商业银行风险管理的重要课题。

（1）首先利用文件 Loan. csv 生成数据集 loan：

```
Proc Import datafile = "C:\loan.csv" out = loan DBMS = csv replace;
    datarow = 2;
    getnames = yes;
Run;
```

（2）现在拟合申请人拖延（还款）次数、资产负债率和是否有过贷款难对因变量的影响，SAS 程序如下：

```
Proc Logistic data = loan plots(only) = (effect);
    Bad_loan: model bad(event = "1") = delaying dbassrt ploan;
Run;
```

○ 在这段 SAS 程序中，Plots＝选项的 effect 指定输出关于自变量的预测概率效应图形，当有多个自变量时，给出的是第一个自变量的概率效应图，其他自变量取均值。如果要输出多幅多个变量的预测概率效应图，可以在选项 effect 后面的括号中使用选项 x＝来指定需要做预测效应的自变量，如果需要对多个自变量分别作预测概率效应图，则需要把这些变量用括号括起来。如：

```
Plots = (effect(x = (delaying dbassrt))
```

○ Model 语句中，因变量后面的括号中的选项 event＝"1"，表示对 bad＝1 时事件发生的概率建模。缺省时，对因变量的取值最小的事件发生的概率建模。也可以通过在 Proc Logisitic 语句添加 Descending 选项来替代这里的 event＝"1"选项。

输出结果如图 9.7（a）所示。

图 9.7（a）给出了建模用数据集的简单描述，包括因变量名称、因变量的取值个数、因变量取各个值的频数、模型种类和参数估计的方法、参数估计使用观测的个数等。如果某条观

测中建模所涉及的变量有缺失值,则该条记录不被用来进行模型估计。

图 9.7(b)左边第一幅图给出了模型的拟合度评价。第一列给出了当模型仅仅有截距项而不包含自变量时的 AIC、SC 和－2LogL;第二列给出了模型既包含截距项又包含自变量时的 AIC、SC 和－2LogL。这 3 个准则只适用于相同数据不同模型之间的比较,同时,不管哪一个准则,都是取值越小说明模型拟合得越好。

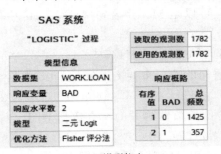

SAS 系统

"LOGISTIC" 过程

读取的观测数	1782
使用的观测数	1782

模型信息

数据集	WORK.LOAN
响应变量	BAD
响应水平数	2
模型	二元 Logit
优化方法	Fisher 评分法

响应概率

有序值	BAD	总频数
1	0	1425
2	1	357

(a) 模型信息

建模的概率为 BAD='1'。

模型收敛状态

满足收敛准则 (GCONV=1E-8)。

模型拟合统计量

准则	仅截距	截距和协变量
AIC	1787.097	1366.903
SC	1792.582	1388.845
-2 Log L	1785.097	1358.903

检验全局零假设: BETA=0

检验	卡方	自由度	Pr > 卡方
似然比	426.1939	3	<.0001
评分	385.4445	3	<.0001
Wald	255.7257	3	<.0001

(b) 模型拟合评价信息

最大似然估计分析

参数	自由度	估计	标准误差	Wald 卡方	Pr > 卡方
Intercept	1	-3.6186	0.3290	120.9436	<.0001
Delaying	1	0.3903	0.0516	57.3167	<.0001
Dbassrt	1	0.0724	0.00862	70.5152	<.0001
Ploan	1	-2.4550	0.1934	161.1043	<.0001

优比估计

效应	点估计	95% Wald 置信限	
Delaying	1.477	1.335	1.634
Dbassrt	1.075	1.057	1.093
Ploan	0.086	0.059	0.125

(c) 模型拟合结果及系数的意义解释

预测概率和观测响应的关联

一致部分所占百分比	81.8	Somers D	0.636
不一致部分所占百分比	18.2	Gamma	0.636
结值百分比	0.0	Tau-a	0.204
对	508725	c	0.818

(d) 模型预测准确度信息

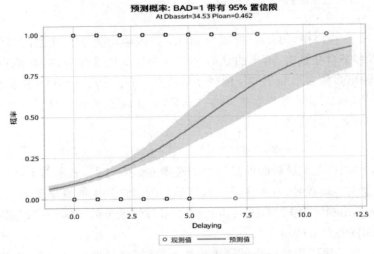

(e) Delaying的预测概率效应图

图 9.7　例 9.7 用图

Pred_loan Data 的结构

creditlevel	BAD	Delaying	Dbassrt	Education	Year	Purpose	ID	Ploan	从: BAD	到: BAD	预测概率: BAD=0	预测概率: BAD=1
B	.	0	37.36734497	high school	9	business	BL000006	0	.	0	0.71577	0.28423
B+	.	1	37.26858765	college	10	business	BL000008	0	.	0	0.63159	0.36841
B	1	0	38.54123721	high school	12	business	BL000026	0	1	0	0.69820	0.30180
B+	1	0	36.03972091	high school	16	business	BL000037	1	1	0	0.96975	0.03025
B+	1	0	49.80399999	high school	2	business	BL000038	1	1	0	0.50617	0.49383

(f) 预测数据集的结构

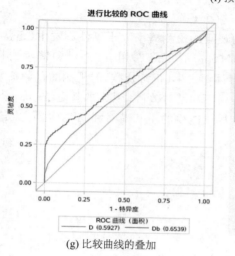

(g) 比较曲线的叠加

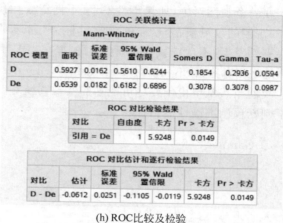

ROC 关联统计量

	Mann-Whitney						
ROC 模型	面积	标准误差	95% Wald 置信限		Somers D	Gamma	Tau-a
D	0.5927	0.0162	0.5610	0.6244	0.1854	0.2936	0.0594
De	0.6539	0.0182	0.6182	0.6896	0.3078	0.3078	0.0987

ROC 对比检验结果

对比	自由度	卡方	Pr > 卡方
引用 = De	1	5.9248	0.0149

ROC 对比估计和逐行检验结果

对比	估计	标准误差	95% Wald 置信限		卡方	Pr > 卡方
D - De	-0.0612	0.0251	-0.1105	-0.0119	5.9248	0.0149

(h) ROC比较及检验

图 9.7 （续）

图 9.7(b)第二幅图给出模型总体线性的检验结果,是对模型

$$\ln\left(\frac{p}{1-p}\right) = \beta_0 + \sum_{i=1}^{k} \beta_i x_i$$

的线性进行假设检验,原假设

$$H_0 : \beta_1 = \cdots = \beta_k = 0 \quad \text{V. S.} \quad H_1 : \beta_1, \beta_2, \cdots, \beta_k \text{ 不全为零}$$

检验原理与线性回归类似,Logistic 过程使用的 3 种方法分别是似然比(Likeelihood ratio)检验、评分(Score)检验和 Wald 检验,这里每个检验对应的 P 值都小于 0.001,所以应该拒绝原假设。

图 9.7(c)给出了模型中每个自变量参数估计以及参数的显著性检验。这里参数的值代表在其他变量保持不变时,自变量增加一个单位时,发生比(odds)与发生比率(Odds Ratio)的对数值。

$$\ln\left(\frac{\text{Odds}_{i1}}{\text{Odds}_{i0}}\right) = \beta_i, \quad \text{即：} \quad \frac{\text{Odds}_{i1}}{\text{Odds}_{i0}} = e^{\beta_i}$$

其中,Odds_{i1} 表示其他变量保持不变时,x_i 增加一单位后的发生比;Odds_{i0} 表示 x_i 增加一单位前的发生比。因此,有以下几种情形。

○ 当 $\beta_i > 0$ 时,发生比率大于 1,表明事件发生的可能性会提高,自变量对事件发生概率有正的作用。

○ 当 $\beta_i = 0$ 时,发生比率等于 1,表明自变量对事件发生概率没有影响。

○ 当 $\beta_i < 0$ 时,发生比率小于 1,表明事件发生的可能性会降低,自变量对事件发生概

率有负的作用。

图 9.7(c)中的第二幅图显示 3 个变量 delaying、dbassrt 及 ploan 对不良贷款发生比提高都有正的作用。

（3）模型预测的准确性。图 9.7(d)给出了模型预测的准确性信息。按照贷款是否为不良贷款将观测分成两组，即不良贷款组（357 条观测）和正常贷款组（1425 条观测）。

从每组中各取一条观测，形成一个观测对，总共有

$$t = 357 \times 1425 = 508725（个观测对）$$

在一个观测对中，如果事件发生（不良贷款）的观测的预测概率大于事件不发生（正常贷款）的观测的预测概率，这样的观测对称为"和谐对（concordant）"，用 n_c 表示和谐对数目；如果事件发生（不良贷款）的观测的预测概率小于事件不发生（正常贷款）的观测的预测概率，这样的观测对称为"不和谐对（discordant）"，用 n_d 表示不和谐对数目；其余的就是结（Tie）。

我们当然希望模型要尽可能多的实现和谐对，尽可能少的不和谐对和结，由此可以定义以下判断预测准确性的指标：

○ $\text{Gamma} = \dfrac{n_c - n_d}{n_c + n_d}$

○ $\text{Somers}'D = \dfrac{n_c - n_d}{t}$

○ $\text{Tau\_}a = \dfrac{n_c - n_d}{0.5n(n-1)}$

○ $c = \dfrac{n_c + 0.5(t - n_c - n_d)}{t}$

其中，n 为样本容量。这些指标用于同一组数据的不同模型之间比较时，指标越大，说明模型的准确度越高。指标 c 和指标 $\text{Somers}'D$ 在应用于 Logistic 模型时通常较好。

该模型的 $c = 0.818$，它表示观测到事件（不良贷款）发生的观测的预测概率比观测到事件（正常贷款）未发生的观测预测概率值更大的可能性是 0.818。

图 9.7(e)给出的是关于变量 Delaying（拖延还款次数）的预测概率效应图，其他变量取平均值，从图中可以看出，当拖延还款次数增加时，发生贷款拖欠的可能性增高。

（4）预测。建立模型的目的是为了预测，在 Logistic 过程可以通过 Score 语句输出预测事件发生的概率以及预测概率值的置信区间，需要预测因变量值的观测，因变量值必须是缺失值。例如，把 Loan 数据集的前两条记录的"bad=1"修改为"bad=."，然后进行模型拟合，并通过 Score 语句进行预测。程序实现如下：

```
Proc logistic data = loan;
    Bad_loan: model bad(event = "1") = delaying dbassrt ploan;
    score out = pred_loan;
Run;
```

Pred_loan 数据集的结构（仅显示前 5 条），如图 9.7(f)所示。

从图 9.7(f)中可看到，Pred_loan 数据集的前 9 列数据是样本数据集 loan 的数据，第 10～13 列是预测增加的字段。不仅同时给出了预测事件发生的概率值，也给出了 Bad 的预测值。

（5）Roc 曲线。理想的情况是建立的模型能够完全准确地识别出不良贷款的发生与否，但实际上，任何一个模型都可能出错。因此，只能用概率来表示模型的准确性，实际上可

以用两个指标来评价模型(方法)的准确性,即灵敏度(Sensitivity)和特异度(Specificity)。

当完成建模进行判断后,通常会出现 4 种可能,见表 9.3。

表 9.3　模型结果与真实结果的比较

模型结果	真实结果	
	不良贷款	正常贷款
不良贷款	真不良贷款(a)	假不良贷款(b)
正常贷款	假正常贷款(c)	真正常贷款(d)

表 9.3 中,a、b、c、d 分别表示观测数。a 表示本身是不良贷款被判断为不良贷款的观测数,b 表示本身为正常贷款但被模型错误判断为不良贷款的观测数(误判),c 表示本身为不良贷款但被模型错误判断为正常贷款的观测数(漏判),d 表示本身为正常贷款但被模型判断为正常贷款的观测数。

灵敏度指模型能将不良贷款判断为不良贷款的概率,定义为

$$\text{Sensitivity} = \frac{a}{a+c} \times 100\%$$

特异度指模型将非不良贷款判断为非不良贷款的概率,定义为

$$\text{Specificity} = \frac{d}{b+d} \times 100\%$$

因为我们建模的目的是为了判断不良贷款,因此,灵敏度越高,真正的不良贷款就能提前较好地被识别出来,特异度高正常贷款被排除为不良贷款的可能性就高,这两个指标越高越好。一般来说,很难做到这两个指标同时都很高。具体问题要根据误判的危害程度来决定这两个指标哪一个更重要。

ROC(Receiver Operating Characteristic,受试者操作特征)曲线以灵敏度为纵轴,以 1-特异度为横轴,由不同界值产生不同的点,将这些点连接起来而成的曲线。可以用来评价模型的拟合程度。用 ROC 曲线判断模型拟合优劣的方法很简单,就是考察曲线下面积(Area Under the Curve, AUC),AUC 越大表示模型拟合越好;反之模型拟合就不好。AUC 的值和预测准确性指标 c 的值是相等的。

AUC 介于 0~1 之间,当 AUC=1 时,表明模型非常完美;当 AUC=0 时,表明模型没有任何作用,这是两种极端的情况,实际建模时几乎不会碰到这两种情况。

通过模型构建、估计和检验后,可以得到相应观测的预测概率,那么以多大的概率作为判断事件发生的临界值呢? ROC 曲线一个很重要的作用是可以帮助我们确定这个临界概率值(cut-off)。通常有两种方式:一是根据每个观测的计算的灵敏度和特异度,选择"灵敏度+特异度-1"取最大值的那个点的预测概率作为临界值;二是从 ROC 曲线上寻找一个最靠近左上角的点作为界值,因为左上角的 ROC 曲线的点是错误最少的最好阈值,其假阳性和假阴性的总数最少。这两种方法寻找的点在通常情况下是一致的。

不同方法对判断影响的比较,可以使用 Roccontrast 语句来进行,将各种方法的 ROC 曲线绘制到同一坐标系中,以直观地鉴别优劣,靠近左上角的 ROC 曲线所代表的受试者工作最准确。也可通过分别计算各个试验的 ROC 曲线下的 AUC 进行比较,哪一种方法的 AUC 最大,则哪一种方法的判断价值更佳,也可以比较两个 ROC 曲线的面积是否有显著的差异。

下面来看看 delaying 和 dbassrt 这两个因素对因变量的影响是否有显著的区别。

```
Ods graphics on;
Proc logistic data = loan plots(only) = roc;
    Bad_loan: model bad(event = "1") = delaying dbassrt ploan/nofit;
    roc 'D' delaying;
    roc 'Db' dbassrt;
    roccontrast reference('de')/estimate;
Run;
```

输出的比较结果如图 9.7(g)和图 9.7(h)所示。

从图 9.7(g)可以看出，delaying 影响因素的 ROC 曲线的 AUC=0.5927 小于 dbassrt 影响因素的 ROC 曲线的 AUC=0.6539；图 9.7(h)说明两个影响因素的 AUC 之差在 5% 的置信水平下是有显著区别的。

第 10 章

时间序列分析

本章介绍时间序列分析建模中常用的 SAS 过程以及如何建立、识别、拟合、检验及时间序列的预测。这一部分的过程是 SAS/ETS 模块的一部分。

10.1 数据的准备

对时间序列数据进行分析时，一般要求数据具有固定的时间间隔。但是我们面对的时间序列数据的时间间隔并不总是固定的，这些数据不能直接用来进行时间序列分析，往往需要对数据进行预处理。对数据的预处理包括数据转换、缺失数据的处理以及异常值的处理。

SAS/ETS 提供 Timeseries 过程和 Expand 过程实现对数据的预处理，下面主要介绍 Timeseries 过程。

Timeseries 过程将**较短**时间间隔的数据转化成**较长**时间间隔的数据，即将高频数据转化为低频数据。其语法格式如下：

```
Proc Timeseries Data = data - set   out = output - set;
    By variables;
    Id variable Interval = interval < options >;
    Var variable - list < / options >;
Run;
```

说明如下。

(1) Id 语句指定时间变量(只能是数值型变量)。在使用 Timeseries 过程之前，数据集必须按照 Id 语句指定的时间变量和 By 语句指定的分类变量排序。Interval＝指定转换时间序列的频率，其取值可以为 Day、Week、Month、Quarter 和 Year 等。该语句的选项指定对原始序列的加工方式。

① Accumulate＝：指定对每个时期观测数据的累积方式，可以取 Total(加总)、Average (AVG 平均值)、Median(MED 中位数)、Minimum(min 最小值)、Maxium(MAX 最大值)、First 和 Last 等。

② Setmissing＝：指定缺失值处理方法，可以取 Missing、Average、Median、Previous、next、First 和 Last 等。

③ Start＝和 End＝：指定时间变量的起始时间和终止时间。

（2）Var 指定数据集中需要累积的数值型变量，对这些变量在累积的同时可以通过选项做进一步加工。常见以下几个。

① Accumulate＝：同 Id 语句选项，若缺省，按 Id 语句指定执行。

② Transform＝：对累积后的时间序列进行转换，取值有 log、sqrt 等。

③ DIF＝（numlist）：取差分运算。

【例 10.1】 数据文件 Cu2004.xlxs 是上海期货交易所 Cu2004 合约 2019 年 9 月 2 日到 11 月 29 日的日成交量数据，用 Timeseries 过程可以把日数据转化成周数据，用节前一周数据替代国庆节停止交易期间的缺失数据值。

```
Proc import datafile = "C:\cu200.xlsx" out = cu1812 DBMS = xlsx replace;
    getnames = yes;
Run;
Proc timeseries data = cu2004 out = cu2004_wk;
    Id date interval = week accumulate = total setmissing = previous;
    var volume;
Run;
```

转换前后部分数据如图 10.1 和图 10.2 所示。

Daily data

Obs	Date	volume
1	2019-09-02	70.0000
2	2019-09-03	72.0000
3	2019-09-04	254.0000
4	2019-09-05	220.0000
5	2019-09-06	142.0000
6	2019-09-09	56.0000
7	2019-09-10	50.0000

图 10.1 转换前数据

Weekly data

Obs	Date	volume
1	Sun, 1 Sep 2019	758.0000
2	Sun, 8 Sep 2019	320.0000
3	Sun, 15 Sep 2019	412.0000
4	Sun, 22 Sep 2019	1,538.0000
5	Sun, 29 Sep 2019	180.0000
6	Sun, 6 Oct 2019	3,176.0000
7	Sun, 13 Oct 2019	1,046.0000

图 10.2 转换后数据

在该例中，需要汇总的变量是 volume（成交量）、interval＝week，因此输出数据集中数据的时间间隔是周，由于国庆节 10 月 1—6 日交易所休市，但是 2019 年 9 月 29 日这一周的 9 月 30 日是交易日，10 月 1—4 是非交易日，不影响这一周的汇总，汇总交易量是 180。所以，这里虽然选择了 setmissing＝previous，但并未派上用场。

10.2 ARIMA 过程

一元时间序列的建模，常用模型包括自回归模型（Autoregressive Model，AR）、移动平均模型（Moving-Average Model，MA）、自回归移动平均模型（AutoRegressive Moving-Average Model，ARMA）和自回归求和移动平均模型（AutoRegressive Integrated Moving-Average Model，ARIMA）。建模的主要步骤如下。

（1）识别：确定适当的滞后阶数。

（2）估计：根据数据确定模型中自回归和移动平均项的参数。

（3）诊断：根据估计结果，判断模型对数据拟合的程度。诊断的主要依据是看模型残差是否含有未被挖掘的信息，也就是看残差是否为白噪声。

（4）预测。

ARIMA 过程是 SAS 处理一元时间序列的主要过程,其语法格式如下:

```
Proc Arima data = data - set options;
     By variables;
     Identify VAR = variable options;
     Estimate options;
     Outlier options;
     Forecast options;
Run;
```

说明如下。

(1) Proc arima 语句除了 data = data-set 选项外,还可以给出用 out = 来指定存放 forecast 语句产生的预测值和其他变量值;用 plot 选项来产生原始数据、残差数据以及预测数相关的各种分析图,plot 选项的格式如下:

```
PLOTS <(global - plot - options)> < = (plot - requests <(options)>)>
```

其中,global-plot-options,可以取 only(只显示等号右端指定的图)、unpack(单独显示每一幅图)。

plot-requests <(options)>,该选项可以给出原始序列的分析图(series)、残差序列的分析图(residual)、预测序列的分析图(forecast);options 对不同的分析图可取的值也不同,主要有 Acf、All、Corr、Iacf、Pacf、hist、forecast 等。

(2) Idenity 语句指定需要分析的时间序列,识别出合适的模型,计算和输出多种统计量及相关关系图供分析。常用的选项有以下几个。

① p=(min:max)和 q=(min:max):指定自回归和移动平均的阶数范围。

② esacf 扩展的样本自相关函数法确定模型的阶数。

③ minic 信息判别法确定模型的阶数。

④ nlag=:指定计算自相关函数和交互相关的最大滞后阶数。

⑤ Stationarity=(test= AR 的阶数):指定进行何种平稳性检验,test 可取 ADF、PP 等;ADF 平稳性检验的前提是方差齐性,而 PP 检验主要针对存在条件异方差情况下的平稳性检验。

(3) Estimate 语句用来拟合模型。为 Identify 语句中指定的响应变量拟合 ARMA 模型,估计参数值并给出诊断信息。常用的选项包括以下几个。

① Method=:指定估计方式,可取值 ML(极大似然法)、ULS(无条件最小二乘法),默认是 CLS(条件最小二乘法)。

② Outset=:指定数据集来输出参数估计。

③ Outstat=:指定数据集输出模型诊断统计量。

(4) Forecast 语句根据 Estimate 估计的模型生成预测值。常用选项有以下几个。

① lead=:指定预测的步数。

② id=:指定输入数据集中表示时间的变量,以识别观测。

③ Out=:指定数据集输出预测值和其他变量值,如果该选项已在 Proc Arima 语句中设置,此处可不设置。

【例 10.2】 数据集 IBM.txt 包括 1926 年 1 月到 2008 年 12 月间 IBM 股票的对数收益时间序列(其中还有 VW 指数收益序列、EW 指数收益序列和标普 500 收益序列的数据)。

（1）导入数据，并对 IBM 收益序列进行平稳性和白噪声检验。

```
Data Ibm;
    infile "c:\IBM.txt" firstobs = 2;
     input date $  ibmrtn vwrtn ewrtn sprtn;
Run;
Proc arima data = ibm;
        identify var = ibmrtn nlag = 36 stationarity = (ADF);
Run;
```

在该示例程序中，Identify 语句的选型 Nlag＝36，这是用来指定计算样本自相关函数、偏自相关函数等的最大滞后阶数，它的取值必须大于等于模型 ARIMA(p,d,q) 的 $p＋d＋q$，默认为 24 和 1/4 观测个数两者的较小者；stationarity＝（ADF）是选用增强的 Dickey-Fuller 检验序列是否平稳。

上述程序运行后，图 10.3(a)给出了序列是否平稳的检验结果，图 10.3(b)给出序列自相关的混成检验结果。

增广 Dickey-Fuller 单位根检验							
类型	滞后	Rho	Pr < Rho	Tau	Pr < Tau	F	Pr > F
零均值	0	-922.582	0.0001	-29.31	<.0001		
	1	-879.788	0.0001	-20.95	<.0001		
	2	-843.495	0.0001	-17.16	<.0001		
单均值	0	-955.279	0.0001	-30.28	<.0001	458.40	0.0010
	1	-969.978	0.0001	-21.98	<.0001	241.59	0.0010
	2	-1024.32	0.0001	-18.32	<.0001	167.84	0.0010
趋势	0	-958.041	0.0001	-30.35	<.0001	460.50	0.0010
	1	-977.918	0.0001	-22.06	<.0001	243.43	0.0010
	2	-1041.57	0.0001	-18.43	<.0001	169.86	0.0010

(a) 增强的Dickey-Fuller检验

白噪声的自相关检查										
至滞后	卡方	自由度	Pr > 卡方	自相关						
6	5.02	6	0.5409	0.040	-0.006	-0.018	-0.031	0.021	-0.041
12	14.27	12	0.2837	0.004	0.067	0.054	0.038	0.013	0.010
18	26.49	18	0.0891	-0.062	-0.015	-0.042	0.034	0.028	0.065
24	34.79	24	0.0716	0.014	-0.013	-0.018	0.003	-0.069	0.051
30	38.24	30	0.1437	-0.005	0.037	0.021	0.034	0.005	-0.018
36	47.35	36	0.0976	-0.015	0.000	0.003	-0.066	0.051	0.040

Ljung-Box(LB)
统计量，等于
$T(T+2)\sum_{l=1}^{m}\dfrac{\rho_l^2}{T-l}$

(b) 序列自相关的混成检验

图 10.3　例 10.2 用图

Dicker-Fuller 检验的原假设是：被检验序列存在单位根，它是对以下时间序列进行检验，即
$$x_t = \alpha_0 + \alpha_1 t + \phi_1 x_{t-1} + \phi_2 x_{t-2} + \cdots + \phi_p x_{t-p} + \varepsilon_t$$
如果 $\alpha_0 \neq 0, \alpha_1 = 0, \rho \triangleq \phi_1 + \phi_2 + \cdots + \phi_p = 1$，说明时间序列带漂移项且有单位根；$\alpha_1 \neq 0$ 说明时间序列有时间趋势。将两端都减去 x_{t-1}，整理为
$$x_t = \alpha_0 + \gamma x_{t-} + \sum_{i=2}^{p} \beta_i \Delta x_{t-i+1} + \varepsilon_t$$
其中 $\gamma = -\left(1 - \sum_{i=1}^{p} \phi_i\right), \beta_i = \sum_{j=i}^{p} \phi_j$。

一般分为 3 种形式的检验,分别如下。

(1) 零均值,即

$$\Delta x_t = \gamma x_{t-1} + \sum_{i=2}^{p} \beta_i \Delta x_{t-i+1} + \varepsilon_t$$

当所有的 $\beta_i = 0$ 时,对应滞后阶数为 0 的 ADF 检验;否则对应是滞后阶数为 $p-1$ 阶 ADF 检验。

(2) 单均值,即

$$\Delta x_t = \alpha_0 + \gamma x_{t-1} + \sum_{i=2}^{p} \beta_i \Delta x_{t-i+1} + \varepsilon_t$$

当所有的 $\beta_i = 0$ 时,对应滞后阶数为 0 的 ADF 检验;否则对应是滞后阶数为 $p-1$ 阶 ADF 检验。

(3) 趋势,即

$$\Delta x_t = \alpha_0 + \gamma x_{t-1} + \alpha_1 t + \sum_{i=2}^{p} \beta_i \Delta x_{t-i+1} + \varepsilon_t$$

当所有的 $\beta_i = 0$ 时,对应滞后阶数为 0 的 ADF 检验;否则对应是滞后阶数为 $p-1$ 阶 ADF 检验。

从图 10.3(a)可以看出,在 5% 的显著性水平下,拒绝原假设,序列不存在单位根,即序列是平稳的。

从图 10.3(b)可以看出,我们接受在滞后 36 阶之内无序列相关性的假设,即白噪声。

图 10.4 进一步给出了 IBM 对数收益率的时序图、自相关函数图(ACF)、偏自相关函数图(PACF)以及逆自相关函数图(IACF)。

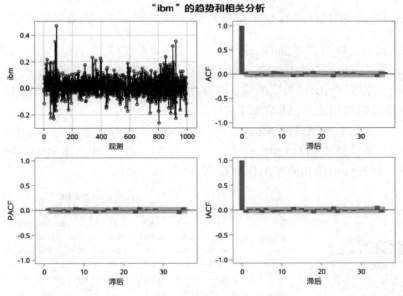

图 10.4 序列的趋势和相关分析

综合以上分析,可以得出 IBM 的对数收益率序列是平稳的。

虽然从以上分析来看,IBM 的对数收益率序列是白噪声,但为谨慎起见,还是考虑对其进行 ARMA(p,q)建模。

从 SAS 程序看,在 Proc Arima 语句中并没有使用 plots＝选项,但是依然给出了图 10.4 的输出。注意：除非你是用 plots＝none；否则这是默认输出,相当于 plots＝series(all),该选项是一个默认选项。

（2）识别模型的阶数。

可以采用 Esacf(扩展的样本自相关函数法)结合 Minic(最小信息准则法),也就是在 Idengtify 语句中加上选项 Esacf 和 Minic。注意,这时往往需要事先给定 p 和 q 的一个范围。

```
proc arima data = ibm;
    identify var = ibmrtn esacf p = (1:8) q = (1:8);
Run;
```

程序输出的扩展样本自相关函数值及其对应的概率如图 10.5 所示。

扩展样本自相关函数

滞后	MA 1	MA 2	MA 3	MA 4	MA 5	MA 6	MA 7	MA 8
AR 1	-0.0131	-0.0016	-0.0285	-0.0079	-0.0379	0.0024	0.0410	0.0042
AR 2	0.0152	0.0014	-0.0169	0.0146	-0.0130	0.0167	0.0387	-0.0099
AR 3	0.0283	0.2154	-0.0255	-0.0047	-0.0104	0.0214	0.0495	0.0323
AR 4	-0.2280	-0.3315	0.0656	0.0069	-0.0172	0.0180	0.0602	0.0098
AR 5	-0.3198	-0.2049	0.0734	0.3155	-0.0080	0.0185	0.0278	-0.0054
AR 6	0.3366	0.1646	0.2640	0.2439	-0.1781	0.0240	0.0317	0.0062
AR 7	0.3753	-0.2165	0.1618	-0.1077	0.2893	-0.2735	0.0329	0.0190
AR 8	0.0411	0.0625	-0.0926	0.0914	0.0421	-0.1967	0.1199	0.0176

ESACF 概率值

滞后	MA 1	MA 2	MA 3	MA 4	MA 5	MA 6	MA 7	MA 8
AR 1	0.7011	0.9647	0.4558	0.8312	0.2411	0.9404	0.2824	0.9111
AR 2	0.6870	0.9707	0.6256	0.6864	0.7617	0.6953	0.3233	0.8159
AR 3	0.4493	<.0001	0.5411	0.9005	0.7951	0.6594	0.1926	0.3851
AR 4	<.0001	<.0001	0.0594	0.8615	0.6370	0.7182	0.1274	0.7895
AR 5	<.0001	<.0001	0.0548	<.0001	0.8308	0.7199	0.4877	0.8955
AR 6	<.0001	<.0001	<.0001	<.0001	0.0077	0.5490	0.4070	0.8633
AR 7	<.0001	<.0001	0.0019	0.0472	<.0001	0.0001	0.4337	0.6540
AR 8	0.2951	0.1012	0.0143	0.0322	0.2675	<.0001	0.0068	0.6744

图 10.5　扩展样本自相关函数值及其概率

图 10.5 的左侧图中画圈表示对应的扩展样本自相关函数绝对值小于 $\frac{2}{\sqrt{T}}$(T 为样本数),画星表示对应的扩展样本自相关函数值大于或等于 $\frac{2}{\sqrt{T}}$。该表的行代表 AR 的阶 p,列对应 MA 的阶 q。画圈的组成的三角形左上角的顶点的位置(p,q)就是 ARMA 模型的阶数；右侧图中对应位置是左图中扩张的样本自相关函数对应的 p 值。

从图 10.5 可以看出,IBM 股票的对数收益率拟合模型 ARMA(1,1)比较好。而图 10.6 中 SAS 程序建议的模型也是 ARMA(1,1)。

如果加入最小信息准则选项 Minic,程序会多输出一个对应于不同的 ARMA(p,q)模型的 Schwarz 贝叶斯信息准则数(BIC),因为 BIC 和 AIC 相比,BIC 倾向于选择一个低阶的 ARMA 模型。这符合简单化的模型选择原则,如图 10.7 所示。

ARMA(p+d,q) 试验性的顺序选择检验

ESACF	
p+d	q
1	1

(5% 呈著性水平)

图 10.6　SAS 给出的建议模型

最小信息准则

滞后	MA 1	MA 2	MA 3	MA 4	MA 5	MA 6	MA 7	MA 8
AR 1	-5.27942	-5.27638	-5.2704	-5.26411	-5.26062	-5.25617	-5.24947	-5.24724
AR 2	-5.27632	-5.26953	-5.26367	-5.25736	-5.2539	-5.24924	-5.24255	-5.24057
AR 3	-5.2705	-5.26394	-5.26016	-5.25329	-5.24978	-5.24573	-5.23895	-5.241
AR 4	-5.26442	-5.25783	-5.25335	-5.24693	-5.24419	-5.23997	-5.23326	-5.23432
AR 5	-5.26039	-5.25385	-5.24931	-5.2435	-5.24178	-5.23572	-5.22916	-5.2291
AR 6	-5.25613	-5.24923	-5.24535	-5.23938	-5.23566	-5.22883	-5.22235	-5.22252
AR 7	-5.24964	-5.24271	-5.23857	-5.23256	-5.22891	-5.22213	-5.21911	-5.21741
AR 8	-5.24809	-5.24192	-5.24101	-5.23424	-5.2294	-5.2228	-5.21792	-5.21178

图 10.7　BIC 信息准则数

```
Proc arima data = ibm;
    identify var = ibmrtn esacf minic p = (1:8) q = (1:8);
Run;
```

不论是 ESACF 方法还是 Minic,都建议为 IBM 股票的对数收益率序列构建 ARMA(1,1)模型,如图 10.8 所示。

(3) 模型估计如图 10.9 所示。

最大似然估计					
参数	估计	标准误差	t 值	近似 Pr > |t|	滞后
MU	0.01345	0.0023489	5.73	<.0001	0
MA1,1	-0.12815	0.79374	-0.16	0.8717	1
AR1,1	-0.08791	0.79712	-0.11	0.9122	1

常数估计	0.014634
方差估计	0.005111
标准误差估计	0.071489
AIC	-2425.8
SBC	-2411.09
残差数	996

最小表值: BIC(1,1) = -5.27942

ARMA(p+d,q) 试验性的顺序选择检验		
ESACF		
p+d	q	BIC
1	1	-5.27942

(5% 显著性水平)

变量 "ibm" 的模型	
估计均值	0.013451

自回归因子
因子 1: 1 + 0.08791 B**(1)

移动平均因子
因子 1: 1 + 0.12815 B**(1)

图 10.8 SAS 建议的模型阶数   图 10.9 参数估计报表和估计的模型

```
Proc arima data = ibm;
    identify var = ibmrtn esacf minic p = (1:8) q = (1:8);
    estimate p = 1 q = 1 ml;
Run;
```

同时给出残差的诊断输出,如图 10.10 和图 10.11 所示。

残差的自相关检查									
至滞后	卡方	自由度	Pr > 卡方	自相关					
6	3.59	4	0.4645	-0.000	-0.002	-0.017	-0.032	0.024	-0.042
12	11.97	10	0.2869	0.003	0.065	0.050	0.036	0.011	0.013
18	23.88	16	0.0922	-0.063	-0.011	-0.043	0.035	0.024	0.064
24	32.88	22	0.0636	0.012	-0.012	-0.018	0.006	-0.072	0.054
30	36.18	28	0.1381	-0.008	0.037	0.018	0.033	0.005	-0.018
36	45.66	34	0.0873	-0.014	0.000	0.005	-0.068	0.052	0.040
42	50.42	40	0.1252	-0.048	0.003	-0.036	-0.027	-0.015	-0.001
48	57.63	46	0.1167	-0.048	0.036	-0.011	0.040	0.038	-0.008

图 10.10 残差的自相关检验

(4) 预测。

```
Proc arima data = ibm plots(only) = (forecast(forecast));
    identify var = ibmrtn esacf minic p = (1:8) q = (1:8);
    estimate p = 1 q = 1 ml;
    forecast id = date lead = 5 out = ibm_forecast ;
Quit;
```

数据集 Ibm_forecast 的部分内容如图 10.12 所示。

预测效果如图 10.13 所示。

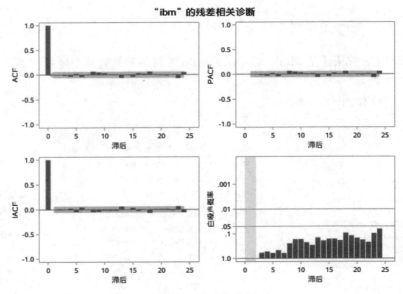

图 10.11　残差诊断

	date	ibm	"ibm"预测	预测标准误差	95%置信下限	95%置信上限	残差:预测−实际
992	20080829	−0.044929	0.0166601275	0.0714889367	−0.123455614	0.1567758687	−0.061589127
993	20080930	−0.039185	0.0106906751	0.0714889367	−0.129425066	0.1508064163	−0.049875675
994	20081031	−0.205113	0.0116867867	0.0714889367	−0.128428955	0.1518025279	−0.216799787
995	20081128	−0.116919	0.0048824023	0.0714889367	−0.135233339	0.1449981435	−0.121801402
996	20081231	0.031373	0.0093031937	0.0714889367	−0.130812548	0.1494189349	0.0220698063
997	20081232	.	0.0147037562	0.0714889367	−0.125411985	0.1548194974	
998	20081233	.	0.0133409294	0.0715467892	−0.126888201	0.1535700593	
999	20081234	.	0.0134607361	0.0715472361	−0.12676927	0.1536907419	
1000	20081235	.	0.0134502038	0.0715472395	−0.126779809	0.1536802165	
1001	20081236	.	0.0134511297	0.0715472396	−0.126778883	0.1536811424	

VIEWTABLE: Work.Ibm_forecast

预测部分

图 10.12　输出数据集的部分内容

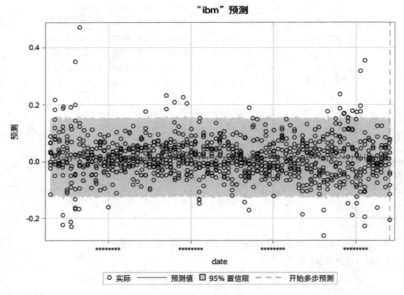

图 10.13　预测效果

10.3　AutoReg 误差自相关与异方差建模

　　ARIMA 模型可以对平稳和差分平稳时间序列建模,但使用差分方法在提取确定性信息时,差分的优点是对确定性信息的提取比较充分,但缺点是对模型的解释不直观。当序列不平稳且确定性趋势不显著时,时间序列模型的误差项往往表现出自相关或异方差,对于误差项自相关或者误差项存在异方差之类问题,需要使用残差自回归模型。

　　SAS 中的 AutoReg 过程用于时间序列建模中广泛存在的误差项自相关或异方差的线性回归模型,AutoReg 过程的语法格式如下:

```
Proc Autoreg options;
    Model dependent = regressors / options;
    Hetero variables / options;
    NLoptions options;
    Output < Out = SAS - data - set > < options > < keyword = name >;
    RESTRICT equation , … , equation;
    TEST equation , … , equation / option;
Run;
```

　　说明如下。

　　(1) Proc Autoreg 语句常用选项有以下几个。

　　① data=:指定要分析的数据集。

　　② outest=:数据集——把估计参数输出到指定数据集。

　　③ covout 把估计参数的协方差矩阵输出到 outest=指定数据集;该选项只有在指定 outest=选项后才有效。

　　(2) Model 语句指定均值方程以及误差模型的设定。常用选项有以下几个。

　　① center:中心化因变量并且消除模型的截距参数;该选项只有在均值方程没有解释变量的情况下才有效。

　　② noint:取消模型的截距。

　　③ nlag=:指定误差自回归的阶或者误差自回归的时间间隔的子集。例如,nlag=3 与 nlag=(1 2 3)作用相同,但与 nlag=(1 3)等不同。

　　该选项可以和 Backstep 选项配合使用,用 nlag=先指定一个最大的滞后阶数,系统按照 backstep 来决定误差模型自回归的阶数。

　　④ dist=:指定条件异方差方程中误差项的分布,如 t(t-分布)、normal(正态分布),默认为正态分布。

　　⑤ garch=(option-list):指定广义条件异方差 GARCH 模型的类型,各选项之间用逗号分隔。q=指定 ARCH 项的阶数;p=指定 Garch 项的阶数;type=指定 Garch 模型的类型,可取 EGARCH、IGARCH、TGARCH 等;noint 为取消条件异方差模型中的截距参数;tr 为 GARCH 模型的估计使用信赖区域方法,默认值为对偶拟牛顿法;mean=指定 GARCH-M 模型中的函数形式,可取 linear、log、sqrt 等。

　　⑥ archtest 选项有两种形式:archtest 或 archtest=(选项列表)。archtest 选项给出用 portmantea Q 检验统计量和 Engle 的拉格朗日乘子 LM 检验是否存在条件异方差;archtest=(选项列表)这些选项是 QLM(Q 和 LM 检验)、LK(Lee 和 King 检验)、WL(Wong 和 Li 检验)、All(以上所有检验),该选项使用时一般建议先用 nlag=指定一个最大的滞后阶数,若不指定,默认为滞后 12 阶。

⑦ DW＝n，给出 n 阶的 Durbin-Watson 统计量，默认为 1 阶。

⑧ DWProb 给出 Durbin-Watson 统计量及其对应的 p-值。

⑨ Method＝：指定参数估计方法，可取 ML（极大似然法）、ULS（无条件最小二乘法）、YW（Yule-Walker 方法）、IYW（迭代的 Yule-Walker 方法）。

（3）Output 语句。

① out＝：指定数据集，包含预测值和变换值的输出数据集。

② cev＝：指定条件误差方差写入输出数据集中变量，仅 GARCH 模型被估计时才使用。

③ cpev＝：指定把条件预测误差方差写入输出数据集的变量，仅 GARCH 模型被估计时才使用。

④ p＝：指定把基于结构方程和误差方程的预测值写入输出数据集的变量名。

Pm＝：指定把结构方程的均值预测值写入数据集的变量名；如果要对未来因变量值进行预测，只需让它缺失，但自变量值必须给出，SAS 就会自动给出预测值。

⑤ rm＝：指定结构方程的残差写入到输出数据集的变量名。

r＝：指定基于结构方程和误差方程的预测的残差到数据集的变量名。

⑥ ht＝：指定一个变量，记录异方差的方差值。

【例 10.3】　Farming. xlsx 是我国 1952—1988 年农业实际国民收入指数时间序列，对其建模并给出 1989 年农业实际国民收入指数的预测。

（1）导入数据，画出时间序列图。

```
Data farm;
    infile "c:\farm.csv" dsd firstobs = 2;
    input t GDP;
    lag_GDP = lag(GDP);
Run;
Proc sgplot data = farm;
    series x = year y = GDP;
Run;
```

输出结果如图 10.14 所示。

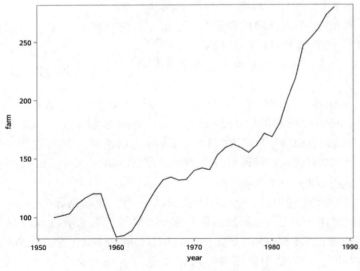

图 10.14　时间序列图

该序列有时间趋势,建立以下整体模型。

结构模型

$$\mathrm{GDP}_t = \beta_0 + \beta_1 t + \beta_2 \mathrm{GDP}_{t-1} + \varepsilon_t$$

误差模型

$$\varepsilon_t = \alpha_0 - \alpha_1 \varepsilon_{t-1} + v_t, v_t \sim iid$$

(2)自回归误差模型建模。

SAS 代码如下:

```
Proc autoreg data = farm;
    model GDP = t lag_GDP/nlag = 1 dwprob;
    output out = cfarm p = x_p pm = x_pm;
Quit;
```

输出内容如图 10.15(a)～(c)所示。

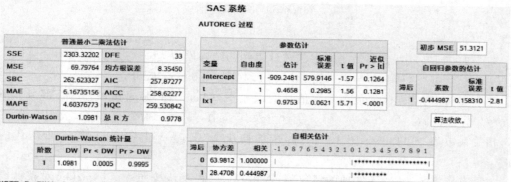

SAS 系统

AUTOREG 过程

普通最小二乘法估计

SSE	2303.32202	DFE	33
MSE	69.79764	均方根误差	8.35450
SBC	262.623327	AIC	257.87277
MAE	6.16735156	AICC	258.62277
MAPE	4.60376773	HQC	259.530842
Durbin-Watson	1.0981	总 R 方	0.9778

参数估计

变量	自由度	估计	标准误差	t 值	近似 Pr > |t|
Intercept	1	-909.2481	579.9146	-1.57	0.1264
t	1	0.4658	0.2985	1.56	0.1281
lx1	1	0.9753	0.0621	15.71	<.0001

初步 MSE 51.3121

自回归参数的估计

滞后	系数	标准误差	t 值
1	-0.444987	0.158310	-2.81

算法收敛。

Durbin-Watson 统计量

阶数	DW	Pr < DW	Pr > DW
1	1.0981	0.0005	0.9995

自相关估计

滞后	协方差	相关	-1 9 8 7 6 5 4 3 2 1 0 1 2 3 4 5 6 7 8 9 1
0	63.9812	1.000000	|********************|
1	28.4708	0.444987	|*********

NOTE: Pr<DW is the p-value for testing positive autocorrelation, and Pr>DW is the p-value for testing negative autocorrelation.

(a)

AUTOREG 过程

Yule-Walker 估计

SSE	1797.96728	DFE	32
MSE	56.18648	均方根误差	7.49576
SBC	257.510464	AIC	251.176388
MAE	5.61626234	AICC	252.466711
MAPE	4.05294992	HQC	253.38715
Durbin-Watson	1.7301	转换回归 R 方	0.9529
		总 R 方	0.9827

Durbin-Watson 统计量

阶数	DW	Pr < DW	Pr > DW
1	1.7301	0.1393	0.8607

参数估计

变量	自由度	估计	标准误差	t 值	近似 Pr > |t|
Intercept	1	-1495	831.7369	-1.80	0.0816
t	1	0.7690	0.4279	1.80	0.0817
lag_gdp	1	0.9001	0.0861	10.46	<.0001

NOTE: Pr<DW is the p-value for testing positive autocorrelation, and Pr>DW is the p-value for testing negative autocorrelation.

(b) 自回归误差模型的估计结果

Proc Autoreg过程的预测

Obs	x_p	x_pm	t	Gdp	lag_gdp
38	289.990	290.604	1989	.	279.4

(c) 预测结果

图 10.15　例 10.3 用图

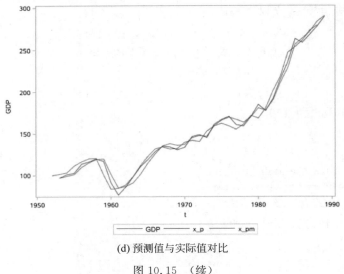

(d) 预测值与实际值对比

图 10.15　（续）

在图 10.15(a)中,普通最小二乘法估计得到的结构模型为

$$\widehat{GDP}_t = -909.2481 + 0.4658t + 0.9573\widehat{GDP}_{t-1}$$

其中,SSE 是结构模型最小二乘估计的误差平方和;DFE 是自由度;这一部分和 Reg 过程结果完全一致。Durbin-Watson 统计量及其 p 值,显示 ε_t 存在正相关;滞后一阶的误差自相关系数为 0.44987。图 10.15(a)中的初步 MSE 是 Yule-Walker 第一步迭代的均方误。

在没有指定 method= 选项的情况下,Autoreg 过程默认按照 Yule-warker 对整体模型进行估计,如图 10.15(b)所示。

从图 10.15(b)可以看出,Durbin-Watson 统计量显示误差序列已经不存在序列相关性。最后得到的结构模型为

$$\widehat{GDP}_t = -1495 + 0.7690t + 0.9001\widehat{GDP}_{t-1}$$

误差模型为

$$\varepsilon_t = 0.4498\varepsilon_{t-1}$$

不同于最小二乘法给出的结果,Output 语句中的 pm= 选项给出的是结构模型,即无条件均值的预测值,而 $p=$ 给出的是在 $t-1$ 时刻信息已知情况下的条件预测值,是整体预测值,有

$$\widehat{GDP}_t = -1495 + 0.7690t + 0.9001\widehat{GDP}_{t-1} + 0.4498\varepsilon_{t-1}$$

我们在数据集中增加一列,$t=1989$,lag_GDP=279.4(1988 年的 GDP),然后再次运行以上程序,打开数据集 cfram,会看到 GDP 的预测值和均值预测值见图 10.15(c)。

从图 10.15(a)和图 10.15(b)可以看出,自回归误差模型和最小二乘估计相比,拟合优度 $R^2 = 9.827 > 9.778$,MSE 以及 SBC、AIC 等的比较,都说明考虑了误差自相关后,模型拟合得更好。

进一步可以通过时间序列曲线,比较两种预测和实际曲线的拟合程度:

```
Proc sgplot data = cfarm;
    series x = t y = GDP;
```

```
      series x = t y = x_p;
      series x = t y = x_pm;
Run;
```

输出结果如图 10.15(d)所示。

从图 10.15(d)可直观地看出,考虑了误差影响后的预测值,相比于无条件预测要更加精确。

【例 10.4】　Intel73-08.txt 是 Intel 公司股票 1973 年 1 月到 2008 年 12 月的月简单收益率。检验是否存在条件异方差,并建模分析。

(1)首先导入数据,并考察 Intel 公司股票月对数收益率是否存在序列相关性。

```
Data intel;
    infile "C:\intel73 - 08.txt" firstobs = 2;
    input date yymmdd8. r;
    lgr = log(r + 1);
    lgr2 = lgr ** 2;
    format date yymmdd10.;
Run;
Proc arima data = intel;
    identify var = lgr nlag = 36;
    identify var = lgr2 nlag = 36;
Quit;
```

输出结果如图 10.16(a)和图 10.16(b)所示。

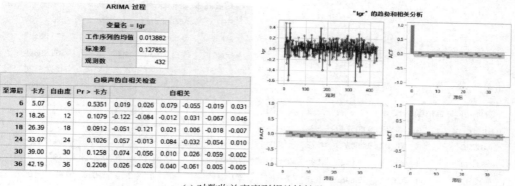

(a) 对数收益率序列相关性检验

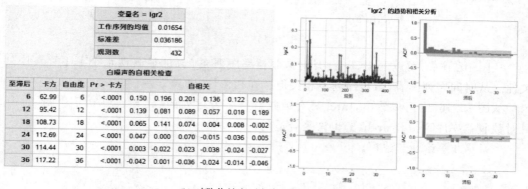

(b) 对数收益率平方序列相关性检验

图 10.16　例 10.4 用图

基于 OLS 残差的 ARCH 扰动检验									
阶数	Q	Pr > Q	LM	Pr > LM	LK	Pr > |LK|	WL	Pr > WL
1	12.2175	0.0005	12.2023	0.0005	5.3729	<.0001	7.2743	0.0070
2	20.2860	<.0001	17.3740	0.0002	6.3659	<.0001	9.5062	0.0086
3	39.0922	<.0001	30.2008	<.0001	8.2595	<.0001	11.5954	0.0089
4	55.3530	<.0001	37.4857	<.0001	9.2592	<.0001	14.9970	0.0047
5	61.0312	<.0001	38.0362	<.0001	9.0837	<.0001	25.5279	0.0001
6	64.0458	<.0001	38.0380	<.0001	8.7342	<.0001	28.4931	<.0001
7	69.6275	<.0001	38.3042	<.0001	8.3587	<.0001	30.5719	<.0001
8	70.8002	<.0001	38.6703	<.0001	7.9865	<.0001	38.7357	<.0001
9	73.4242	<.0001	38.8704	<.0001	7.6810	<.0001	40.4938	<.0001
10	74.6910	<.0001	38.8732	<.0001	7.4426	<.0001	46.5498	<.0001
11	75.4901	<.0001	38.8765	<.0001	6.8699	<.0001	47.9664	<.0001
12	86.6068	<.0001	45.6589	<.0001	7.2785	<.0001	51.4225	<.0001

(c) ARCH效应检验

ARCH建模结果

AUTOREG 过程

GARCH 估计			
SSE	7.06251348	观测	432
MSE	0.01635	Uncond Var	0.01804156
对数似然	288.058542	总 R 方	.
SBC	-557.91181	AIC	-570.11708
MAE	0.09419077	AICC	-570.06101
MAPE	113.618601	HQC	-565.29849
		正态性检验	137.6136
		Pr > 卡方	<.0001

参数估计				
变量	自由度	估计	标准误差	t 值	近似 Pr > |t|
Intercept	1	0.0117	0.005740	2.04	0.0414
ARCH0	1	0.0107	0.000993	10.73	<.0001
ARCH1	1	0.2270	0.0782	2.90	0.0037
ARCH2	1	0.0753	0.0482	1.56	0.1180
ARCH3	1	0.0543	0.0677	0.80	0.4229

(d) 参数估计结果

参数估计				
变量	自由度	估计	标准误差	t 值	近似 Pr > |t|
Intercept	1	0.0126	0.005312	2.38	0.0174
ARCH0	1	0.0112	0.001030	10.87	<.0001
ARCH1	1	0.3795	0.0807	4.70	<.0001

(e) ARCH(1)估计结果

图 10.16 （续）

从图 10.16(a)可以看出，Intel 月对数收益率序列在 5% 的显著性水平下不存在序列相关性。从时间序列图看，虽然序列不相关但存在相依性，即异方差。

从图 10.16(b)可以看出，Intel 月对数收益率平方序列的 ACF 和 PACF 表明，对 Intel 月对数收益率序列拟合 arch(3)也许是合适的。

（2）异方差诊断与建模。

```
Proc autoreg data = intel;
    model r = /archtest = (all);
Quit;
```

输出结果如图 10.16(c)所示。

如果把 archtest＝(all)选项换成 archtest,那么图 10.16(b)LK 和 WL 统计量及相应的 p 值将不再显示。从图中可以看到,不管是用 Q 统计量、LM 统计量、LK 统计量还是 WL 统计量,在 5％的显著性水平下,Intel 股票月对数收益率,都存在显著的异方差。

接下来建立 GARCH(3,0)即 ARCH(3)模型,代码如下:

```
Proc autoreg data = intel;
    model lgr = /garch = (p = 3);
Quit;
```

输出结果如图 10.16(d)所示。

从图 10.16(d)可以看出,ARCH2 和 ARCH3 不显著,因此,拟合 ARCH(1)模型。

```
Proc autoreg data = intel outest = est1;
    model lgr = /garch = (q = 1);
    output out = intel_arch ht = ht_r p = r_p r = r_resid;
Quit;
```

输出结果如图 10.16(e)所示。

最后,拟合的模型为

均值方程:

$$\lg r_t = 0.0126$$

条件方差:

$$\sigma_t^2 = 0.0112 + 0.3795 a_{t-1}^2$$

10.4 Varmax 过程——向量自回归建模

许多经济或金融变量之间不仅是同时相关的(联立模型),而且还与彼此的历史实现值相关,对于这类彼此相关联的多元时间序列的分析,SAS 提供了 Proc Varmax 过程,它可以实现对具有外生变量的向量自回归移动平均模型的参数估计和预测。

多元时间序列建模类似于单变量时间序列建模,需要考虑序列是否平稳,也就是是否存在单位根及协整(cointegration)。

Varmax 过程的基本语法格式如下:

```
Proc Varmax options;
    Bound  restriction , … , restriction;
    By variables;
    Causal Group1 = (variables) Group2 = (variables);
    Cointeg Rank = number < options >;
    Garch options;
    Id variable Interval = value < Align = value >;
    Initial  equation, … , equation;
    Model dependent < = regressors >, … dependent < = regressors ></options > ;
    Output < options >;
```

说明如下。

(1) Proc Varmax 语句的选项主要有以下几个。

① Data＝:指定输入数据集。

② Outest＝:指定存放参数估计结果的数据集。

③ Covout：把参数估计的协方差矩阵输出到 outset＝指定的数据集。

④ Outstat＝：指定存放残差诊断结果的数据集，Cointtest＝（Johansen）的结果也输出到该数据集。

（2）Bound 语句：给出参数估计的上下界和参数满足的线性关系。支持等式和不等式约束，不支持非线性约束；不同的约束用逗号分开。

（3）By 语句：指定分组变量，输入数据集需要先按照 By 变量排序。

（4）Causal 语句：用 Group1 和 Group2 中定义的变量拟合 VAR（p）模型，输出 Granger 因果检验的结果。

该语句必须与 Model 语句一起使用，且 Group1 和 Group2 中的变量要在 Model 模型里定义。如果在 Model 模型中指定 p＝0 阶自回归，则该语句不起作用。

Granger 因果关系检验原假设是 Group1 变量只受自身影响，不受 Group2 变量影响。如果拒绝原假设，那么 Group1 中变量要考虑作为因变量。

Causal 语句和 Model 语句的顺序无关。可以有多条 Causal 语句。

（5）Cointeg 语句：拟合向量误差修正模型（VEC），检验长期参数的约束和调整参数、检验长期参数的弱外生性。Model 语句的 P＝选项规定了 VECM 的自回归阶数。

RANK＝：指定协整的阶数，介于 0 和因变量的个数之间。

（6）Garch 语句：指定多元条件异方差模型。该语句的常见选项有以下几个。

① Corrconstant＝estimate｜expect：指定如何计算常数项或无条件相关系数矩阵。expect 通过标准化残差计算；estimate 估计相关系数矩阵，默认是 estimate。

② Form＝：指定 Garch 模型的表示形式，可以取以下几个值。

a．BEKK：指定 Bekk 表示，这是默认设置。

b．CCC：指定一个常数条件相关系数表示。

c．DCC：指定一个动态条件相关系数表示。

③ Outht＝：指定存放条件协方差矩阵的数据集。

④ P＝和 Q＝：指定 GARCH 模型的阶数。

⑤ Subform＝：指定每个新息的单变量 Garch 模型的类型，可以取以下几个值。

a．EGARCH：指数 Garch。

b．GARCH：无约束 Garch，这是默认选项。

c．GJR｜TGARCH：门限 Garch。

d．PGARCH：幂 Garch 模型。

e．QGARCH：二次 Garch 模型。

（7）Id 语句：该语句是必须的，指定一个识别输入数据集观测的变量。一般是时间变量，该变量包括在由 Output 语句选项 out＝指定的数据集中。

Id 变量值的外推预测值基于 Interval＝选项的值。

（8）Initial 语句：设置初始参数值。该语句只能出现一次。

如果没有指定 Garch 语句、Cointeg 语句或者 Model 语句选项（ECM＝、P＝、Q＝），该语句不起作用。

如果 Model 语句指定了选项 ECM＝（Normalize＝）、Method＝LS 或 Prior＝；或者在 Cointeg 语句指定了选项 Exogeneity、H＝、J＝或 Normalize＝，Initial 语句被忽略。

如果不指定初始参数值，默认初值为 0。例外情况有以下几个。

① 如果需要估计协方差参数矩阵,对角线元素初值设为1。

② 如果需要估计 GCHC 参数矩阵且没有指定 Subform=EGarch,对角线元素初值设为1。

③ 如果指定了选项 Subform=PGarch ,PACH 参数矩阵的对角线设置为1。

(9) Model 语句:指定因变量和自变量。斜线"/"后放置选项,主要有以下几个。

① Center:中心化因变量,即对因变量减去其均值后的变量建模;如果模型有自变量,该选项不适用。

② DIF <=(variable (number-list)<…variable (number-list)>>):指定应用变量(因变量或自变量)差分的阶数;

a. DIFX <=(variable (number-list)<…variable (number-list)>>):对所有的自变量差分;

b. DIFY <=(variable (number-list)<…variable (number-list)>>):对所有的因变量差分。

③ 平稳和协整检验。

a. Dftest 执行 Dickey-Fuller 单位根检验;原假设是存在单位根,这个检验结果和 Proc Arima 过程使用 Identify 语句的 stationarity=选项的结果一致。

b. Cointtest=(options):这里的 options 可以选 SC:Stock-Waton 共同趋势检验。

④ 模型阶选项:minic 或 Minic=(p= q= type=);p=事先指定一个自回归的范围,q=事先指定一个移动平均的范围,type=给出信息判别的方式,默认是 AIC,也可以选择 SBC(即 BIC)、HQC、FPE。

⑤ METHOD=value:要求参数估计的方式。可以取 LS(最小二乘估计)、ML(极大似然估计)、CML(条件最大似然估计)。

⑥ 打印选项 print=()主要有以下几个。

a. Dynamic:该选项同时给出时间序列向量的结构方程,即时间序列各分量之间的同期关系。

b. Diagnose:该选项给出残差的检验。

c. Corrx、Corry 打印外生变量和因变量的交互相关系数矩阵。

d. Covx、Covy 打印外生变量和因变量的交互协方差矩阵。

(10) Output 语句:该语句选项有以下几个。

① OUT=:指定预测值写入的数据集。

② ALPHA=:指定预测的显著性水平,默认为0.05。

③ BACK=:指定多步预测从数据尾部前几个观测开始预测,默认为0。

④ LEAD=:指定要预测的步数,默认为12。

⑤ NOPRINT:不打印预测值。

【例 10.5】 平稳向量时间序列建模。

IBMsp2608.txt 包含 IBM 股票与标准普尔500指数从1926年1月至2008年12月的简单收益率数据,考虑月对数收益率构成的二元时间序列的建模问题。

(1) 首先导入数据。

```
Data IBMSP;
    infile "C:\ibmsp2608.txt" firstobs = 2;
    input date yymmdd8. ribm rsp;
    format date yymmdd10.;
```

```
    rs = log(1 + rsp); ri = log(1 + ribm);
Run;
Proc
```

（2）考察二元序列 $r_t = (ri_t, rs_t)$ 的平稳性以及序列之间的互相关性。

```
Proc varmax data = ibmsp;
    ID date Interval = month;
    model ri rs /dftest print = (CORRY(5));
Run;
```

运行主要结果如图 10.17(a)～(c)所示。

简单汇总统计量						
变量	类型	N	均值	标准差	最小值	最大值
ri	因变量	996	0.01089	0.07033	-0.30368	0.38566
rs	因变量	996	0.00430	0.05537	-0.35585	0.35222

(a) IBM股票和标准普尔500指数的
月对数收益率的描述统计

Dickey-Fuller 单位根检验					
变量	类型	Rho	Pr < Rho	Tau	Pr < Tau
ri	Zero Mean	-891.12	0.0001	-21.08	<.0001
	Single Mean	-952.48	0.0001	-21.78	<.0001
	Trend	-960.82	0.0001	-21.87	<.0001
rs	Zero Mean	-941.56	0.0001	-21.67	<.0001
	Single Mean	-957.41	0.0001	-21.84	<.0001
	Trend	-958.13	0.0001	-21.84	<.0001

(b) IBM股票和标准普尔500指数的
月对数收益率的平稳性检验

从属序列的互相关							
滞后	变量	ri	rs	滞后	变量	ri	rs
0	ri	1.00000	0.64520	3	ri	-0.01393	-0.05248
	rs	0.64520	1.00000		rs	-0.05813	-0.09517
1	ri	0.04437	0.03743	4	ri	-0.02821	0.03845
	rs	0.09768	0.08368		rs	-0.03128	0.02690
2	ri	0.00071	0.01507	5	ri	0.02373	0.00452
	rs	-0.07799	-0.01783		rs	0.08127	0.08911

互相关的图解表示法						
变量/滞后	0	1	2	3	4	5
ri	++	..	..	..	..	..
rs	++	++	..	.-	..	++

+ 是 > 2*标准误差，- 是 < -2*标准误差，. 是介于

(c) IBM股票和标准普尔500指数的月对数收益率的交互相关矩阵

图 10.17 例 10.5 用图一

图 10.17(b)是 Dickey-Fuller 单位根检验的结果，其原假设是二元时间序列存在单位根。检验结果显示在 5% 的置信水平下，我们拒绝 IBM 股票和标准普尔 500 指数对数收益率存在单位根的原假设，即二元时间序列是平稳序列。

图 10.17(c)显示 $r_t = (ri_t, rs_t)$ 与其滞后 5 阶值存在相关关系；IBM 股票收益率对自身过去收益和标准普尔 500 指数的过去收益率的依赖关系不明显；而标准普尔 500 指数在延迟 1、2、3 和 5 处对 IBM 股票收益率和标准普尔指数收益率有显著的依赖性。

（3）建立 VAR(p)模型。

首先通过信息准则来确定模型的阶数，常用的信息准则有 AIC、BIC，可以通过选项 minic＝(p＝ q＝ type＝)来实现，p＝用来事先指定自回归的范围，q＝用来指定移动平均的范围，type＝用来指定选择哪个信息准则。下面的代码给出了采用 AIC 信息准则的结果：

```
Proc varmax data = ibmsp;
    ID date Interval = month;
    model ri rs /minic = (p = 10 type = aic);
Run;
```

程序运行结果如图 10.18(a)所示,从图中可以看出 $p=0$、$q=5$ 时 AIC$=-11.64866$ 最小,$p=5$、$q=0$ 时 AIC$=-11.64384$ 次最小。

如果把 type=AIC 换成 Type=BIC,可以得到图 10.18(b)所示的定阶统计量。

基于"AIC"的最小信息准则					
滞后	MA 0	MA 1	MA 2	MA 3	MA 4	MA 5
AR 0	-11.63265	-11.62529	-11.62787	-11.6325	-11.63274	-11.64866
AR 1	-11.63415	-11.62011	-11.62578	-11.62839	-11.62814	-11.64397
AR 2	-11.63894	-11.62898	-11.62897	-11.62603	-11.62579	-11.63887
AR 3	-11.64247	-11.62908	-11.62475	-11.62675	-11.62582	-11.63194
AR 4	-11.64127	-11.6306	-11.62636	-11.62727	-11.62327	-11.62667
AR 5	-11.64384	-11.64328	-11.63804	-11.63151	-11.62595	-11.62921
AR 6	-11.63629	-11.64048	-11.63332	-11.62677	-11.62218	-11.62589
AR 7	-11.63074	-11.63968	-11.63233	-11.62562	-11.62204	-11.6229
AR 8	-11.62784	-11.63754	-11.62985	-11.62392	-11.61777	-11.62032
AR 9	-11.62368	-11.63555	-11.6291	-11.62436	-11.61934	-11.61971
AR 10	-11.61634	-11.6312	-11.62354	-11.62102	-11.61631	-11.61552

基于"SBC"的最小信息准则					
滞后	MA 0	MA 1	MA 2	MA 3	MA 4	MA 5
AR 0	-11.62281	-11.59551	-11.57824	-11.56301	-11.5434	-11.53947
AR 1	-11.60458	-11.57048	-11.5563	-11.53906	-11.51895	-11.51493
AR 2	-11.58963	-11.55949	-11.53964	-11.51684	-11.49674	-11.48998
AR 3	-11.57337	-11.53975	-11.51556	-11.4977	-11.47693	-11.46319
AR 4	-11.55236	-11.52142	-11.49732	-11.47837	-11.45452	-11.43807
AR 5	-11.53509	-11.51424	-11.48915	-11.46276	-11.43735	-11.42076
AR 6	-11.50767	-11.49159	-11.46457	-11.43817	-11.41372	-11.39759
AR 7	-11.48221	-11.47094	-11.44373	-11.41717	-11.39374	-11.37474
AR 8	-11.45937	-11.44895	-11.4214	-11.39562	-11.36961	-11.35231
AR 9	-11.43523	-11.4271	-11.4008	-11.3762	-11.35133	-11.33185
AR 10	-11.40789	-11.40289	-11.37538	-11.35301	-11.32845	-11.30781

(a) 基于AIC的定阶统计量　　　　　　(b) 基于BIC的定阶统计量

图 10.18　例 10.5 用图二

而基于 BIC 统计量的建议是 $p=0$、$q=0$ 时 BIC(SBC)$=-11.62281$ 最小,$p=1$、$q=0$ 时 BIC$=-11.60548$ 次最小,因此可以选择 $p=1$ 来建模(选择 $p=0$、$q=0$ 意义不大)。

可以据此选择建立 VAR(5)模型或 VAR(1)模型(这里选择了次最小的阶数)。另外,也可以根据逐步回归,然后检验残差是否不再具有交互相关性和信息判别法建立 VAR(5)模型,并给出残差诊断,同时给出 AIC 准则,程序如下:

```
Proc varmax data = ibmsp;
    ID date Interval = month;
    model ri rs /p = 5 method = ls print = (diagnose);
Run;
```

运行的主要结果如图 10.19(a)和图 10.19(b)所示。

从图 10.19(b)所示的残差的混成检验看,在 5% 的置信水平下,接受残差序列不相关的原假设。在 5% 的置信水平下,估计得到的模型为

$$\text{ri}_t = 0.0105 + 0.1497\text{rs}_{t-1} + 0.0933\text{ri}_{t-2} - 0.1657\text{rs}_{t-2} - 0.1086\text{rs}_{t-3}$$
$$+ 0.1434\text{rs}_{t-5} + a_{1t}$$
$$\text{rs}_t = 0.0040 + 0.1098\text{rs}_{t-1} - 0.1149\text{rs}_{t-3} - 0.1411\text{rs}_{t-5} + a_{2t}$$

在该模型中,ri_t 与 rs_t 的同期相关性隐藏在新息 a_{1t} 和 a_{2t} 中。如果在建模的同时,希望得到向量间的结构模型,只需要在 Model 语句增加选项 Print=(dynamic)即可,Model 语句修改为:

```
Model ri rs /p = 5 method = ls print = (diagnose dynamic);
```

运行后,会另外给出图 10.19(c)所示的动态模型参数和动态模型新息的协方差矩阵。

所得到的动态模型 rs_t 对 ri_t 的线性依赖性为

$$\text{ri}_t = 0.0105 + 0.1497\text{rs}_{t-1} - 0.1657\text{rs}_{t-2} - 0.1086\text{rs}_{t-3} + 0.1434\text{rs}_{t-5} + a_{1t}$$
$$\text{rs}_t = 0.0040 + 0.5041\text{ri}_t + a_{2t}$$

交换 Model 语句中因变量 ri_t 和 rs_t 的顺序,可以得到 ri_t 对 rs_t 的线性依赖性为

$$\text{ri}_t = 0.0073 + 0.8103\text{rs}_t - 0.1301\text{rs}_{t-2} + a_{1t}$$

$$\text{rs}_t = 0.0040 + 0.1098\text{rs}_{t-1} - 0.1149\text{rs}_{t-3} - 0.1411\text{rs}_{t-5} + a_{2t}$$

此时的动态信息的协方差矩阵如图 10.19(d)所示。

模型参数估计						
方程	参数	估计	标准误差	t 值	Pr > |t|	变量
ri	CONST1	0.01054	0.00234	4.50	0.0001	1
	AR1_1_1	-0.02777	0.04151	-0.67	0.5037	ri(t-1)
	AR1_1_2	0.14970	0.05253	2.85	0.0045	rs(t-1)
	AR2_1_1	0.09326	0.04144	2.25	0.0246	ri(t-2)
	AR2_1_2	-0.16570	0.05260	-3.15	0.0017	rs(t-2)
	AR3_1_1	0.05050	0.04153	1.22	0.2243	ri(t-3)
	AR3_1_2	-0.10859	0.05281	-2.06	0.0400	rs(t-3)
	AR4_1_1	-0.02328	0.04130	-0.56	0.5732	ri(t-4)
	AR4_1_2	-0.00902	0.05300	-0.17	0.8649	rs(t-4)
	AR5_1_1	-0.05706	0.04129	-1.38	0.1673	ri(t-5)
	AR5_1_2	0.14342	0.05300	2.71	0.0069	rs(t-5)

模型参数估计						
方程	参数	估计	标准误差	t 值	Pr > |t|	变量
rs	CONST2	0.00404	0.00185	2.18	0.0291	1
	AR1_2_1	-0.02932	0.03274	-0.90	0.3708	ri(t-1)
	AR1_2_2	0.10978	0.04143	2.65	0.0082	rs(t-1)
	AR2_2_1	0.04643	0.03268	1.42	0.1558	ri(t-2)
	AR2_2_2	-0.04387	0.04149	-1.06	0.2906	rs(t-2)
	AR3_2_1	0.02070	0.03276	0.63	0.5276	ri(t-3)
	AR3_2_2	-0.11486	0.04165	-2.76	0.0059	rs(t-3)
	AR4_2_1	0.01900	0.03257	0.58	0.5599	ri(t-4)
	AR4_2_2	0.02270	0.04181	0.54	0.5873	rs(t-4)
	AR5_2_1	-0.07295	0.03256	-2.24	0.0253	ri(t-5)
	AR5_2_2	0.14108	0.04180	3.38	0.0008	rs(t-5)

(a) 参数估计结果

残差互相关的 Portmanteau 检验			
至多滞后	自由度	卡方	Pr > 卡方
6	4	1.93	0.7485
7	8	3.84	0.8710
8	12	10.37	0.5836
9	16	17.95	0.3268
10	20	19.29	0.5033
11	24	21.59	0.6038
12	28	24.34	0.6637

新息的协方差		
变量	ri	rs
ri	0.00483	0.00243
rs	0.00243	0.00300

(b) 残差相关性检验及残差的协方差矩阵

动态模型参数估计						
方程	参数	估计	标准误差	t 值	Pr > |t|	变量
ri	CONST1	0.01054	0.00234	4.50	0.0001	1
	AR1_1_1	-0.02777	0.04168	-0.67	0.5055	ri(t-1)
	AR1_1_2	0.14970	0.05253	2.85	0.0045	rs(t-1)
	AR2_1_1	0.09326	0.04873	1.91	0.0559	ri(t-2)
	AR2_1_2	-0.16570	0.05260	-3.15	0.0017	rs(t-2)
	AR3_1_1	0.05050	0.04873	1.04	0.3003	ri(t-3)
	AR3_1_2	-0.10859	0.05281	-2.06	0.0400	rs(t-3)
	AR4_1_1	-0.02328	0.04884	-0.48	0.6338	ri(t-4)
	AR4_1_2	-0.00902	0.05300	-0.17	0.8649	rs(t-4)
	AR5_1_1	-0.05706	0.04895	-1.17	0.2440	ri(t-5)
	AR5_1_2	0.14342	0.05300	2.71	0.0069	rs(t-5)

方程	参数	估计	标准误差	t 值	Pr > |t|	变量
rs	CONST2	-0.00128	0.02677	-0.05	0.9620	1
	AR0_2_1	0.50407				ri(t)
	AR1_2_1	-0.01532	0.03274	-0.47	0.6399	ri(t-1)
	AR1_2_2	0.03432	0.05354	0.64	0.5217	rs(t-1)
	AR2_2_1	-0.00058	0.03268	-0.02	0.9859	ri(t-2)
	AR2_2_2	0.03965	0.05354	0.74	0.4591	rs(t-2)
	AR3_2_1	-0.00475	0.03276	-0.15	0.8846	ri(t-3)
	AR3_2_2	-0.06012	0.05373	-1.12	0.2634	rs(t-3)
	AR4_2_1	0.03073	0.03257	0.94	0.3457	ri(t-4)
	AR4_2_2	0.02725	0.05378	0.51	0.6125	rs(t-4)
	AR5_2_1	-0.04419	0.03256	-1.36	0.1751	ri(t-5)
	AR5_2_2	0.06878	0.05379	1.28	0.2012	rs(t-5)

动态模型新息的协方差		
变量	ri	rs
ri	0.00483	0.00000
rs	0.00000	0.00178

动态常数估计	
变量	常数
ri	0.01054
rs	-0.00128

(c) 动态模型(结构化模型)参数估计结果

动态模型新息的协方差		
变量	rs	ri
rs	0.00300	0.00000
ri	0.00000	0.00286

(d) 动态模型的信息协方差矩阵

图 10.19　例 10.5 用图三

【例 10.6】 非平稳向量时间序列建模。

tb3m6m. txt 包含 1958 年 12 月 12 日到 2004 年 8 月 6 日的 3 个月期限和 6 个月期限的国库券利率。考虑该二元时间序列的建模。

（1）数据导入。

```
Data tb3m6m(drop = year month day);
    infile "c:\tb3m6m.txt" firstobs = 2;
    input r3 r6 year month day;
    date = mdy(month, day, year);
    format date yymmdd10.;
Run;
```

（2）平稳性检验。

```
Proc Varmax data = tb3m6m;
  Id date interval = week;
  Model r3 r6/p = 2 dftest cointtest = (Johansen sw);
Quit;
```

输出结果如图 10.20(a)和图 10.20(b)所示。

Dickey-Fuller 单位根检验					
变量	类型	Rho	Pr < Rho	Tau	Pr < Tau
r3	Zero Mean	-2.46	0.2813	-1.13	0.2369
	Single Mean	-11.60	0.0920	-2.34	0.1580
	Trend	-11.61	0.3372	-2.35	0.4076
r6	Zero Mean	-2.01	0.3300	-1.02	0.2763
	Single Mean	-9.97	0.1361	-2.17	0.2187
	Trend	-10.07	0.4324	-2.19	0.4964

(a) Dickey-Fuller检验

使用差分过滤器的 Stock-Watson 普通趋势检验					
H0: Rank=m	H1: Rank=s	特征值	过滤器	5% 临界值	滞后
1	0	0.995264	-11.29	-14.10	2
2	0	0.995206	-11.42	-8.80	
	1	0.938838	-145.75	-23.00	

(b) Stock-Watson普通趋势检验

图 10.20 例 10.6 用图

单位根检验的原假设是时间序列存在单位根；图 10.20(a)表明时间序列存在单位根。

在协整关系检验中，如果 k 是向量时间序列的维数，r 表示协整秩，当一个向量时间序列存在协整关系时，那么必定存在 $k-r$ 个共同趋势。Stock-Watson 检验的原假设是时间序列有 m 个共同随机趋势，备择假设是向量时间序列有 $s(<m)$ 个共同趋势。图 10.20(b)表明，在 5％的置信水平下，因为 $-145.75<-23.00$，故接受备择假设，向量时间序列有一个共同趋势，即存在协整关系。

（3）协整问题的误差—修正（ECM）建模。

为了拟合误差修正模型，需要在 Model 语句后面增加 Cointeg 语句，该语句需要指定协整的阶数。下面用误差修正模型对该协整 VAR(3)模型进行建模，代码如下：

```
Proc Varmax data = tb3m6m;
  Id date interval = week;
  Model r3 r6/p = 3;
  cointeg rank = 1;
Quit;
```

输出结果如图 10.21 所示。

得到 VAR(3)过程的误差—修正（ECM）为

VARMAX 过程

模型类型	VECM(3)
估计方法	最大似然估计
协整秩	1

模型参数估计						
方程	参数	估计	标准误差	t 值	Pr > |t|	变量
D_r3	CONST1	-0.02170	0.00609	-3.57	0.0004	1
	AR1_1_1	-0.09486	0.01991	-4.76	<.0001	r3(t-1)
	AR1_1_2	0.09604	0.02016	4.76	<.0001	r6(t-1)
	AR2_1_1	0.04656	0.04797	0.97	0.3318	D_r3(t-1)
	AR2_1_2	0.26502	0.05374	4.93	<.0001	D_r6(t-1)
	AR3_1_1	-0.20671	0.04804	-4.30	<.0001	D_r3(t-2)
	AR3_1_2	0.25474	0.05422	4.70	<.0001	D_r6(t-2)
D_r6	CONST2	-0.00510	0.00547	-0.93	0.3517	1
	AR1_2_1	-0.02111	0.01791	-1.18	0.2387	r3(t-1)
	AR1_2_2	0.02138	0.01814	1.18	0.2387	r6(t-1)
	AR2_2_1	-0.04190	0.04316	-0.97	0.3317	D_r3(t-1)
	AR2_2_2	0.31644	0.04835	6.55	<.0001	D_r6(t-1)
	AR3_2_1	-0.03463	0.04322	-0.80	0.4230	D_r3(t-2)
	AR3_2_2	0.09939	0.04878	2.04	0.0417	D_r6(t-2)

Alpha 和 Beta 参数估计						
方程	参数	估计	标准误差	t 值	Pr > |t|	变量
D_r3	ALPHA1_1	-0.01959	0.00411	-4.76	<.0001	Beta[,1]*_DEP_(t-1)
	BETA1_1	4.84122				r3(t-1)
D_r6	ALPHA2_1	-0.00436	0.00370	-1.18	0.2387	Beta[,1]*_DEP_(t-1)
	BETA2_1	-4.90144				r6(t-1)

协方差参数估计				
参数	估计	标准误差	t 值	Pr > |t|
COV1_1	0.04026	0.00117	34.50	<.0001
COV1_2	0.03288	0.00100	32.79	<.0001
COV2_2	0.03258	0.00094	34.50	<.0001

新息的协方差		
变量	r3	r6
r3	0.04026	0.03288
r6	0.03288	0.03258

图 10.21　ECM 建模结果

$$\begin{pmatrix} \Delta r_{3t} \\ \Delta r_{6t} \end{pmatrix} = \mu_t + \alpha\beta' \begin{pmatrix} r_{3t-1} \\ r_{6t-1} \end{pmatrix} + \Phi_1 \begin{pmatrix} \Delta r_{3t-1} \\ \Delta r_{6t-1} \end{pmatrix} + \cdots + \Phi_2 \begin{pmatrix} \Delta r_{3t-2} \\ \Delta r_{6t-3} \end{pmatrix} + \alpha_t$$

$$= \begin{pmatrix} -0.0217 \\ -0.0051 \end{pmatrix} + \begin{pmatrix} -0.095 & 0.096 \\ -0.021 & 0.021 \end{pmatrix} \begin{pmatrix} r_{3t-1} \\ r_{6t-1} \end{pmatrix} + \begin{pmatrix} 0 & 0.27 \\ 0 & 0.32 \end{pmatrix} \begin{pmatrix} \Delta r_{3t-1} \\ \Delta r_{6t-1} \end{pmatrix}$$

$$+ \begin{pmatrix} -0.21 & 0.25 \\ 0 & 0.10 \end{pmatrix} \begin{pmatrix} \Delta r_{3t-2} \\ \Delta r_{6t-2} \end{pmatrix} + \alpha_t$$

注意：5%置信水平下，不显著的系数，这里采用 0 来替代。

（4）预测。

如果需要对未来值进行预测，需要在 Output 语句中设置 Lead＝选项来指定向前预测的期数，例如：

```
Output lead = 3;
```

输出结果如图 10.22 所示。

预测						
变量	观测	时间	预测	标准误差	95% 置信限	
r3	2384	Sun, 8 Aug 2004	1.44973	0.20065	1.05647	1.84300
	2385	Sun, 15 Aug 2004	1.44126	0.32183	0.81049	2.07203
	2386	Sun, 22 Aug 2004	1.44351	0.41841	0.62345	2.26357
r6	2384	Sun, 8 Aug 2004	1.70534	0.18051	1.35155	2.05913
	2385	Sun, 15 Aug 2004	1.70095	0.29243	1.12780	2.27410
	2386	Sun, 22 Aug 2004	1.70029	0.38805	0.93973	2.46085

图 10.22　向前三期的预测结果

参 考 文 献

[1] 德尔维奇,斯劳特. The Little SAS Book 中文版[M]. 小小 SAS 翻译组,译.北京:清华大学出版社,2018.
[2] TSAY R S. 金融时间序列分析[M].王远林,王辉,潘家柱,译.北京:人民邮电出版社,2017.
[3] 王学民.应用多元统计分析[M].5 版.上海:上海财经大学出版社,2017.
[4] 张晓峒.计量经济学基础[M].4 版.天津:南开大学出版社,2017.